D1829868

Oluf F. Konstroffer
Dr. jur. Barbara Geck

Heute hier, morgen dort:

Arbeitsrecht beim Arbeitsplatzwechsel

Oluf F. Konstroffer
Dr. jur. Barbara Geck

Heute hier, morgen dort:

Arbeitsrecht beim Arbeitsplatzwechsel

Die Deutsche Bibliothek - CIP-Einheitsaufnahme

Konstroffer, Oluf F.:
Heute hier, morgen dort : Arbeitsrecht beim Arbeitsplatzwechsel / Oluf F. Konstroffer ; Barbara Geck. - Landsberg am Lech : mvg-verl., 1998
ISBN 3-478-72220-9

© 1998 mvg-verlag im verlag moderne industrie AG, Landsberg a. L.
Alle Rechte, insbesondere das Recht der Vervielfältigung und Verbreitung sowie der Übersetzung, vorbehalten. Kein Teil des Werkes darf in irgendeiner Form (durch Fotokopie, Mikrofilm oder ein anderes Verfahren) ohne schriftliche Genehmigung des Verlages reproduziert oder unter Verwendung elektronischer Systeme gespeichert, verarbeitet, vervielfältigt oder verbreitet werden.
Umschlaggestaltung: Vierthaler & Braun, München
Satz: Wolfgang Appun, München
Druck- und Bindearbeiten: Druckerei Himmer, Augsburg
Printed in Germany 072220/998302
ISBN 3-478-72220-9

Inhalt

Vorwort

Gegenstand/Thema dieses Buches

sind alle Rechtsfragen

- bei der Auflösung eines bestehenden und der Begründung eines neuen Arbeitsverhältnisses,
- bei der Begründung eines ersten Arbeitsverhältnisses (z.B. nach dem Studium),
- bei der Beendigung eines Arbeitsverhältnisses.

Dem entspricht die Gesamtgliederung in vier Kapitel

1. Vor Abschluß des Arbeitsvertrags
2. Der Abschluß des Arbeitsvertrags
3. Beendigung des Arbeitsverhältnisses
4. Das Verfahren vor dem Arbeitsgericht

Oluf F. Konstroffer, Gründer und Kopf der Konstroffer & Partner Personalmarketing KG mit Büros in Frankfurt, Boca Raton, Fl, USA, sowie Partnerbüros in Barcelona und Mailand, bringt aus der Praxis der Personalberatung die Erfahrung aus Tausenden von Suchaktionen mit ca. 300.000 Bewerbungen, etwa 20.000 Vorstellungsgesprächen und entsprechenden Positionsbesetzungen ein.

Die Autorin Barbara Geck hat in Frankfurt und Paris Jura studiert und war zwei Jahre am Institut für Arbeitsrecht der Johann Wolfgang Goethe-Universität tätig, wo sie über ein arbeitsrechtliches Thema promovierte.

Die juristische Basis sind die geltenden Gesetze auf dem Stand von Januar 1998 sowie die aktuelle Rechtsprechung, hier mit dem Schwerpunkt auf der Rechtsprechung des Bundesarbeitsgerichts.

Ziel dieses Buches

- Bewerber, Arbeitsuchende sowie alle, die sich mit dem Gedanken an einen Wechsel des Arbeitgebers tragen, mit ihren Rechten und Pflichten vertraut zu machen
- Arbeitnehmern, die unverhofft mit Rechtsfragen konfrontiert werden (z.B. einer Änderungskündigung, einer Vertragsänderung, einem Wettbewerbsverbot etc.), eine erste Orientierung zu geben
- Personalfachleuten als Leitfaden zu dienen, bevor sie einen Fachanwalt bzw. die einschlägigen umfangreichen Entscheidungssammlungen und Rechtskommentare konsultieren.

Fachliche Voraussetzungen

an den juristischen Sachverstand sind **keine** gegeben. Dieses Buch ist aus der täglichen Praxis der Personalberatung und dem Umgang mit Bewerbern entstanden. Dabei wird deutlich, daß die fehlenden Kenntnisse über Rechte und Pflichten – wie sie ein juristischer Laie verstehen kann – zu großer Unsicherheit und zu Fehlern sowohl bei der Beendigung eines Arbeitsverhältnisses als auch bei der Begründung eines neuen Arbeitsverhältnisses führen. Das gilt für Arbeitnehmer wie für Arbeitgeber bzw. ihre Beauftragten gleichermaßen.

Vor Abschluß eines Arbeitsvertrags

Die Ausgangslage

1.

1.1 Der Normalfall I: Die Veränderung aus einem bestehenden Arbeitsverhältnis heraus

Stellenanzeigen lesen

Angenommen, eine Schlagzeile regt zum Lesen an, der Text entspricht den eigenen Wunschvorstellungen, man kommt zu dem Schluß: Das könnte etwas Passendes für mich sein.

Dann folgt – meist am Ende des Anzeigentextes – die Aufforderung an den Interessenten, etwas zu tun, z.B.:

- „Sie können einen ersten vertraulichen Kontakt mit unserem Berater, Herrn XY, unter der Rufnummer 000 aufnehmen. Äußerste Diskretion und vertrauliche Behandlung werden zugesichert."

- „Mehr zu dieser Position und zum Umfeld des Unternehmens sagt Ihnen gerne unser Berater. Rufen Sie Herrn XY an."
- „Wenn Sie Interesse an einer herausfordernden Aufgabe mit Entwicklungsperspektiven in einem innovativen Unternehmen haben, dann setzen Sie sich mit uns in Verbindung. Ihre ausführlichen Bewerbungsunterlagen erreichen uns unter ... über ... Erste Informationen können Sie gerne unter Tel. ... bei Herrn Dr. XY erhalten; unter XY@online.de erreicht uns Ihre E-Mail."

Und schon fangen die Rechtsfragen an, z.B. über Diskretion, Vertraulichkeit etc. Oder: Welche Folgen hat es für mich, wenn mein Arbeitgeber bei bestehendem ungekündigtem Arbeitsverhältnis erfährt, daß ich mich mit dem Gedanken spiele, zu wechseln? (Einzelheiten dazu: siehe Seite 15)

Headhunter

Bei der seriösen Direktansprache, dem sogenannten Headhunting, handelt es sich in aller Regel um die systematische Durchleuchtung von Märkten und/oder Unternehmen durch Personalberater, um Personen zu identifizieren und anzusprechen, die bestimmte Funktionen wahrnehmen und dem Anforderungsprofil des auftraggebenden Unternehmens entsprechen könnten.

Vor dem Anruf, der Sie erreicht, liegt bei professionell arbeitenden Beratern eine umfangreiche Vorarbeit im Bereich des Research. Deshalb muß eine solche Kontaktaufnahme, die Sie völlig unerwartet treffen kann, nicht die persönliche Ansprache sein, die exklusiv nur für Sie erfolgt. Sie sind ganz bestimmt in einer Auswahl, mehr steckt jedoch in der überwiegenden Zahl der Fälle nicht dahinter.

Es kann aber auch anders sein. Im seriösen Umfeld kann der Personalberater den konkreten Auftrag haben, bei Ihnen vorzufühlen, ob Sie für ein Gespräch zur beruflichen Neuorientierung zur Verfügung stehen. Als angesprochener Arbeitnehmer sollten Sie schon im Vorfeld zu klären versuchen, wie es um die

„absolute, strengste Diskretion oder Vertraulichkeit", die immer zugesagt wird, tatsächlich bestellt ist. Auch wenn eine solche Kontaktaufnahme für Sie schmeichelhaft ist, versuchen Sie am Telefon ein Gefühl dafür zu entwickeln, ob Sie dem Anrufer vertrauen können, so wie Sie es im Arbeitsalltag unzählige Male bewußt oder unbewußt tun. Denn es gibt auch schwarze Schafe unter den Personalberatern, die im Auftrag Ihrer derzeitigen Arbeitgeber Ihre Loyalität testen sollen oder, schlimmer noch, einen „Entsorgungsauftrag" haben. Erste Sicherheit in all den genannten Fällen erreichen Sie dadurch, daß Sie sich Name, Anschrift und Telefonnummer des anrufenden Beraters notieren und zurückrufen, um zu klären, ob die Angaben stimmen. Ein nächster Schritt bei Interesse Ihrerseits wäre die Bitte um eine unverbindliche Übersendung einer Unternehmensbroschüre des Beraters, besonders dann, wenn er Ihnen unbekannt erscheint, sowie das Kurzprofil, das Angaben zum Auftraggeber, die zu diskutierende Aufgabe und das Anforderungsprofil enthält.

Eigenanzeige/Stellengesuch

Allein in den großen deutschen überregionalen Tages- und Wirtschaftszeitungen erscheinen p.a. mehr als 25.000 Stellengesuche von Fach- und Führungskräften, die selbst die Initiative ergreifen und eine Veränderung suchen. Hier sollte bedacht werden, daß diese Stellengesuche von vielen Personalleitern und -beratern sehr sorgfältig gelesen werden – es ist der kostengünstige Weg zu interessanten Kandidaten. Wenn der Text jedoch zu genau (unverwechselbar) formuliert ist, könnte der derzeitige Arbeitgeber aufmerksam werden und über eine Drittadresse um die Bewerbung bitten.

Das sogenannte Chiffregeheimnis schützt hier und bürgt für Anonymität. Es gibt außerdem die Möglichkeit, einen ersten Schritt der Kontaktaufnahme mit interessierten Firmen unter dieser Chiffre aufzunehmen. Insbesondere empfiehlt sich dieser Weg, wenn die Antwort über einen Personalberater kommt, der völlig ungekannt ist. Im Durchschnitt sind etwa die Hälfte aller

Zuschriften auf Stellengesuche Angebote von Personalberatern. Sie handeln im Namen eines ungenannten Klienten, manchmal auch im eigenen Namen, um ihre Kandidatendatei zu ergänzen. Hier stellt sich insbesondere die Frage der „absoluten, strikten Diskretion".

1.2 Der Normalfall II: Die Veränderung nach der Kündigung (durch Arbeitgeber oder Arbeitnehmer) bzw. nach Beendigung des Arbeitsverhältnisses oder bei der Erstbewerbung, z.B. nach Studienabschluß

Hier sind die im „Normalfall I" aufgelisteten Vorsichtsmaßnahmen nicht erforderlich – ein bestehendes Arbeitsverhältnis muß nicht (zunächst) unbeschädigt bleiben.

Bei den vielfältigen Versuchen, ein bestehendes Arbeitsverhältnis vorzutäuschen, ist die Rechtslage zu überdenken. Hintergrund dazu ist die verbreitete Meinung, daß ein Arbeitnehmer, der sich aus einem fortbestehenden Arbeitsverhältnis heraus bewirbt, der bessere Kandidat sein muß als der arbeitslose Bewerber. Beliebt ist die Form der Fälschung im tabellarischen Lebenslauf bei der letzten beruflichen Station. Da heißt es dann: „zur Zeit Firma XYZ" oder „seit 1993 bei Firma XYZ" oder „seit 1993 bei Firma XYZ" oder „zur Zeit bei einem Unternehmen der Dienstleistungsbranche" (das kann sogar stimmen, wenn der Kandidat bei einem Zeitarbeitsunternehmen jobt oder bei einem privaten Lehrinstitut an Fortbildungskursen teilnimmt). Details dazu siehe Seite 73.

Die Rechtslage „beim Spielen mit dem Gedanken“ an einen Wechsel des Arbeitgebers

2.1 Treuepflicht des Arbeitnehmers

Der Begriff umschreibt das Verhalten des Arbeitnehmers gegenüber seinem Arbeitgeber über das Kernverhältnis bestehend aus Arbeitsverpflichtung und Gewährung der vereinbarten Vergütung hinaus. Neben dem „Wesen des Dienstvertrags“ nach § 611 BGB gibt es sogenannte Nebenpflichten. (Durch den Dienstvertrag wird derjenige, welcher Dienste zusagt, zur Leistung der versprochenen Dienste, der andere Teil zur Gewährung der vereinbarten Vergütung verpflichtet. Gegenstand des Dienstvertrags können Dienste jeder Art sein.): Sie setzen beim Arbeitnehmer voraus, daß er die Interessen seines Arbeitgebers wahrt bzw. durch sein Tun oder Unterlassen nicht verletzt. Das geht so weit, daß der Arbeitnehmer sogar über Straftaten seines Arbeitgebers schweigen muß (LAG Berlin v. 12.12.1968 - 5 Sa 52/68, BB 1970, 710; LAG Frankfurt v. 1.6.1967 - 5 Sa 211/67, DB 1967, 2121).

Aber: Die Treuepflicht des Arbeitnehmers gegenüber seinem Arbeitgeber hat ihre Grenze dort, wo sie in Widerstreit mit den Interessen des Arbeitnehmers kommt, z.B. beim Wechsel des Arbeitgebers, bei der Bewerbung, der Vorstellung und Vertragsverhandlung mit einem neuen Arbeitgeber.

Der Arbeitnehmer hat an sich die Pflicht, die Interessen des Arbeitgebers zu wahren und alles zu unterlassen, was den Interessen des Arbeitgebers schadet. Sobald aber die Interessen des Arbeitnehmers z.B. durch einen Arbeitsplatzwechsel ernsthaft berührt werden, kann der Arbeitnehmer auch in seinem eigenen Interesse handeln. Das läßt sich am Tatbestand der Abwerbung verdeutlichen.

2.2 Abwerbung

Dazu sagt die Rechtsprechung – eine gesetzliche Regelung fehlt -, daß die Abwerbung in der freien Wirtschaft im Wettbewerb grundsätzlich erlaubt ist. Unter „Abwerbung" definiert die Rechtsprechung die „ernstliche und beharrliche Einflußnahme eines Dritten auf einen durch Arbeitsvertrag gebundenen Arbeitnehmer zur Beendigung seines Arbeitsverhältnisses".

Hier steht die Handlung des umworbenen Arbeitnehmers in klarem Widerspruch zu den Interessen seines Arbeitgebers. Selbst wenn der Arbeitnehmer eine Schlüsselposition bei seinem derzeitigen Arbeitgeber einnimmt und dieser durch den Wechsel in Schwierigkeiten kommt, gilt, daß der Arbeitgeber in diesem Fall keinen gesetzlichen Schutz hat. Er hat keine Handhabe, den Arbeitnehmer an sich zu binden. Auch Schadenersatzansprüche stehen ihm nicht zu. In besonderen Fällen kann der geäußerte Abkehrwille den Arbeitgeber zur Kündigung berechtigen. So z.B., wenn der Arbeitnehmer auf einer Position beschäftigt wird, für die nur mit Schwierigkeiten ein Ersatzmann gefunden werden kann und für die eine Ersatzkraft gerade zur Verfügung steht (LAG Frankfurt v. 11.4.1985 - 3 Sa 119/84 - NZA 1985, 31 L).

Abwerbung von Kollegen: Ein Beispiel aus der Rechtsprechung illustriert die Lage: (LAG Mainz v. 7.2.1991 - 6 Sa 528/91, NZA 1993, 265). Der Arbeitnehmer wollte sich selbständig machen und verhandelte während seines noch bestehenden Arbeitsverhältnisses mit einem Kollegen, ob dieser eventuell mitgehen würde. Das wurde bekannt, und der Arbeitgeber kündigte dem Arbeitnehmer (auf dem Weg in die Selbständigkeit) fristlos. Der klagte und bekam Recht. Das Gericht führte dazu in der Urteilsbegründung aus: „Es gehört zu der durch Art. 12 GG geschützten Freiheit der Berufswahl und der Berufsausübung, sich selbständig zu machen und auch im Rahmen eines bestehenden Arbeitsverhältnisses die dafür notwendigen Vorkehrungen zu treffen. Dazu zählt unter anderem die Anwerbung geeigneter Mitarbeiter. Von dieser Verfassungslage her ist es grundsätzlich nicht zu beanstanden, wenn ein Arbeitnehmer, der den Schritt in die Selbständigkeit beabsichtigt, die ihm aus seinem bisherigen Arbeitsverhältnis bekannt gewordenen Kollegen auf den Wechsel zu ihm anspricht und deren Bereitschaft, womöglich auch durch Gehaltszusagen, fördert. Die innerhalb des Arbeitsverhältnisses bestehende Treuepflicht verbietet ihm die Wahrnehmung dieser berechtigten Eigeninteressen nicht ... Sein (des Arbeitgebers) Interesse, seine Arbeitnehmer nicht an Konkurrenten zu verlieren, ist grundsätzlich nicht geschützt.“

Ausnahmen davon sieht die Rechtsprechung nur dann, wenn die die Abwerbung begleitenden Handlungen eine besonders verwerfliche Gesinnung offenbaren oder sittenwidrig sind, der Arbeitnehmer beispielsweise andere Arbeitnehmer zum Vertragsbruch verleitet.

Hier wird ein wesentliches Stück des Handlungsspielraums des Arbeitnehmers sichtbar. Er kann sein berufliches Schicksal selbst bestimmen und gestalten. Es gibt eine gesicherte Rechtsprechung als Grundlage seiner Mobilität, ohne die die freie Marktwirtschaft nicht funktionieren könnte.

Die Rechtsprechung vertritt die Meinung, daß der Schutz vor Abwerbung durch einzelvertragliche Maßnahmen möglich ist, z.B. durch langfristige Verträge, durch Vereinbarung eines Wettbewerbverbotes, durch individuell gestaltete Vergütungsvereinbarungen für Arbeitnehmer, auf die der Arbeitgeber angewiesen ist. Die Kosten für solche Vorkehrungen sind geringer als die eines Wechsels des Arbeitnehmers und alle damit verbundenen Kosten von der Anwerbung über die Einarbeitung bis zum möglichen Scheitern einer Neubesetzung.

2.3 Fürsorgepflicht des Arbeitgebers

Die ständige Rechtsprechung des Bundesarbeitsgerichts umschreibt die Fürsorgepflicht des Arbeitgebers – auch als Treuepflicht des Arbeitgebers gegenüber dem Arbeitnehmer bezeichnet – als Gebot, vermeidbare Nachteile bei der Gestaltung der Arbeitsbedingungen vom Arbeitnehmer fernzuhalten und bei der Ausübung seiner Rechte die berechtigten Interessen des Arbeitnehmers nicht aus dem Auge zu verlieren.

Von Interesse hierbei ist z.B. die Rechtsprechung zur nachvertraglichen Fürsorgepflicht des Arbeitgebers. Dazu das BAG v. 27.11.1974 - 5 AZR 20/74, BB 1975, 282.

Aus der nachvertraglichen Fürsorgepflicht des Arbeitgebers folgt, daß es unzulässig ist, die Kündigung eines leitenden Angestellten mit einer außerordentlichen Arbeitgeberkündigung zu beantworten.

Die Bewerbung

§

§ 630 BGB
Bei der Beendigung eines dauernden Dienstverhältnisses kann der Verpflichtete von dem anderen Teile ein schriftliches Zeugnis über das Dienstverhältnis und dessen Dauer fordern. Das Zeugnis ist auf Verlangen auf die Leistungen und Führung im Dienste zu erstrecken.

3.1 Zeugnisse

Sie kennen das sicher noch aus Ihrer Schulzeit: Wenn es Zeugnisse gab, hatte man ein flaues Gefühl im Magen oder war freudig erregt, auf jeden Fall war man gespannt auf die Benotung der Leistung und wie das Verhalten bewertet wurde. Jedes Zeugnis ist der Beleg für einen Schulabschnitt und damit auch für einen kleinen Lebensabschnitt, der dem Schüler bescheinigt, daß er von Datum X bis Datum Y an der Z-Schule seiner Pflicht mehr oder weniger intensiv nachgekommen ist und dabei vielleicht einige Tage – entschuldigt oder nicht – gefehlt hat. In Schulzeugnissen findet man Formulierungen wie: „... ist ein aufmerksamer Schüler, der sich rege am Unterricht beteiligt“ oder „... sein Sozialverhalten muß sich deutlich weiterentwickeln“, was bedeuten kann, daß wir uns hier einen egoistischen jungen Menschen, der wenig oder keine Rücksicht auf seine Mitschüler nimmt, oder ganz schlicht einen ungezogenen Störenfried vorzustellen haben. Weitere Aussagen zur Beschreibung von Desinteresse, Faulheit oder auch einer nur mäßigen Begabung könnten lauten: „... er/sie hätte bei größerem Interesse an den Themen bessere Noten erzielen können“, „... er/sie ist bei entsprechendem Einsatz zu besseren Leistungen fähig“ oder „... er/sie hat sich redlich bemüht, dem Unterricht zu folgen und die Lernziele zu erreichen".

Schulzeugnisse anzufechten ist in aller Regel nicht dem Betroffenen, sondern, wenn überhaupt, den Eltern eingefallen, deren Ehrgeiz oder Eitelkeit durch bestimmte Formulierungen stark verletzt war. Diese den Unmut und heftige Reaktionen weckenden Benotungen konnten doch nur ein Irrtum, ein Mißverständnis, eine Schikane etc. der Lehrer sein!

Wer solche oder ähnliche Fälle beobachtet hat, weiß, daß mit spektakulären Attacken, soviel Befriedigung sie dem einzelnen auch verschaffen mögen, letztlich niemandem geholfen ist, am allerwenigsten dem betroffenen Schüler.

Hieraus können wir für das Berufsleben einiges lernen: Zeugnisse werden von Menschen erstellt, die unsere Leistungen, Ergebnisse und unser Verhalten beschreiben, was zur Folge hat, daß wir der Beurteilung durch Dritte ausgesetzt sind. Wer mag das schon? Stellen Sie sich vor, Ihre Kollegen würden Sie offen so beurteilen, wie es einige vielleicht hinter Ihrem Rücken tun. Oder: Überlegen Sie einmal, in welch peinliche Situation Sie kommen könnten, wenn Sie einem Kollegen vor versammelter Mannschaft sagen müßten, wie Sie sein Verhalten und seine Leistungen einschätzen. Im übrigen ist es bemerkenswert, daß in keinem anderen Land außer Deutschland Arbeitszeugnisse bei der Suche nach einer neuen Position eine so hohe Bedeutung haben.

Zeugnisse sind ein heikles Thema

Und sie sind im Berufsleben, wie gesagt, von großer Bedeutung. In Deutschland zumindest brauchen Sie für den Bewerbungsvorgang Arbeitszeugnisse, Schulzeugnisse hingegen interessieren kaum noch, Diplomzeugnisse müssen auf jeden Fall den Bewerbungsunterlagen beigefügt sein. Diese Papiere sollen dem Personalleiter, in großen Konzernen dem Recruiter oder dem mit der Auswahl beauftragten Personalberater, eine für Sie wichtige Vorentscheidung ermöglichen. Bei der Durchsicht der Unterlagen muß er innerhalb weniger Minuten entscheiden: Ist der Bewerber interessant in bezug auf die ausgeschriebene Position? Soll er zum Vorstellungsgespräch eingeladen werden? Alles, was der/die Beauftragte des suchenden Unternehmens liest, sollte also knapp und präzise formuliert, schnell eingängig sein, was sich sowohl auf das Anschreiben als auch auf die Arbeitszeugnisse bezieht. Jeder Personalprofi weiß, daß ein über mehr als zwei Seiten ausformuliertes Zeugnis, das die dreijährige Mitarbeit in einer Firma beschreibt, mit großer Wahrscheinlichkeit das Ergebnis einer Auseinandersetzung ist. Und manchen Formulierungen merkt man die Hand des Juristen an.

Was erreichen Sie in der Praxis also mit einem Zeugnis, über dessen Inhalt Sie sich mit Ihrem Arbeitgeber heftig gestritten haben, bis letztlich der Text Ihrer individuellen Auffassung entsprochen hat? Sehr oft genau das Gegenteil! Sie fallen durchs Sieb! Ihre Bewerbungsunterlagen werden Sie mit mehr oder weniger freundlichen oder verbindlichen Formulierungen zurückerhalten. Unser Rat: Verhalten Sie sich möglichst vom ersten Tag an so im Unternehmen, daß Ihr Einsatz, Ihre Leistungen und Ergebnisse nur positiv beurteilt werden können. Und stehen Sie dazu, wenn es mal nicht so gut gelaufen ist. Lernfähigen Menschen helfen nicht nur Erfolgserlebnisse weiter!

Natürlich gibt es auch verärgerte Vorgesetzte, die sich durch eine Kündigung persönlich verletzt fühlen oder mit dem Weggang eines verdienten Mitarbeiters einen großen Schaden für das Unternehmen assoziieren. Hier könnte man vermuten, daß die Formulierung des Zeugnisses etwas unter der Verärgerung des Schreibers leidet. Die Erfahrung zeigt auch hier, daß die erwünschten Ergebnisse durch ruhige, von Sachlichkeit geprägte Verhandlungen zu erzielen sind. Wie eine solche Aktion auch ausgehen mag: Denken Sie bitte daran, daß als rechthaberisch empfundene Zeitgenossen nicht allzu beliebt sind, weder privat noch am Arbeitsplatz. Außerdem laufen Sie Gefahr, aus den Augen zu verlieren, welche Bedeutung das Zeugnis im Bewerbungsvorgang für Sie hat. Da zählt nicht nur, ob Sie mit dem Inhalt einverstanden sind, sondern wie die Inhalte von einem möglichen neuen Arbeitgeber interpretiert werden.

Wichtige Punkte rund um das Thema Zeugnisse

Wir wollen dort beginnen, wo das Zeugnis entsteht. Vorausgesetzt, daß Sie in Deutschland einen Anspruch auf ein Zeugnis haben, stellen wir uns hier der Frage, was ein Arbeitgeber bei der Formulierung eines Zeugnisses beachten muß bzw. was Sie von ihm erwarten können.

Das Zeugnis muß qualifiziert sein, der Wahrheit entsprechen und gleichzeitig – von verständigem Wohlwollen geprägt – vollständig auf Ihre individuellen Leistungen und Ihr Verhalten im Unternehmen eingehen. Innerhalb der Eckpfeiler Wahrheit, Wohlwollen, Vollständigkeit und Individualität kann sich der Arbeitgeber beim Formulieren des Zeugnisses frei bewegen. Ist ein Unternehmen z.B. nach ISO 9000 zertifiziert, womit ein ausgeprägtes Qualitätsdenken zur Erzielung eines Höchstmaßes an Kundenzufriedenheit verbunden werden kann, so wird der Aussteller des Zeugnisses die Meßlatte sehr hoch anlegen. Unterzieht sich ein von Nachsicht gesteuerter Personalleiter der Aufgabe, Sie zu beurteilen, so kann die Beschreibung von Leistung und Verhalten am Arbeitsplatz deutlich freundlicher ausfallen. Dem Arbeitgeber kann von niemandem vorgeschrieben werden, welcher Worte er sich bedient, wie ausführlich das Zeugnis ausfällt, ob es sehr persönlich oder in kühlem Geschäftston gehalten ist. Dabei muß der Arbeitgeber jedoch die für das Zeugnis entwickelten arbeitsrechtlichen Grundsätze beachten. Wenn er das nicht tut, so kann er bei einer gerichtlichen Auseinandersetzung sein Formulierungsrecht verlieren.

Im Urteil des BAG vom 29.7.1971 [BAG (2 AZR 250/70), DB 1971 1923 = AP Nr. 6 zu § 630 BGB mit Anm. von Schnorr von Carolsfeld; vgl. auch Schwerdtner, Münchener Kommentar, BGB, 1980, § 630, Rnr. 14 m.w.Nachw.] lesen wir: „Das Zeugnis im einzelnen zu formulieren, ist Sache des Arbeitgebers. Er ist in seinen Entscheidungen darüber frei, welche positiven oder negativen Leistungen und Eigenschaften des Arbeitnehmers er hierin mehr hervorheben will als andere. Das Zeugnis darf nur nichts Falsches enthalten; es darf auch nichts auslassen, was der Leser eines Zeugnisses erwartet.“ Auf den Punkt gebracht wird es später im Urteil des BAG vom 12.8.1976 [3 AZR 720/75, DB 1976, 2211 = AP Nr. 11 zu § 630 BGB; vgl. auch LAG Frankfurt/M. AuR 1969, 59; LAG Hamm, BB 1976, 603; LAG Düsseldorf, DB 1976, 2310 = BB 1976, 1562]: „Die Formulierung von Werturteilen in einem Zeugnis ist Sache des Arbeitgebers. Sie läßt sich nicht bis in die Einzelheiten regeln und vorschreiben. Ein Beurteilungsspielraum ist unvermeidlich.“

Wie kann der Inhalt eines Zeugnisses ausgelegt werden?

Diese Frage ist für die Praxis entscheidend. Gibt es einen Geheimcode, der den Personalprofis verrät, was versteckt oder zwischen den Zeilen ausgesagt werden soll? In Zeitungen und Zeitschriften ist mehr oder weniger fundiert über harmlos erscheinende Worte und Redewendungen und deren „wahrer“ Bedeutung spekuliert worden. Man trifft auch auf sogenannte Decodierungslisten, was nebenbei unterstellt, daß Zeugnisaussteller auf dem Gebiet der Kryptographie bewandert sind. Wenngleich dem ganzen Themenkomplex eine zu hohe Bedeutung beigemessen wird, findet man in Zeugnissen schon bemerkenswerte Formulierungen, die zu Spekulationen reizen.

Hier einige Beispiele: „... durch seine Geselligkeit trug er zur Verbesserung des Betriebsklimas bei.“ Der besorgte Leser muß sich fragen, ob hier Aktivitäten am Arbeitsplatz angesprochen werden, die nicht allzuviel mit der eigentlichen Aufgabenstellung des Beurteilten zu tun haben. Wird erheblicher Alkoholgenuß im Betrieb angedeutet?

Der Satz „... er/sie bewies für die Belange der Kollegen und Kolleginnen stets großes Einfühlungsvermögen“ wird den/die Beurteilte/n auch nicht als den Idealbewerber für eine hohen Einsatz und Ergebnisorientierung fordernde Aufgabe ausweisen. Man kann vermuten, daß der/die Kandidat/in Interessen den Vorzug gibt, die nicht deckungsgleich mit denen des Unternehmens sind. Es gibt sogar Fachleute, die bei dem Begriff „Einfühlungsvermögen“ den versteckten Hinweis auf die ständige

Suche nach Sexualkontakten im Betrieb vermuten. Obwohl Einfühlungsvermögen z.B. bei Berufen der Kranken- und Altenpflege nach unserer Einschätzung eine unverzichtbare Anforderung ist, sollte dieser Begriff in Zeugnissen nur mit großer Vorsicht gebraucht werden.

Worte und Redewendungen, die aus welchem Grund auch immer in Mißkredit geraten sind, dürfen in Zeugnissen nur dann verwendet werden, wenn die neue negative Interpretation sachlich gerechtfertigt ist. Umgekehrt haben Sie als Arbeitnehmer einen Rechtsanspruch auf die Entfernung solcher Worte und Redewendungen, wenn der Arbeitgeber den Beweis für ihre Berechtigung nicht erbringen kann. Im Urteil des BAG vom 17.2.1988 (5 AZR 638/86, DB 1988, 1071), lesen wir: „Wer Ergänzung oder Berichtigung eines ihm bereits ausgestellten Zeugnisses verlangt, macht damit einen Erfüllungsanspruch geltend, der dahin geht, ihm ein nach Form und Inhalt den gesetzlichen Vorschriften entsprechendes Zeugnis zu erteilen."

Neben den nach unserer Einschätzung eindeutigen Formulierungen wie „... er/sie bemühte sich, die Umsatzziele zu erreichen", „... er/sie war ständig bemüht, das Fachwissen zu erweitern und den Anforderungen zu entsprechen", ist die Bedeutung folgender Zeugnisformulierungen in unserer Personalpraxis zum offenen Geheimnis geworden: „... er/sie hat zur Zufriedenheit/ zur vollen Zufriedenheit/zur vollsten Zufriedenheit gearbeitet". Diese von Personalfachleuten mittlerweile als Standard für eine befriedigende, also bestenfalls durchschnittliche, gute oder sehr gute Leistung des Zeugnisempfängers interpretierte und eingesetzte Formulierung wird zunehmend zum Diskussionspunkt zwischen Arbeitgebern und Arbeitnehmern und damit auch bedeutsam für die Bewerbung. Ihre Verhandlungstaktik in solchen Auseinandersetzungen sollten Sie an Folgendem orientieren: Die Formulierung „... zur vollsten Zufriedenheit" ist nicht durchsetzbar. Siehe LAG Düsseldorf v. 11.11.1994 - 17 Sa 1158/94, DB 1995, 1135: „Die Kammer folgt der Beklagten darin, daß ihr mit dem ursprünglichen Verlangen des Klägers auf Erteilung eines Zeugnisses mit der Leistungsbeurteilung ‚zur vollsten Zufriedenheit' etwas bereits sprachlich Unmögliches abverlangt werden sollte."

Und weiter lesen wir: „Dem Kläger ist allenfalls zuzugestehen, daß im Arbeitsleben gelegentlich standardisierte Zeugnisformulierungen verwendet werden. Es handelt sich hier um ständig wiederkehrende, floskelhafte Sätze, die im übrigen i.d.R. wohlwollender klingen, als sie gemeint sind. Das zeigen die von ihm vorgelegten Beispiele gebräuchlicher Zeugnisfloskeln, wie sie in der Zeitschrift ‚Capital' nach dem Zitat des Klägers in einer vergleichbaren Synopse aufgelistet wurden. Die Bewertung der Floskeln und ihre Umsetzung in allgemein gängige Beurteilungen, etwa mit befriedigend oder gut, oder sehr gut ist, aber keineswegs Gemeingut oder von Rechtsprechung der Gerichte für Arbeitssachen auch nur überwiegend übernommene Beurteilungspraxis. Die Formulierung von Werturteilen in einem Arbeitszeugnis ist und bleibt letztlich Sache des Arbeitgebers und läßt sich nicht bis in die Einzelheiten der sprachlich Ausformulierung regeln und durch die Gerichte vorschreiben. Mit dem dem Arbeitgeber zustehenden Beurteilungsspielraum unter Beachtung von § 315 BGB geht auch die Ausformulierung von Leistungsbeurteilungen als solche einher." (Vgl. BAG v. 29.7.1971 - 2 AZR 250/70, DB 1971, 1923 = AP Nr. 6 zu § 630 BGB, zu II.)

Verwirkung eines Zeugnisanspruchs

Der Anspruch auf Erteilung (Berichtigung) eines qualifizierten Zeugnisses unterliegt der Verwirkung (im Anschl. an BAG v. 17.2.1988, DB 1988, 1071 = AP Nr. 17 zu § 630 BGB): „Die Verwirkung tritt ein, wenn der Arbeitnehmer den vermeintlichen Anspruch 11 Monate lang trotz anwaltlicher Fristsetzung mit Klageandrohung nicht mehr verfolgt (Zeitmoment), die begehrte Formulierung ‚zur vollsten Zufriedenheit' schon sprachlich unmöglich ist und eine weitere positive Hervorhebung durch das Dauermoment ‚stets' ursprünglich nicht verfolgt wurde (Umstandsmoment)."

Schlußformulierungen des Zeugnisses

Sie können aus den Elementen

- Dank für geleistete Arbeit
- Bedauern über das Ausscheiden
- gute Wünsche für die Zukunft

bestehen. Sie verdienen es schon deshalb gelesen zu werden, weil kein Arbeitgeber einem Mitarbeiter für die geleistete Arbeit danken wird, wenn er mit den Ergebnissen unzufrieden war. Auch wird er das Ausscheiden des Mitarbeiters nicht bedauern, wenn er froh ist, ihn losgeworden zu sein. Und gute Wünsche für die Zukunft wird der Arbeitgeber in aller Regel eher dem Mitarbeiter aussprechen, der sie seiner Meinung nach auch verdient.

Wenn also im Zeugnis für die geleistete Arbeit gedankt, das Ausscheiden bedauert und für die Zukunft alles Gute gewünscht wird, dann ist das eine bedeutende positive Aussage, der man deshalb nicht so skeptisch gegenübersteht, weil kein Arbeitgeber zu diesen Aussagen gezwungen werden kann.

Vor dem Umkehrschluß muß jedoch dringend gewarnt werden: Fehlen Dank für geleistete Arbeit, das Bedauern über das Ausscheiden und die guten Wünsche für die Zukunft, dann fallen negative Beurteilungen des Zeugnisempfängers in den Bereich der Spekulation. Es kann z.B. sein, daß die Leistungen ausführlich und ausdrücklich beschrieben und gelobt wurden, so daß sich die nochmalige Betonung am Ende des Zeugnisses erübrigt. Auch wenn nur ein Element der Schlußformulierungen eingesetzt wird, muß das nicht gegen den Beurteilten sprechen. Viele Unternehmen lehnen z.B. den Dank für geleistete Arbeit ab, weil sie der Ansicht sind, die Wertschätzung des scheidenden Mitarbeiters genügend mit dem Hinweis zum Ausdruck gebracht zu haben, daß sein Ausscheiden bedauert wird. Zusammengefaßt: Es spricht für den Zeugnisempfänger, wenn Dank, Bedauern und Wünsche – wie ausgeprägt auch immer – im Zeugnis schriftlich fixiert sind. Fehlt jedoch ein Element oder alle, dann muß das nicht gegen den Bewerber sprechen. Daß Schlußformulierungen auch eine negative Bedeutung haben können, zeigt folgender Satz: „Wir wünschen Herrn/Frau ..., daß er/sie seine/ihre Leistungsfähigkeit in einer neuen Aufgabe voll entfalten kann."

Wer hat gekündigt?

Angaben zum zeitlichen Ende eines Arbeitsverhältnisses müssen immer gemacht werden. Häufig liest man deshalb: „Das Arbeitsverhältnis endete am ..." Regelmäßig wird hier eine Kündigung des Arbeitgebers vermutet. Es ist nicht üblich und auch nicht zulässig, in Arbeitszeugnissen auszuführen, wer gekündigt hat und warum. Sie als Mitarbeiter haben jedoch einen Rechtsanspruch darauf, daß die von Ihnen ausgehende Kündigung im Arbeitszeugnis erwähnt wird. Meist heißt der letzte Satz dann: „... Herr/Frau ... scheidet auf eigenen Wunsch zum ... aus unserem Unternehmen aus." Da der Satz „Das Arbeitsverhältnis endete am ..." häufig als sehr nachteilig für den Arbeitnehmer empfunden wird, weil daraus gefolgert werden kann, daß aus personen- oder verhaltensbedingten Gründen gekündigt wurde, nimmt folgende Praxis zu: Wenn betriebsbedingte Kündigungsgründe ausschlaggebend waren, heißt es: „Das Arbeitsverhältnis wurde werksseitig wegen eines außerordentlichen Auftragsrückgangs fristgemäß zum .... gekündigt", „Das Arbeitsverhältnis mußte unsererseits wegen umfangreicher Rationalisierungsmaßnahmen zum ... fristgemäß gekündigt werden" oder z.B. „Wegen eines außerordentlichen Auftragsrückgangs mußten wir uns von einer ganzen Reihe von Mitarbeitern trennen. Leider auch von Herrn/Frau ..., dessen/deren Arbeitsverhältnis von uns fristgemäß zum ... gekündigt wurde."

Wird das Arbeitsverhältnis durch einen Aufhebungsvertrag aufgelöst, dann lesen wir regelmäßig: „Das Arbeitsverhältnis wurde im beiderseitigen Einverständnis zum ... aufgelöst" oder „Wir haben uns im gegenseitigen Einvernehmen zum ... getrennt." Diese Formulierungen sind jedoch nicht wertfrei. Sie können darauf hindeuten, daß der Arbeitgeber, der das Ziel der Auflösung des Arbeitsvertrags mit Nachdruck verfolgte, dem Arbeitnehmer entgegenkommenderweise diese Möglichkeit der Beendigung anbot. Im übrigen kann ein Arbeitnehmer, der nach einer fristlosen Kündigung die Auflösung des Arbeitsverhältnisses zu einem späteren Termin erreicht, vom Arbeitgeber die Bestätigung verlangen, daß das Arbeitsverhältnis im beiderseitigen Einverständnis aufgelöst wurde.

Insgesamt gewinnt man den Eindruck, daß der Rechtsgrundsatz des verständigen Wohlwollens von Zeugnisaustellern stark überbewertet wird. Die Praxis zeigt, daß häufig weggelobt wird, ein möglicher Prozeß vermieden werden soll oder einfach aus Unsicherheit Formulierungen gewählt werden, mit denen der scheidende Mitarbeiter hoffentlich zufrieden sein wird. Gut für Sie als Arbeitnehmer? Nicht immer, denn die Einstellung zu Zeugnissen wird immer kritischer. Als Beleg dafür, daß Sie von ... bis ... bei der Firma XYZ beschäftigt waren und zum Nachweis dafür, daß Ihr Lebenslauf lückenlos ist, hat das Zeugnis in vielen Personalabteilungen seine wichtigste Bedeutung bereits verbraucht. Daß das Zeugnis auch „wahr“ sein muß, wird im Spannungsfeld „Wahrheit – Wohlwollen“ sehr oft als nicht gegeben empfunden.

3.2 Aktuelle Auszüge aus Zeugnistexten und deren mögliche Interpretation

Beispiel

„Frau ... besaß ein gutes Fachwissen, mit dessen Anwendung sie auch schwierige Aufgaben löste. Sie konnte gegebene Situationen im erforderlichen Umfang in einzelne Aspekte gliedern. Sie plante und organisierte ihre Arbeit systematisch und handelte selbständig. Bei der Durchführung der vereinbarten Aufgaben war sie den üblichen Anforderungen gewachsen und hielt Absprachen in der Regel ein.
Sie bewältigte das Arbeitspensum und erbrachte gute Ergebnisse. Da Frau ... am Informationsaustausch interessiert war und sachliche Kritik akzeptierte, trug sie zur Zusammenarbeit innerhalb ihrer Arbeitsgruppe bei. Vorgesetzte informierte sie in der Regel umfassend und rechtzeitig. Sie war im Kollegenkreis allgemein anerkannt. Frau ... ist zum ... auf eigenen Wunsch aus unserem Unternehmen ausgeschieden. Wir danken ihr für ihre Mitarbeit und wünschen ihr für die Zukunft alles Gute."

Kommentar: Hier wird eine Naturwissenschaftlerin beurteilt, die als Gruppenleiterin in einem Unternehmen der Lebensmittelindustrie im Labor mehr als sieben Jahre tätig war. Die etwas merkwürdig klingenden Formulierungen lassen das Ergebnis zäher Verhandlungen zwischen Arbeitgeber und Arbeitnehmerin vermuten. Diesen negativen Eindruck können auch die Schlußformulierungen nicht ändern.

Beispiel

„Herr ... arbeitete sich immer mit großem Interesse schnell und engagiert in das jeweilige neue Aufgabengebiet ein. Er verfügte über eine sehr gute Auffassungsgabe und ein ausgezeichnetes analytisches Denkvermögen. Durch sein gutes Fachwissen und dessen sichere Anwendung löste er selbst schwierigste Aufgaben. Er ging alle Aufgaben mit sehr großer Eigeninitiative, zielgerichtet und selbständig an. Herr ... war ein äußerst belastbarer Mitarbeiter, der den wechselnden Beanspruchungen gewachsen war und auch unter schwierigen Bedingungen alle Aufgaben stets zu unserer größten Zufriedenheit erfüllte. Bei der Zusammenarbeit mit anderen Stellen unseres Hauses bewies er Einfühlungsvermögen und Kooperationsbereitschaft. Dank seiner kommunikativen Stärken verstand es Herr ..., einen optimalen Informationsaustausch herzustellen. Aufgrund seines freundlichen, hilfsbereiten und selbstbewußten Wesens war er bei Vorgesetzten und Kollegen geschätzt und geachtet. Herr ... verläßt unser Unternehmen mit dem heutigen Tage auf eigenen Wunsch. Wir bedauern sein Ausscheiden außerordentlich und bedanken uns für die sehr gute Zusammenarbeit. Wir wünschen ihm für seine weitere berufliche und private Zukunft alles Gute und viel Erfolg.“

Kommentar: Das ist ein Zeugnis mit der Note 1. Hier präsentierte sich ein Diplomkaufmann im Alter von etwa Mitte 30, der in einem international operierenden Markenartikelunternehmen direkt nach dem Studienabschluß ein Job-Rotation-Programm im Controlling startete und sich nach etwa fünf Jahren in einem anderen Unternehmen in einer Position mit Führungsverantwortung weiterentwickeln will. Die gesamte Beurteilung ist positiv und läßt eine angenehme, dynamische, positiv denkende und handelnde, leistungsstarke Persönlichkeit vermuten. Die Erwähnung von Einfühlungsvermögen wird hier zwar nicht negativ beurteilt, im Interview ganz sicher jedoch angesprochen werden. Die Führungseignung des Kandidaten wird im Zeugnis nicht deutlich, muß also im persönlichen Gespräch ebenfalls untersucht werden.

Beispiel

„Durch ihren Fleiß und ihre schnelle Auffassungsgabe war Frau ... nach relativ kurzer Zeit in der Lage, die ihr übertragenen Arbeiten selbständig und zu unserer vollsten Zufriedenheit auszuführen. Auch in der EDV-Lohnbuchhaltung, die mit Normallohn und Prämiensystem für Frau ... eine völlig neue Materie war, hat sie sich sehr gut eingearbeitet. Ihr Verhalten gegenüber Vorgesetzten war stets einwandfrei. Aufgrund ihres freundlichen Wesens war Frau ... auch bei den Kollegen sehr beliebt. Daher wurde sie nach Ablauf des Mutterschaftsurlaubs unserer Buchhalterin während der Urlaubszeit weiterbeschäftigt.
Wir bedauern, daß wir in unserem Unternehmen keine Möglichkeit haben, Frau ... an qualifizierter Stelle weiter zu beschäftigen, würden Sie jedoch jederzeit wieder einstellen, sofern sich eine solche Gelegenheit ergibt.
Für ihren weiteren Lebensweg wünschen wir Frau ... alles Gute.“

Kommentar: So ausführlich und wohlwollend kann ein Zeugnis ausfallen, selbst wenn nur ein Zeitraum von etwa 18 Monaten in der Buchhaltung eines kleineren Unternehmens beurteilt wird und die Mitarbeiterin als Mutterschaftsvertretung halbtags tätig war. Es handelt sich offensichtlich um eine tüchtige, unkomplizierte Bewerberin, die man gerne näher kennenlernen möchte.

Beispiel

„Zu ihren Aufgabenschwerpunkten gehörten alle Arbeiten moderner Sekretariatsführung, wie allgemeine Korrespondenz, Postbearbeitung, Abwicklung ein- und ausgehender Telefonate, Reiseorganisation, Terminverfolgung und Wiedervorlage, Erstellen von Statistiken, Overheadfolien sowie Schreiben von Vorträgen, Organisation und Verwaltung der Ablage, Betreuung von Kunden, Besuchern und Konzernmitgliedern, Vorbereitung und Organisation internationaler Besprechungen und Konferenzen sowie Kontaktpflege zu den Mitarbeitern in Europa und Übersee. Aufgrund ihrer ausgezeichneten Englischkenntnisse in Wort und Schrift wurde Frau ... auch mit Sonderprojekten betraut. Dank ihrer schnellen Auffassungsgabe und ihres Engagements war Frau ... bereits nach kurzer Einarbeitungszeit in der Lage, die angestrebte Position voll auszufüllen. Frau ... zeigte in ihrem Arbeitsbereich großen Einsatz, Belastbarkeit und Durchsetzungsvermögen. Sie war in hohem Maße loyal und vertrauenswürdig und erledigte die ihr übertragenen Aufgaben selbständig und stets zu unserer vollsten Zufriedenheit. Ihr Verhalten war stets einwandfrei. Durch ihre ausgleichende, verbindliche Art, verbunden mit hoher Arbeitsqualität, war sie sowohl bei Vorgesetzten als auch Kollegen beliebt und geschätzt. Frau ... verläßt unser Unternehmen zum ... auf eigenen Wunsch. Wir bedauern ihr Ausscheiden, danken ihr für ihre wertvolle Mitarbeit und wünschen ihr für ihre persönliche und berufliche Zukunft alles Gute.“

Kommentar: Als Sekretärin/Assistentin des Business Unit Managers eines namhaften US-Unternehmens wird hier eine Frau im Alter von Ende 30 beurteilt, die über die Praxis und persönliche Qualifikation zu verfügen scheint, die erwünscht ist. Das Zeugnis gewinnt auch dadurch an Bedeutung, daß es von einer Firma erstellt wurde, die erfahrungsgemäß hohe Anforderungen an Mitarbeiter stellt. Ob die Kandidatin auch in ein kleineres Unternehmen paßt, bleibt offen. Der Hinweis auf die ausgleichende und verbindliche Art könnte ein Hinweis auf Spannungsfelder im Unternehmen sein und wird deshalb i.d.R. im Interview hervorgehoben werden. Insgesamt handelt es sich hier um ein als sehr gut eingestuftes Zeugnis.

Beispiel

„Seit dem ... ist Herr ... als Regional-Vertriebsleiter tätig. Die Aufgabenstellung des Regional-Vertriebsleiters in unserem Franchise-System umfaßt unter anderem folgende Tätigkeiten: Operative Umsetzung strategischer Unternehmensziele, Anwerbung neuer Franchise-Nehmer sowie deren umfassende Beratung bereits im Vorfeld der Existenzgründungsvorhaben unter Berücksichtigung sowohl persönlicher als auch betriebswirtschaftlicher Gesichtspunkte, permanente Betreuung der bestehenden Franchise-Nehmer während der Einarbeitungsphase und der späteren Zusammenarbeit in folgenden Bereichen: Motivation und Koordination von Mitarbeitern, Akquisitionstechnik und Verkaufsgespräche, Besuchs- und Umsatzplanung, Warenkunde/Disposition, Einsatz von Marketing-Instrumenten, Beratung bei betriebswirtschaftlichen Fragen, Optimierung der Neukundengewinnung und stetige Umsatzsteigerung, Steuerung des Vertriebs im Bereich der Niederlassung durch Zielvereinbarungen und entsprechendes Controlling, Erstellung der Jahresplanung für die gesamte Niederlassung. Die Aufgabengebiete von Herrn ... erfordern schnelles, selbständiges und exaktes Arbeiten, außerdem organisatorisches Können und die Fähigkeit, Mitarbeiter erfolgreich zu führen.
Herr ... ist ein ehrlicher und zuverlässiger Mitarbeiter, der die ihm übertragenen Aufgaben stets zu unserer vollsten Zufriedenheit und mit größtem Engagement ausführt. Er zeichnet sich durch Organisationstalent, Verantwortungsbewußtsein und Zielstrebigkeit aus. Seine besondere Einsatzbereitschaft geht auch über sein Aufgabengebiet hinaus, und es ist ihm gelungen, seine Mitarbeiter und Franchise-Partner zu motivieren und zu hohen Leistungen zu führen. Sein Verhalten gegenüber Vorgesetzten und Kollegen ist jederzeit vorbildlich. Dieses Zwischenzeugnis wird auf Wunsch von Herrn ... ausgestellt. Wir danken Herrn ... für die bisher geleistete Mitarbeit und hoffen auf eine weiterhin gute und konstruktive Zusammenarbeit."

Kommentar: Hier wird ein tüchtiger Vertriebsprofi in einem Zwischenzeugnis, das von ihm angefordert wurde, beurteilt. Die Aufgabenstellung ist transparent, Leistungen und Ergebnisse werden gewürdigt, es wird für die geleistete Arbeit gedankt und die Hoffnung auf weiterhin gute Zusammenarbeit ausgedrückt. Der Satz: „Die Aufgabengebiete von Herrn ... erfordern schnelles, selbständiges und exaktes Arbeiten ...“ wirft erst einmal die Frage auf, ob der Kandidat dem denn auch entsprochen hat. Der folgende Abschnitt beseitigt jedoch etwaige Zweifel. Wer sich mit einem solchen Zwischenzeugnis bewirbt, hat sicher gute Karten, muß jedoch mit der Frage rechnen, warum er sich nach knapp drei Jahren Firmenzugehörigkeit neu orientieren will.

Beispiel

„In unserer fremdsprachigen Verkaufsabteilung schrieb sie nach Diktat und Anleitung Verkaufskorrespondenz mit kaufmännischem und technischem Inhalt, überwiegend in deutscher, aber auch in französischer und englischer Sprache. Als am ... die Stelle der Sekretärin unseres Verkaufsleiters vakant wurde, bewarb sich Frau .... Aufgrund der von ihr gezeigten Leistungen gaben wir ihr gerne die Gelegenheit zu dieser beruflichen Weiterentwicklung.
Frau ... erledigte als Sekretärin des Verkaufsleiters alle Vorzimmer- und Sekretariatsarbeiten, schrieb die anfallende Korrespondenz sowohl intern mit den anderen Abteilungen als auch extern mit unseren in- und ausländischen Geschäftspartnern und erstellte selbständig statistische Verkaufs- und Marktunterlagen. Frau ... war fleißig und mit Interesse und Eifer bedacht, die nicht geringen Anforderungen ihrer Stellung zu erfüllen. Durch praktische Befassung und durch Freizeitstudien erweiterte sie ihre Kenntnisse in der englischen und französischen Sprache. Wir waren mit ihren Leistungen zufrieden. Frau ... war eine angenehme und bei Vorgesetzten und Arbeitskollegen beliebte Mitarbeiterin. Aus Anlaß einer Umstellung in unserer Verkaufsorganisation verläßt Frau ... unsere Firma auf eigenen Wunsch. Wir wünschen ihr für ihre Zukunft alles Gute.“

Kommentar: Natürlich fällt bei der Beurteilung einer jungen Dame, die im Alter von 18 Jahren als Fremdsprachenkorrespondentin in eine als konservativ geltende Maschinenfabrik eintrat und sich nach einem Jahr Berufspraxis in die Position der Sekretärin des Verkaufsleiters bewarb, auf, daß der Vorgesetzte offensichtlich schon älteren Semesters ist und in der Formulierung von Zeugnissen keine Routine hat. Dennoch müssen wir hier auch erkennen, daß die junge Dame sich offenkundig selbst überschätzt, sich ganz sicher abgemüht hat, letztlich jedoch nur befriedigende Leistungen erbrachte. Die Begründung der Kündigung durch die Kandidatin kann auf mangelnde Flexibilität und fehlende Einsicht in die Notwendigkeit organisatorischer Veränderungen schließen lassen. Vielleicht wollte man sie auch nur elegant loswerden und hat deshalb die Umstellung in der Verkaufsorganisation vorgenommen. Wenn es gelingen sollte, sie wieder auf den Teppich zu holen, kann man es aufgrund des Zeugnisses mit ihr als Mitarbeiterin in einer angemessenen Aufgabe versuchen, da sie als angenehm und beliebt beschrieben wird.

Beispiel

„Ihr oblag es, nach Einarbeitung und mehreren Seminaren des EDV-Systems, den gesamten Buchhaltungsbereich zu bearbeiten. Während der Einarbeitungsphase konnte sich Frau ... mit Lohn und Gehaltsbuchhaltung, Debitorenbuchhaltung und mit dem vielseitigen Kontenrahmen vertraut machen. Zufriedenstellend erledigte sie ihren umfassenden Arbeitsbereich und erfüllte die in sie gesetzten Erwartungen. Frau ... war stets pünktlich und ihren Kollegen gegenüber aufgeschlossen, höflich und freundlich. Durch betriebsinterne Umstellungen bedingt, scheidet Frau zum ... aus unseren Diensten aus."

Kommentar: Kurz und knapp wird hier in wenig freundlichem Ton die 18monatige Tätigkeit einer Buchhalterin in einem mittelständischen Handelsunternehmen beurteilt. Die Mitarbeiterin hat sich vermutlich mit ihrem Vorgesetzten nicht verstanden, der wiederum wird keine besonders hohe Meinung von ihr haben. Mit einem solchen Zeugnis wird man es als Bewerberin schwer haben, wenn es nicht gelingt, die Situation einleuchtend zu erklären.

Beispiel

„Seine Leistungen können als überdurchschnittlich gut bezeichnet werden. Er hat auftretende Probleme sehr sorgfältig und zu guten Lösungen geführt. Besonders hervorzuheben war sein inneres Engagement bei den ihm gestellten Aufgaben, die er zu unserer vollsten Zufriedenheit ausführte. Herr ... war in unserem Hause als besonders fähiger Mitarbeiter geschätzt, der Selbständigkeit und große Spezialkenntnisse bewies, vor allem auf dem Gebiet der Elektronischen Datenverarbeitung, insbesondere der PC-Hard- und Software. Besonders begrüßten wir sein Bestreben, sich durch Besuche von Fachkursen und durch das Ausnutzen anderer Fortbildungsmöglichkeiten über die neueren Entwicklungen zu orientieren und mit dem gegenwärtigen Erkenntnisstand seines Fachgebiets vertraut zu machen. Wir schätzten an Herrn ... besonders seine Vertrauenswürdigkeit und sein Pflichtbewußtsein und erteilten ihm daher im ... Handlungsvollmacht. Wegen seiner vorbehaltlosen Bereitschaft zur sachlichen Zusammenarbeit und nicht zuletzt wegen seiner Hilfsbereitschaft war er bei Vorgesetzten und Mitarbeitern gleichermaßen geschätzt. Herr ... scheidet auf eigenen Wunsch aus unserem Unternehmen aus. Wir bedauern es sehr, diesen Mitarbeiter zu verlieren, und wünschen ihm für seinen weiteren Lebens- und Berufsweg alles Gute."

Kommentar: Hier wird ein Diplom-Betriebswirt im Alter von Mitte 30 beurteilt, der sich in einem internationalen Unternehmen in Controlling, Buchhaltung, Cash Management, Berichtswesen und bei der Einführung eines neuen PC-Netzwerks verdient gemacht hat. Besonders beachtenswert ist die Hervorhebung des inneren Engagements und der vorbehaltlosen Bereitschaft zur sachlichen Zusammenarbeit. Daraus kann man folgern, daß wir hier einen Kandidaten erwarten dürfen, auf dessen persönlicher Prioritätenliste die Firma auf Platz 1 steht. Deshalb darf man glauben, daß sein Ausscheiden sehr bedauert wird. Insgesamt also ein bemerkenswertes Zeugnis für einen bemerkenswerten Kandidaten.

Beispiel

„Bereits nach kurzer Zeit erreichte Herr ... eine beachtliche Umsatzsteigerung. Er baute zahlreiche Kundenkontakte auf und schuf ein vertrauensvolles Kundenverhältnis. Herr ... akquirierte zahlreiche Neukunden. Seine Verhandlungen auf Zentraleinkaufsebene waren sehr erfolgreich. Herr ... war ein sehr engagierter, überdurchschnittlich einsatzbereiter, umsichtiger Mitarbeiter, der dank seiner systematischen Vorgehensweise die breite Palette seiner Tätigkeit hervorragend bewältigte.
Seine persönliche Integrität und absolute Zuverlässigkeit machten Herrn ... zu einem Mitarbeiter, der das Vertrauen der Geschäftsleitung voll rechtfertigte. Seine charakterliche Haltung war stets einwandfrei und die Zusammenarbeit mit seinen Vorgesetzten und Kollegen immer gut und konstruktiv. Herr ... war ein überaus belastbarer, vertrauenswürdiger und jederzeit loyaler Mitarbeiter, der seine Aufgaben sehr gewissenhaft, schnell und zu unserer vollsten Zufriedenheit erledigte. Herr ... scheidet zum ... auf eigenen Wunsch aus unserem Unternehmen aus. Wir bedauern sehr, ihn als Mitarbeiter zu verlieren. Für seine Zukunft wünschen wir Herrn ... alles Gute und für sein berufliches Fortkommen viel Erfolg. Mit diesen Wünschen verbinden wir den Dank für seine bisherige wertvolle Mitarbeit."

Kommentar: Hier wird ein etwa 30jähriger, offensichtlich sehr positiv eingeschätzter junger Mann beurteilt, der sich innerhalb weniger Jahre vom Assistenten des Vertriebsleiters hin zum Gebietsverkaufsleiter mit Verantwortung für ein Bundesland entwickeln konnte. In diesem Zeugnis sind die ausdrücklichen Hinweise auf persönliche Integrität, absolute Zuverlässigkeit, einwandfreie charakterliche Haltung, Loyalität und die gewissenhafte schnelle Arbeitsweise, die die vollste Zufriedenheit fand, sehr bemerkenswert. Die Schlußformulierungen sind ebenso „erstklassig", wie es der Kandidat selbst sein dürfte.

Beispiel

„Herr ... verfügt aufgrund seiner Berufsausbildung und seiner internationalen Erfahrung über tiefgreifende und umfassende Fachkenntnisse innerhalb sowie außerhalb seines Aufgabengebietes. Durch die breite Verflechtung seiner Aufgaben hat er stets bereichsübergreifende Impulse gegeben und hin zu den Unternehmenszielen gelenkt. Nicht zuletzt durch seine einschlägige Erfahrung erwarb er sich die Anerkennung seiner Vorgesetzten und Kollegen.
Für die Mitglieder der Geschäftsführung und der Konzernleitung war er stets, auch über Probleme seines Fachgebiets hinaus, ein gesuchter und respektierter Gesprächspartner. Seine Mitarbeiter motivierte er durch eine fach- und personenbezogene Führung zu hohen Leistungen. So schuf er die Voraussetzungen für eine optimale Organisation von Aufgaben und Verantwortung. Seinen Verantwortungsbereich hat er jederzeit zuverlässig und mit persönlichem Einsatz stets zu unserer vollsten Zufriedenheit geleitet. Herr ... verläßt unser Unternehmen mit Wirkung zum ... auf eigenen Wunsch, um sich beruflich zu verändern. Wir bedauern seinen Weggang und wünschen ihm für seine Zukunft weiterhin alles Gute und viel Erfolg."

Kommentar: Hier wird ein international erfahrener Finanzfachmann beschrieben, der in der europäischen Tochtergesellschaft eines US-Konzerns in knapp 10jähriger Tätigkeit vielseitige und komplexe Aufgaben in Finanz- und Rechnungswesen, Controlling und Reporting offensichtlich sehr gut bewältigt hat. Dennoch klingt das Zeugnis recht sachlich und kühl, besonders beliebt scheint der Kandidat nicht gewesen zu sein, möglicherweise hat er sich auch in die Verantwortungsbereiche seiner Kollegen eingemischt. Wenngleich die Schlußformulierungen versöhnlich klingen, so bleiben dennoch Zweifel hinsichtlich der Persönlichkeit bestehen, die in einem Interview zu klären wären.

4. Die Arbeitspapiere

4.1 Ist der Arbeitgeber verpflichtet, Ihnen die Arbeitspapiere und damit auch das Zeugnis zuzustellen?

Diese Situation haben Sie vielleicht schon einmal beobachtet oder sogar selbst erlebt: Im Streit um die Kündigung und in der nachfolgenden Auseinandersetzung um das Zeugnis sind sehr deutliche Worte gefallen. Ihr Kollege oder Sie fühlte/n sich angegriffen, falsch beurteilt, der Ton war eisig, der einen oder anderen Seite sind im Eifer des Gefechts sprachliche Entgleisungen unterlaufen. In dieser von Emotionen und kämpferischem Einsatz aufgeladenen Atmosphäre will oder kann man die Gegenseite einfach nicht mehr sehen. Letztlich braucht man aber das Zeugnis für die Bewerbung um einen neuen Job. Wer jetzt in großer Verärgerung fordert, daß der Arbeitgeber ihm die Papiere bis zum ... zuschickt, der ist meist auf dem Holzweg. Es gilt, von wenigen Ausnahmen abgesehen, daß der Arbeitnehmer das Zeugnis beim Arbeitgeber abzuholen hat. Unter Hinweis auf §§ 630, 269, 242, 246 BGB lesen wir:

1. Grundsätzlich muß der Arbeitnehmer seine Arbeitspapiere, zu denen auch das Arbeitszeugnis gehört, bei dem Arbeitgeber abholen.
2. Nach § 242 BGB kann der Arbeitgeber im Einzelfall gehalten sein, dem Arbeitnehmer das Arbeitszeugnis nachzuschicken. Grundsätzlich sind Arbeitspapiere, zu ihnen zählt auch das Arbeitszeugnis, vom Arbeitnehmer abzuholen. Ist ein Ort für die Leistung weder bestimmt noch aus den Umständen, insbesondere der Natur des Schuldverhältnisses zu entnehmen, so hat die Leistung am Wohnsitz des Schuldners zu erfolgen

(§ 269 Abs. 1 BGB); an die Stelle des Wohnsitzes tritt, wenn der Schuldner seine gewerbliche Niederlassung an einem anderen Ort hat, der Gewerbebetrieb des Schuldners, wenn die Verbindlichkeit in seinem Gewerbebetrieb entstanden ist (§ 269 Abs. 2 BGB). BAG v. 8.3.1995 - 5 AZR 848/93.

Man findet jedoch auch die Ansicht, aus der Holschuld könne aus Gründen der nachwirkenden Fürsorge eine Schickschuld werden, z.B., wenn die Abholung der Arbeitspapiere mit unverhältnismäßig hohen Kosten oder Mühen verbunden ist (vgl. LAG Frankfurt/M. Urteil v. 1.3.1984, DB 1984 2200). Das ArbG Wetzlar hat mit Beschluß vom 21.7.1971, BB 1972, 222 erkannt, der Arbeitgeber habe dem Arbeitnehmer das Zeugnis zuzusenden, wenn der Arbeitnehmer seinen Wohnsitz inzwischen an einen weit entfernten Ort verlegt habe. Daneben ist eine solche Verpflichtung des Arbeitgebers angenommen worden, wenn ein Arbeitnehmer die Erteilung des Zeugnisses rechtzeitig vor Beendigung des Arbeitsverhältnisses verlangt hat, es jedoch bis zur Beendigung des Arbeitsverhältnisses aus Gründen, die in der Sphäre des Arbeitgebers liegen, nicht zur Abholung durch den Arbeitnehmer bereitliegt (vgl. LAG Frankfurt/M. Urteil v. 1.3.1984, DB 1984, 2200).

Aus der Praxis des Personalfachmanns ist hinzuzufügen, daß Sie einen Boten bevollmächtigen können, das Zeugnis beim Arbeitgeber abzuholen, wenn es für Sie persönlich unzumutbar ist, dies zu tun, weil Sie z.B. den Verkehrston als unerträglich erleben. Deswegen: Versuchen Sie Auseinandersetzungen um „Holen“ oder „Schicken“ von Arbeitspapieren zu vermeiden. Wie der Teufel es will, erfährt ausgerechnet der Personalleiter davon, bei dem Sie sich gerade vorgestellt haben. Der wird Sie sofort als Problemfall einstufen und sich erfahrungsgemäß für einen anderen Bewerber, der nach dem Eindruck des Interviewers keine Probleme macht, und damit gegen Sie entscheiden.

4.2 Das Zwischenzeugnis

Sie verlangen von Ihrem Arbeitgeber ein Zwischenzeugnis, und der stellt sich quer! Wie ist Ihre Position? Ein Angestellter ist berechtigt, aus triftigen Gründen auch während des Arbeitsverhältnisses ein Zeugnis zu verlangen. Als triftig ist ein Grund anzusehen, wenn dieser bei verständiger Betrachtungsweise den Wunsch des Angestellten als berechtigt erscheinen läßt (vgl. Boehm/Siertz/Sponer/Steinherr BAT, Stand: Dez. 1997, § 61 Rdn. 11). Als triftige Gründe gelten in der Praxis: Bewerbung um eine neue Stelle, Vorlage bei Behörden und Gerichten, Stellung eines Kreditantrags, organisatorische Veränderungen innerhalb des Betriebs, Übernahme des Betriebs durch einen neuen Arbeitgeber, Versetzung des Arbeitnehmers oder Konkurs, geplante längere Arbeitsunterbrechungen, etwa ab 1 Jahr, oder auch Wehr- und Zivildienst.

Aus der täglichen Personalpraxis ist hier anzumerken, daß Sie durch das Verlangen eines Zwischenzeugnisses beim Arbeitgeber einige Fragen aufwerfen können: Will der Mitarbeiter sich neu orientieren – und warum? Kann man ihm noch vertrauen, oder sollte man ihn besser von bestimmten Informationen ab sofort ausschließen? Wird seine Leistung für die möglicherweise noch verbleibende Zeit im Unternehmen genauso gut sein? Wenn wir dem Mitarbeiter im Zwischenzeugnis überdurchschnittlich gute Leistungen und Ergebnisse, z.B. einem Verkäufer im Außendienst, bescheinigen, wird er sich dann für den Rest seiner Zeit auf die faule Haut legen?

Die Anforderung eines Zwischenzeugnisses wird in aller Regel dann auf Verständnis stoßen, wenn Ihr Vorgesetzter wechselt, Sie in eine andere Abteilung versetzt oder befördert werden oder wenn Sie mit Ihrem Personalleiter klar besprochen haben, daß Sie weiterkommen wollen, und man Ihnen die erwünschte Aufstiegsmöglichkeit im Unternehmen nicht bieten kann.

4.3 Das Ausstellungsdatum des Zeugnisses

Es kann dem möglichen zukünftigen Arbeitgeber manches verraten. Ist es pünktlich auf den letzten Arbeitstag des Kandidaten ausgestellt oder erst ein paar Monate später? Wenn Sie das Zeugnis erst einige Zeit nach Ihrem Ausscheiden verlangen, wird der Wunsch der Rückdatierung auf den Tag der Beendigung des Arbeitsverhältnisses in Rechtsprechung und Literatur abgelehnt (vgl. u.a. LAG Hamm v. 21.3.1969 - 8 Sa 845/68, DB 1969, 886; LAG Bremen v. 23.6.1989 - 4 Sa 320/88, LAGE Nr. 6 zu § 630 BGB; ArbG Karlsruhe v. 19.9.1985 - 6 Ca 654/85, BB 1986, 461)

Geht es jedoch darum, daß ein bereits erteiltes Zeugnis vom Arbeitgeber inhaltlich geändert wird, dann wird meist die Auffassung vertreten, daß das geänderte Zeugnis mit dem Datum des erstmals erteilten Zeugnisses zu versehen ist, und zwar unabhängig davon, ob der Arbeitgeber die Berichtigung von sich aus vornimmt, ob er dazu verurteilt oder durch Prozeßvergleich angehalten wurde (vgl. z.B. LAG Bremen v. 23.6.1989 - 4 Sa. 320/88, LAGE Nr. 6 zu § 630 BGB; ArbG Karlsruhe v. 19.9.1985 - 6 Ca 654/85, BB 1986, 461). Sie können die Rückdatierung auch dann verlangen, wenn Sie die Ausstellung des Zeugnisses rechtzeitig verlangt haben und die verspätete Ausstellung nicht die Folge eigener Nachlässigkeit ist, sondern darauf zurückzuführen ist, daß der Arbeitgeber sich bereit erklärt, das ursprünglich erstellte Zeugnis im Wortlaut zu ändern.

Sollte Ihr Zeugnis ein Datum tragen, welches nicht unerheblich nach Ihrem Ausscheiden aus dem Unternehmen liegt, kann sich dies nachteilig auf Ihren Erfolg im Bewerbungsvorgang auswirken. Der mögliche neue Arbeitgeber kann den Eindruck gewinnen, daß das Zeugnis erst nach längeren Auseinandersetzungen mit dem früheren Arbeitgeber ausgestellt wurde. Mit entsprechendem Mißtrauen wird der ganze Inhalt des Zeugnisses gelesen. In den meisten Fällen haben Sie damit den kürzeren gezogen, wenn es darum geht, sich gegen andere Bewerber um eine bestimmte Position durchzusetzen.

4.4 Zeugniserteilung bei Kündigungsschutzprozeß

Das Bundesarbeitsgericht stellt mit Urteil vom 27.2.1987 - 5 AZR 710/85 folgendes fest: „Ein fristgerecht entlassener Arbeitnehmer hat spätestens mit Ablauf der Kündigungsfrist oder bei seinem tatsächlichen Ausscheiden Anspruch auf ein Zeugnis über Führung und Leistung (§ 630 BGB) und nicht lediglich auf ein Zwischenzeugnis. Das gilt auch dann, wenn die Parteien in einem Kündigungsschutzprozeß über die Rechtmäßigkeit der Kündigung streiten.“ Nach § 630 BGB kann ein Arbeitnehmer bei der Beendigung des Arbeitsverhältnisses ein Zeugnis über Führung und Leistung verlangen. Diese Bestimmung zwingt nicht dazu, dem Arbeitnehmer bis zum rechtskräftigen Abschluß des Kündigungschutzprozesses nur ein Zwischenzeugnis zuzugestehen. Er kann vielmehr ein Zeugnis über Führung und Leistung schon „bei“ und nicht erst „nach“ Beendigung des Arbeitsverhältnisses fordern. (Staudinger/Neumann, BGB, 12. Aufl. § 630 Rdn. 7)

Als Personalfachleute können wir Ihnen nur raten, sich auch während eines Kündigungschutzprozesses intensiv um eine neue Position zu bewerben. Wenn Sie dabei kein Zeugnis oder nur ein Zwischenzeugnis vorlegen können, kann das Ihre Chancen deutlich beeinträchtigen. Es ist also in Ihrem wohlverstandenen Interesse, daß Sie ein Zeugnis bekommen, das sich ausführlich mit Ihren Leistungen und Ihrem Verhalten auseinandersetzt, selbst wenn Sie die Kündigung für unwirksam halten und mit einer Kündigungsschutzklage angreifen.

Für alle diese Auseinandersetzungen gilt in der Praxis des Arbeitslebens, daß Sie als Bewerber schnell in den Ruf des „Streithansels“ kommen können und damit als unangenehmer Bewerber erlebt werden – ob zu Recht oder nicht –, von dem man besser die Finger läßt. Bedenken Sie dabei auch, daß etwa 80 Prozent aller Stellenangebote von mittelständischen, sehr oft kleineren Firmen ausgeschrieben werden, die sich eine eigene

Rechtsabteilung oder auch den Service großer, „teurer“ Kanzleien nicht leisten können und denen Arbeitsgerichtsprozesse ein Horror sind. Sie kosten Nerven, Zeit und Geld. Wer will sich schon offenen Auges einen Bewerber ins Haus holen, mit dem Risikofaktoren assoziiert werden?

4.5 Welchen Wert hat das Zeugnis überhaupt noch?

Das kann man sich wirklich fragen, wenn man sich vor Augen führt, unter welchen Umständen es erstellt worden sein kann. In der Praxis erfüllt es eine wichtige Funktion, nämlich die gezielte Information des möglichen neuen Arbeitgebers:

- **Die exakte Angabe der Beschäftigungszeit:** Es ist für Sie als Bewerber von eminenter Bedeutung, einen lückenlosen tabellarischen Lebenslauf präsentieren zu können. Jeder Zeitabschnitt nach Abschluß von Schule, Lehre, etc. muß üblicherweise mit Zeugnissen belegt werden können. Wenn Sie im Ausland ein Praktikum absolvieren, dann sollten Sie Ihren Vorgesetzten um eine Bescheinigung bitten, die Ihren Aufenthalt bestätigt und Sie sowie Ihren Einsatz wohlwollend schildert.
- **Die Beschreibung der erledigten Aufgaben:** Hier ist Detailgenauigkeit insoweit angesagt, als damit nicht Firmengeheimnisse preisgegeben werden. Der Personalleiter wird die Aufgabenbeschreibung Ihres Zeugnisses mit dem Anforderungsprofil der offenen Position vergleichen. In der Stellenausschreibung wird z.B. ein/e Kandidat/in mit SAP R2-Kenntnissen, der/die mit den Modulen RM-LVS und RV vertraut ist, gesucht. Sie haben sich auf diese Stellenanzeige beworben und in Ihrem Anschreiben auf Ihre spezifischen Kenntnisse hingewiesen. Das Problem kann jedoch sein, daß genau das in Ihrem Zeugnis nicht erwähnt ist.

- **Die Beschreibung Ihres Verhaltens im Unternehmen:** Sehen wir einmal vom Reizthema „Ausprägungsgrad der Zufriedenheit des Arbeitgebers“ ab, so werden bestimmte Formulierungen einen durchaus treffenden Eindruck Ihrer Persönlichkeit vermitteln. Vielleicht beschreibt Sie der Zeugnisaussteller als einen ruhigen, sachlichen Menschen, der seine Aufgaben gewissenhaft erledigte und sich durch Zuverlässigkeit, Pünktlichkeit und Ehrlichkeit auszeichnete. Oder es wird der Eindruck formuliert, daß Sie ein temperamentvoller Mitarbeiter sind, der andere begeistern und mitreißen kann, so daß Sie vielleicht genau der Motor sind, der in einem anderen Unternehmen dringend gesucht wird, um ein Team wieder zum Laufen zu bringen.
- **Die Ausführlichkeit des Zeugnisses:** Es ist zwar wichtig für Sie, daß die wesentlichen von Ihnen wahrgenommenen Aufgaben und Funktionen, am besten stichwortartig, beschrieben sind. Dennoch sollte man darauf achten, daß das Zeugnis möglichst nicht länger als eine DIN-A4-Seite ist. Sollten Sie 15 Jahre der Mitarbeiter eines Unternehmens gewesen sein, der sich alle drei bis fünf Jahre in einer neuen Position weiterentwickeln konnte, dann sind bis zu zwei Seiten noch akzeptabel. Ein Beispiel mag verdeutlichen, was wir hier ansprechen: Sie haben sich als zielstrebiger, ehrgeiziger Mensch vom Verkaufssachbearbeiter bis hin zum Verkaufsleiter hochgearbeitet, steuern heute einen Außendienst von 30 Mitarbeitern und betreuen persönlich die nationalen Key Accounts Ihrer Branche. Jetzt wollen Sie den nächsten Schritt machen und Verkaufsdirektor in einem großen Konzern werden. Ist es dann noch wichtig für Ihren zukünftigen Arbeitgeber zu erfahren, welche Aufgaben Sie vor 15 Jahren als Verkaufssachbearbeiter erledigt haben? Die Antwort liegt auf der Hand!

Positionsbeschreibung/ Stellenbeschreibung anstelle von Zeugnis/Zwischenzeugnis

5.1 Was ist zu tun, wenn Sie kein Zwischenzeugnis vorlegen können?

In dem oben beschriebenen Beispiel würden wir dem Kandidaten auf keinen Fall raten, sich vom Geschäftsführer ein Zwischenzeugnis ausstellen zu lassen. Damit würde er nur Verwirrung stiften und seine eigene, sichere Position im Unternehmen unterminieren. Außerdem ist es nicht sicher, ob es tatsächlich zum Vertragsabschluß mit dem Konzern kommt. Hier wird die

Beschreibung Ihrer heutigen Position

die erforderlichen Informationen liefern. Bei der Erstellung Ihrer Funktionsbeschreibung sollten Sie verschiedene Punkte beachten:

- Wenn Sie Ihre Aufgaben gemäß einer Stellenbeschreibung vornehmen, können Sie diese der Bewerbung beilegen, wenn damit keine Unternehmensgeheimnisse verraten werden. Außerdem könnte mit der Stellenbeschreibung die Identität Ihres augenblicklichen Arbeitgebers preisgegeben werden, was vielleicht nicht in Ihrem Interesse ist.
- Wir empfehlen deshalb, einen Auszug aus der Stellenbeschreibung zu formulieren, der die wichtigsten Aufgaben schildert, wobei hier kurze, sachliche Hinweise auf Erfolge durchaus hilfreich sind. Letztlich interessieren den Leser Ihrer Bewerbung die Ergebnisse Ihres Einsatzes.

- Bleiben Sie bei der Beschreibung Ihrer Aufgaben und Erfolge auf dem Teppich. So sehr es verständlich ist, daß Sie sich im Wettbewerb um eine attraktive Aufgabe von Ihrer besten Seite zeigen wollen, so problematisch kann das werden, wenn Sie zum späteren Zeitpunkt ein Zeugnis nachreichen müssen. Der Personalprofi wird den Inhalt Ihres Anschreibens oder der gesondert erarbeiteten Aufgabenübersicht mit dem des Zeugnisses vergleichen. Wenn dann gravierende Differenzen offenkundig werden, dann kann ein mühsam entwickeltes Vertrauensverhältnis schnell Schaden nehmen. Alle Ihre Leistungen und Ergebnisse – und das ist das Fatale daran – werden plötzlich in Zweifel gezogen, obwohl Sie vielleicht nur einen einzigen Punkt in der Auflistung Ihrer Tätigkeiten und Erfolge beschönigt haben. Und dann ist es nur ein kurzer Weg zu dem Urteil, daß Sie sich zwar glänzend verkaufen können, jedoch viel Wind machen und letztlich nicht allzuviel dahinter steckt. Wenn dann noch während der Probezeit nicht alles nach Plan und Wunsch läuft, werden Sie sich nach aller Erfahrung nach einem anderen Job umsehen müssen.
- Beachten Sie bitte, daß die von Ihnen erarbeitete Positionsbeschreibung individuell auf die Stellenanzeige ausgerichtet ist, auf die Sie sich bewerben, oder auf das Kurzprofil, das Ihnen von einem Personalberater vorliegt. Wenn hier spezifische Kenntnisse und Erfahrungen erwünscht sind, über die Sie verfügen, sollten Sie darauf deutlich hinweisen. Den besten Eindruck macht die Beschreibung der Erfahrung und Erfolge, die sich thematisch, in der Wahl der Worte und in der Reihenfolge am Text des Stellenangebots orientiert. Wenn der Arbeitgeber Prioritäten in der Aufzählung der Anforderungen setzt, sollten Sie diesem Leitfaden folgen. Wichtig ist auch, daß Sie den Wortlaut des Sie interessierenden Stellenangebots sorgfältig studieren. Die Praxis zeigt immer wieder, daß Stellenanzeigen nicht richtig gelesen, daß nur bestimmte Details wahrgenommen oder auch Zusammenhänge in Stellenausschreibungen hineingelesen werden, die jeder Grundlage entbehren. Was also zählt, sind die Fakten, sowohl auf Ihrer Seite als auch auf der Seite des zukünftigen Arbeitgebers.

5.2 Beispiele von Stellenbeschreibungen

Die nachfolgenden Stellenbeschreibungen wurden nicht von Unternehmen, sondern von Bewerbern erstellt, die kein Zeugnis oder Zwischenzeugnis für das laufende Arbeitsverhältnis vorlegen konnten oder wollten, da dieses noch ungekündigt war.

Beispiel

Ein Diplom-Kaufmann im Alter von Mitte 30 bewirbt sich auf eine Vertriebsleiterfunktion, nachdem er etwa 10 Jahre in einem Unternehmen der chemischen Industrie in Marketing und Vertrieb tätig war. Da er direkt nach seinem Studium in diesem Hause seine berufliche Entwicklung begonnen hatte, konnte er seiner Bewerbung kein Arbeitszeugnis beifügen.

Jetzige Position:

Account Manager

1. Auf- und Ausbau von Verkaufsgeschäften:

1.1 Marktforschung

1.2 Erarbeiten von Verkaufsstrategien und deren Festlegung in Zusammenarbeit mit Verkaufsabteilung und internationalen Verkaufsbüros

1.3 Erstellen von Verkaufsplänen (Preis/Menge/Produkt)

1.4 Aufbau und Pflege von Kontakten zu:
- direkten Kunden
- indirekten Kunden
- Behörden und Beschaffungsstellen (Meinungsbildner)

1.5 Erarbeitung und Durchführung von Verkaufsförderungsmaßnahmen:
- Kundenbetreuung
- Messen und Seminare
- PR und Werbung
- Broschüren und Informationsmaterial

1.6 Kundenberatung und Verkauf (Preis, Disposition, Lieferkonditionen)
1.7 Koordinierung und Überwachung der Auftragsabwicklung

2. Verantwortungsbereich:
2.1 Umsatz: Mengen, Preis- und Lieferkonditionen
2.2 Geographisch: Europa (Frankreich, Belgien, Italien, Spanien, Portugal, Schweiz, Griechenland), Afrika, Arabien und Türkei, Lateinamerika und Japan in Zusammenarbeit mit lokalen Verkaufsbüros und Vertretungen
2.3 Prüfprogramme und Entwicklungsprojekte: für Kunden in enger Zusammenarbeit mit der Anwendungstechnik

Beispiel

Eine Bürokauffrau im Alter von etwa Mitte 30 bewirbt sich aus einer ungekündigten Position heraus auf die Position **Verkaufsleiter/in Nord**, die von einem Unternehmen der Lebensmittelindustrie besetzt werden soll. Die Bewerberin kann für die vergangenen 7 Jahre kein Zeugnis vorlegen. Sie übersandte deshalb die vom Arbeitgeber vorgegebene Stellenbeschreibung. Da es sich hier um die deutsche Tochtergesellschaft eines amerikanischen Unternehmens handelt, sind die Überschriften zweisprachig englisch/deutsch formuliert.

Job Title/Stellenbeschreibung:

Junior Key Account Manager

Nielsen ...
Job Holder/Stelleninhaber (Name):
Reports to/Berichtet an:
Stellenbez.: Senior Key Account Manager
Stelleninh.: ...

1. Job Purpose/Ziel der Stelle:

1.1 Aufbau einer belastungsfähigen Basis für die Geschäftsbeziehung bei allen Key Accounts der Nielsengebiete ... im direkten zwischenmenschlichen Kontakt auf allen Entscheidungsebenen Einkauf/ Marketing/Vertrieb und allen Meinungsbildnern.

1.2 Entwicklung eines individuellen Key Account Konzepts kurz-, mittel- und langfristig, das die optimale Potentialauslastung der Kunden sicherstellt. Dies geschieht nach Vorgabe oder Absprache mit dem Senior Key Account Manager.

1.3 Realisierung der strategischen Planungen nach Vorgabe durch den Senior Key Account Manager. Dies sind:

- Fixierung der operationellen und finanziellen Ziele im Rahmen der Gesamtfirmenplanung beim Kunden (Teilnehmer an Jahresgesprächen).

- Fixierung der Umsatz- und Ertragsziele. Erstellung der Budgets in Absprache mit dem Senior Key Account Manager.
- Listungs- bzw. Sortimentsplanung unter Berücksichtigung der optimalen Sortimentsmixe aus Ertragsgesichtspunkten unseres Hauses.
- Erstellung eines Jahresaktivitätenplans.
- Sicherstellung der optimalen Kommunikation zwischen regionalen Key Accounts und Feldorganisation, die zur optimalen Umsetzung der Zielsetzungen beitragen.
- Sicherstellung der maximalen Inlet- und Outlet-Potentialausschöpfung.
- Überwachung aller im Zusammenhang mit dem Key Account stehenden Kosten (budgetierte und nicht budgetierte Positionen), insbesondere die der laufenden Konditionen (standard- und leistungsabhängig), WKZ und Sonder-WKZ sowie der Servicekosten.
- In diesem Rahmen ebenfalls Kostenüberwachung der Positionen Muster, Retouren und anderer kostenrelevanter Faktoren beim Key Account.
- Regelmäßige Store-Checks zur Sicherstellung der Umsetzung der konzeptionellen Vereinbarung mit den Key Accounts und entsprechende Diskussion mit Field-Leitung.

2. Betriebliche Kontakte/Zusammenarbeit:

- intern: zu allen Key Account Managern, Innendienstorganisation, Lager-/Versandabteilung, Personalabteilung, Finance Field-Organisation
- extern: zu allen zugeordneten Kunden

3. Für die Position erforderliche Kenntnisse und Fähigkeiten:

- ausgezeichnete Fachkenntnisse im Sortiment und Kenntnisse des Marktes
- verkäuferische Fähigkeit
- Einfühlungsvermögen
- diplomatisches Verhandlungsgeschick

Beispiel

Ein Diplom-Betriebswirt im Alter von Ende 30 bewirbt sich auf die Position Marketing- und Vertriebsleiter in einem Unternehmen der Investitionsgüterindustrie. Er hat in den letzten 10 Jahren bei seinem heutigen Unternehmen sehr erfolgreich agiert, ist in einem ungekündigten Arbeitsverhältnis, will sich neu orientieren und beschreibt seine Tätigkeit wie folgt:

Bereichsleiter Marketing

Führungsverantwortung: 28 Mitarbeiter

Zuständigkeiten:

- Gesamtverantwortung Vertrieb
- Entwicklung der Vertriebs- und Marketingziele
- Festlegung Marketing-Mix
- Mitgestaltung der Produktpolitik
- Marktforschung
- Werbung/PR/Verkaufsförderung
- Dokumentationsgestaltung
- Erarbeiten der Corporate Identity
- Kundenbesuche (Key Accounts)
- Betreuung und Schulung des Vertriebs
- Messeausrichtung
- Berichtswesen
- strategische Planung

Erfolge:

- Durchsetzung neuer Werbestrategien
- (Anzeigengestaltung, PR, Videofilmerstellung, Arbeit mit Agenturen)
- Neugewinnung von Schlüsselkunden
- Ausweitung eines wichtigen Kundenpotentials
- Aufbau neuer Vertretungen
- Besuch/Ausrüstung internationaler Messen in Übersee
- Umsatzausweitung von ... Mio. 1989 auf gegenwärtig ... Mio. DM

Beispiel

Seit mehr als 15 Jahren ist der Diplom-Betriebswirt im Alter von Mitte 40 in einem Unternehmen der Bauzulieferindustrie in unterschiedlichen Funktionen tätig. Jetzt will er sich in die nationale Verkaufsleitung eines Konzernunternehmens, das technische Produkte in die Bauwirtschaft liefert, verändern. Da kein Zeugnis des heutigen Arbeitgebers vorliegt, beschreibt der Bewerber sein Erfahrungsspektrum wie folgt:

Tätigkeitsspektrum, diverse Positionen

Vertriebsleitung

- Preispflege inkl. Erstellung neuer Preislisten, Orga Druck und Verteilung bundesweit
- Pflege von Großkunden, Verbänden, Genossenschaften, Händlerzusammenschlüssen
- Koordination interner und externer Geschäftsabläufe, wenn der Standardweg verlassen werden mußte
- Koordination der Ansprüche des Verkaufs an hauseigene EDV
- Einführung und Überwachung EDV-gestützter Tourenplanung
- Steuerung Außendienst (bundesweit) nach bestehenden Maßgaben bzw. Koordination bei Gebiets- und Gehaltsfragen
- Produkteinführungen
- Organisation diverser Tagungen
- Pflege und Entwicklung von Statistiken (Umsatz, Absatz, Erlöse etc.)
- Ansprechpartner für alle Belange des Außendienstes mit Innen-/Außenwirkung

Abteilungsleiter Kundendienst

- Übernahme der bestehenden Abteilung und Übernahme der operativen EDV-Unterstützung

- Einstellung und Einarbeitung neuer Mitarbeiter
- die Leitung Kundendienst erfolgte parallel zu den Aufgaben in der Vertriebsleitung

Verkaufsleiter Innendienst

- enge Zusammenarbeit mit externer Unternehmensberatung im Hinblick auf Vorbereitung zur Zertifizierung nach DIN ISO 9002
- Koordinationsarbeiten wie unter „Vertriebsleitung"
- Mitarbeiterschulung und Mitarbeiterbetreuung (Einführung und Betreuung neuer leitender Mitarbeiter)

Abteilungsleiter Verkaufsförderung

- Einführung M.I.S.
- Kreation und Publikation spezieller Statistiken
- detaillierte Wettbewerbsbeobachtung
- Aufbereitung externer Potentialdaten
- Jahresplanung (Umsatz/Absatz/Erlöse)

Verkaufsleiter Vertriebszentrum

- Die Vertriebszentren werden als Profit Center geführt. Bestehend aus Leitung Vertriebszentrum, Sekretariat, Innendienst, Außendienst, Anwendungstechnik, Verkaufslager mit Lagerleitung und Lagerpersonal.

Beispiel

Auf die ausgeschriebene Position des Leiters Finanz- und Rechnungswesen in einem international operierenden Konzernunternehmen bewirbt sich ein Diplom-Kaufmann im Alter von Mitte 40. Die letzten 5 Jahre seiner Praxis beschreibt er, als Ersatz für ein Zeugnis, wie folgt. Dabei wird dem Personalprofi auffallen, daß der Schreiber bestimmte Sachverhalte mit persönlichen Kommentaren versieht, was Rückschlüsse auf die Persönlichkeit des Bewerbers ermöglicht:

Leiter Rechnungswesen und Finanzen

Seit ... bin ich als Leiter für das zentrale Rechnungswesen und die Finanzen einer großen konzerngebundenen Kapitalgesellschaft tätig. Zu meiner Abteilung gehören ... Bilanz- und Finanzbuchhalter, die Tagesarbeit wird in ... selbständigen Niederlassungen mit weiteren Buchhaltungen erbracht.
Meine Aufgabe beinhaltet die gesamte Palette des externen Rechnungswesens von den üblichen Problemen einer Tagesbuchhaltung bis zu allgemeinen sowie speziellen Bilanzierungs- und grundsätzlichen Rechtsfragen. Aufgrund der spezifischen Unternehmenssituation müssen die Belange der Kostenrechnung bei diesen Fragen sowie bei den Grundeinstellungen des SAP-Systems, für die die fachliche Verantwortung im Rechnungswesen liegt, stärker als üblich berücksichtigt werden.
Das Rechnungswesen arbeitet mit SAP R/3 sowie den MS-Office-PC-Programmen. In meiner Mitverantwortung wurden folgende Berichte erstellt und gegenüber der Geschäftsleitung sowie Wirtschafts- und Betriebsprüfern vertreten:

- Quartals- und Jahreseinzelabschlüsse nach deutschem Recht
- halbjährliche Konsolidierungsbilanzen nach HGB und US-GAAP, auch als Teil des Berichtswesens an die Muttergesellschaft
- kurz-, mittel- und langfristige Planbilanzen nach HGB

- Finanz- und Steuerplanung sowie -abwicklung (letzteres mit externer Beratungsgesellschaft)
- Reconciliation der handelsrechtlichen, betriebswirtschaftlichen und finanziellen Zahlen

Um sichere Zahlen zu vertreten, war für mich die Plausibilitätsprüfung der Ist- und Planzahlen und die Reconciliation der unterschiedlichen Ergebnisse stets eine besondere Herausforderung. Betriebs- und Handelsergebnis beruhten auf teilweise unterschiedlichen Datenbeständen, und Überleitungsrechnungen waren durch uneinheitliche Ansätze der operativen Berichterstatter belastet.
Mit dem Aufbau waren neue Arbeitsabläufe verbunden, die von mir in entsprechenden Organisationsanweisungen erfaßt und angemessen mitgeteilt wurden.
Weiterer Schwerpunkt war der Aufbau und die Weiterentwicklung einer mittelfristigen Finanzbudgetierung und kontinuierlichen „rolling forecast" mit Soll-Ist-Analysen. Dies war die Grundlage der Unternehmensfinanzpolitik und einzelner Finanzierungsentscheidungen. Diese Berichtsart war in dem relativ jungen Unternehmen wenig bekannt, und der Wert mußte in der Anfangszeit den operativen Bereichen zunächst angemessen erläutert werden. Glücklicherweise spielten in dieser Startphase aufgrund der Konzerneinbindung unvorhergesehene Veränderungen nur eine untergeordnete Rolle. Wichtiger war die tatsächliche Liquiditätsversorgung der Unternehmung.
Insgesamt gesehen waren diese Aufbauerfahrungen sehr anstrengend, gaben aber einen tiefen Einblick in die komplexe Aufbau- und Ablauforganisation einer großen, dezentralen Organisation und in die Schwierigkeiten, zu aussagefähigen Zahlen zu kommen.

Augenblickliche Tätigkeit:

Projektleiter Optimierung Treasury SAP

Seit September ... leite ich ein Sonderprojekt „Optimierung Treasury SAP“, das verschiedene SAP-Funktionen realisieren und gleichzeitig die Finanzberichterstattung der jetzt wesentlich größeren Gesellschaft neu organisieren soll. Die interessantesten Ziele dieses Projekts sind:

- Konzeption und Einführung der „elektronischen Kontoauszugsbuchung“ über Multicash und SAP in den Bankbuchhaltungen der ... Niederlassungen und der Zentrale
- Installation einer neuen Finanzberichterstattung mit genauem Soll-Ist-Vergleich und Einführung einer internen Zinsverrechnung

Die automatische Buchung des elektronischen Kontoauszugs in SAP R/3 wird erst von wenigen großen Unternehmen eingesetzt. Mir gibt diese Projekterfahrung einen guten Einblick in die gegenwärtigen und zukünftigen Rationalisierungsmöglichkeiten bei der Abwicklung von Massendaten in der EDV.
Mit der neuen Finanzberichterstattung und insbesondere der internen Zinsverrechnung wird für mich erstmals eine unmittelbare Verknüpfung der Finanzplanung mit der Kostenstellenrechnung/Kostenträgerrechnung zur direkten Steuerung des Betriebsergebnisses geschaffen. Damit ändert sich der Charakter der Finanzplanung von einem reinen Bericht zu einem Finanzcontrollinginstrument mit laufender Fortschreibung der Cash-Flow-Größen und damit der wichtigsten Betriebserfolgsrechnungsgrößen. Die Zahlen des Finanzcontrolling sind täglich aus den Kontenbewegungen erhältlich und liefern sofortige Erkenntnisse, da keine Bewertungsarbeiten notwendig werden.

Beispiel

Ein Diplom-Kaufmann im Alter von Anfang 40 möchte Manager Human Resources in der deutschen Tochtergesellschaft eines weltweit erfolgreich operierenden US-Unternehmens werden. Er bewirbt sich auf eine entsprechende Beraterанzeige und stellt seine aktuelle Tätigkeit wie folgt dar:

Leiter Personal Ausland

Organisatorische Zuordnung:

dem Direktor Personal unterstellt

Aufgabenbeschreibung:

- Entwicklung und Einführung international wirksamer Personalinstrumente und -konzepte für 25 Auslandsgesellschaften
- Koordination der Personalarbeit und Aufbau eines Netzwerks zwischen den rechtlich selbständigen Gesellschaften
- Akquisition, Auswahl, Vertragsgestaltung, Einarbeitungsprogramme für die Geschäftsführungsebene (hier: Unterstützung der Personalleitung) und die zweite Managementebene in den Auslandsgesellschaften
- Steuerung der Einkommensfindung und -entwicklung für alle Geschäftsführer der Gruppe
- Querschnittsfunktionen Personalmarketing, Kommunikationsmedien, Personalentwicklungs- und Traineeprogramm

Ausgewählte Projekte:

- High-Potential-Programm: Konzeption und Einführung eines Potentialanalysesystems, eines interkulturellen Entwicklungs-ACs und von Förderungsinstrumenten für Top-Kandidaten zur Besetzung von Schlüsselpositionen in der Gruppe

- Traineeprogramm: Konzeption und Einführung eines internationalen Traineeprogramms für Führungsnachwuchskräfte
- Personalaustausch: Erarbeitung einer internationalen „Assignment-Politik" für die Rotation von Nachwuchs- und Führungskräften
- Vergütungspolitik: Gestaltung und Einführung eines unternehmensweiten Einkommensfindungsprozesses für Geschäftsführer und die DV-gestützte Abwicklung
- Personalmarketing: Gestaltung einer Informationsbroschüre für Hochschulabsolventen
- Berichtswesen: Konzeption und Realisierung eines internationalen Personalberichts für die Unternehmensgruppe.

Beispiel

Für die Position des Personaldirektors in einem bedeutenden Medien-Unternehmen interessiert sich ein Volljurist im Alter von etwa Mitte 40, der sich in ungekündigter Position als Leiter Personal und Recht einer Verlagsgruppe mit ca. 1300 Mitarbeitern befindet.

Leiter Personal und Recht

Mitglied der Geschäftsleitung
12 direkt unterstellte Mitarbeiter

Hauptaufgaben:

- Führung des Zentralbereichs mit vier funktional verantwortlichen Personalreferenten
- Verantwortung für Personalpolitik, Personalbeschaffung, Personalentwicklung, Aus- und Weiterbildung
- Konzeption, Implementierung und Durchführung der Personalentwicklungsinstrumente und Trainings
- Gestaltung und Durchführung der Veranstaltungen für den Führungskreis
- Verantwortung für die gesamte Personaladministration und das Personalcontrolling
- Verantwortung für alle betriebsverfassungsrechtlichen Fragestellungen, Kooperation und Verhandlungen mit dem Betriebsrat
- Verantwortung für alle sonstigen arbeitsrechtlichen Fragestellungen
- Verantwortlich für das Thema Prozeßgestaltung
- Verantwortlich für die interne Informationspolitik
- Führung der Rechtsabteilung
- Diverse Sonder- und Projektaufgaben

Besondere Kenntnisse und Erfahrungen:

- Konzeption und Begleitung von Strategie- und Organisationsentwicklungsprozessen
- Moderation von Arbeitsgruppen und Führungsteams
- Beratung und Coaching von Führungskräften
- Trainingserfahrung
- Präsentationen auch vor größeren Gruppen
- Arbeitgebervertreter in tarifpolitischen Gremien
- Sehr gute Englischkenntnisse
- Fundierte PC-Kenntnisse (MS Office, Excel etc.)

Beispiel

Ein Diplom-Kaufmann im Alter von Mitte 30 sieht in der ausgeschriebenen Position

Leiter Personal und Allgemeine Verwaltung

in der deutschen Tochtergesellschaft eines amerikanischen Konzernunternehmens eine große Herausforderung. Er ist seit mehr als acht Jahren in einem vergleichbaren Umfeld sehr breit eingesetzt und möchte seine berufliche Entwicklung in Zukunft verstärkt im Bereich der Personalwirtschaft fortsetzen. Er fügt seiner Bewerbung eine Auflistung seiner Kenntnisse und Erfahrungen sowie eine detaillierte Beschreibung seiner Tätigkeiten bei:

Erfahrungsprofil:

- fundierte theoretische Basis durch ein breit angelegtes Studium der Betriebswirtschaftslehre mit Schwerpunkt Personalwesen/Führung, Abschluß: Diplom-Kaufmann
- praktische Erfahrungen auf internationaler Ebene, erworben durch ein Trainee-Programm und ein Anstellungsverhältnis in den USA und mehr als sechs Jahre Arbeitserfahrung in einem europaweit operierenden Vertriebsunternehmen einer US-Muttergesellschaft
- generalistische Sicht- und Arbeitsweise, Führungserfahrung und ausgeprägte organisatorische Fertigkeiten
- intensive Erfahrung in allen klassischen und modernen operativen bis hin zu strategischen Aufgaben des Personalwesens (Human Resources)
- Aufbau und Führung einer funktionsfähigen Personalabteilung für einen kleinen mittelständischen Unternehmensverbund
- Arbeitserfahrung in globalen Unternehmen mit multikultureller Belegschaft

- Entwicklung und Umsetzung von Personalentwicklungsprogrammen und Vergütungskonzepten (Total Compensation) für Innen- und Außendienst, Gewinnbeteiligungssysteme
- gute Kenntnisse des deutschen Arbeitsrechts und Sozialversicherungssystems, grundlegende Erfahrungen mit anderen Sozialversicherungssystemen (z.B. Italien, Skandinavien, USA)
- umfassende Kenntnisse und Erfahrungen in den Bereichen Qualitätsmanagement (Quality Assurance, TQM) und ISO 9000 ff., erfolgreiche Zertifizierung eines Unternehmens
- solide Erfahrung in nationalen und internationalen Handels- und Dienstleistungsunternehmen
- Bearbeitung und Abwicklung von großen Projekten und Sonderaufgaben für die Geschäftsleitung
- Fuhrparkmanagement einschließlich Versicherungswesen
- Computererfahrung:
  MS-Windows, Word, Excel, verschiedene kaufmännische Anwendungsprogramme, Lohn/Gehaltsabrechnung, komplettes Systemmanagement, Operating
- Fremdsprachen:
  Englisch: sehr gute verhandlungssichere Kenntnisse in Wort und Schrift (Auslandsaufenthalt)
  Französisch (Grundkenntnisse)

Zur Zeit tätig als Leiter der Abteilungen Human Resources, EDV, Qualitätsmanagement.

Human Resources:

- verantwortlich für den Auf- und Ausbau der Human-Resources-Abteilung
- Leitung, komplettes Management und Verwaltung des Personalwesens einschließlich der Erledigung aller hier anfallenden Arbeiten

- Beratung und Betreuung der Mitarbeiter und Führungskräfte in allen Fragen, die im Bereich Personalwesen auftreten können
- Planung des Personalbedarfs, Einstellungen und Personalabbau unter Beachtung der Vorgaben der amerikanischen Mutter, des deutschen Rechts und evtl. der rechtlichen Besonderheiten des Mitarbeiterheimatlands
- Erstellung von Stellen- und Aufgabenbeschreibungen (Arbeitsabläufe)
- Entwicklung, Organisation und Durchführung diverser Programme (auch Aus-, Weiter- und Fortbildung) zur Weiterqualifizierung der Mitarbeiter (z.B. firmeninterne Fremdsprachenkurse, Seminare zur Qualitätssicherung und Qualitätsmanagement sowie individuelle Fortbildungen)
- verantwortlich für die Einführung und das Handling der Ausbildung von Praktikanten
- Aufrechterhaltung eines engen Kontakts mit Schulen, Bildungsträgern und anderen für das Personalwesen relevanten Organisationen (IHK, Krankenkassen, Arbeitsamt usw.)
- Erarbeitung rechtssicherer Arbeitsverträge und Verträge für Handelsvertreter unter Beachtung verschiedener europäischer Rechtslagen (Arbeitsrecht, Sozialversicherungsrecht)
- Konzeption einer völlig neuen Vergütungsstruktur für den europaweiten Außendienst. Es galt hier, nicht nur Forderungen der US-Muttergesellschaft mit den verschiedenen rechtlichen Anforderungen der Heimatländer der jeweiligen Außendienstmitarbeiter zu verbinden, sondern auch die individuellen Bedürfnisse der Repräsentanten und die der deutschen Niederlassung (insbesondere rechtliche Aspekte) zu beachten und zu einem System zu kombinieren, das dem Außendienstmitarbeiter ermöglicht, ein attraktives Einkommen zu erzielen und gleichzeitig dem Unternehmen die Möglichkeit bietet, dessen individuelle Aktivitäten zielgerecht zu lenken

- Erarbeitung und Umsetzung eines Konzepts zur Leistungsbeurteilung von Mitarbeitern als Grundlage für die Erkennung von Verbesserungspotentialen und zur leistungsorientierten Entlohnung der Mitarbeiter
- Entwicklung verschiedener Richtlinien zum Ausgleich der Leistungen zur Sozialversicherung der Mitarbeiter, die in anderen europäischen Ländern leben

EDV-Abteilung:

- Überwachung und Handling eines Computers (mainframe), zugehöriger Peripherie und verschiedener Kommunikationseinrichtungen
- Erledigung sämtlicher Arbeiten eines Computeroperators inklusive Monatsabschlüsse, Drucken verschiedener Reports, Datensicherung und -archivierung auf Bänder
- Pflege und Wartung sämtlicher Hard- und Software einschließlich Systemmanagement
- Auswahl, Kauf und Installation aller Peripheriegeräte und Software
- Erstellung von Anforderungskatalogen und Pflichtenheften für Programmierer für die Erstellung neuer Applikationen; Management aller Programmierungsprojekte
- Realisierung der Verknüpfung der beiden Computer der Muttergesellschaft und der deutschen Niederlassung in Zusammenarbeit mit einem amerikanischen Kollegen
- Beratung als Ansprechpartner der Mitarbeiter im Rahmen auftretender Probleme, Troubleshooting.

Qualitätsmanagement und Zertifizierung gem. ISO 9000 ff.:

- Aufbau und Schaffung einer Abteilung Qualitätssicherung/ Qualitätsmanagement
- Einführung von Regeln zur Qualitätssicherung
- Entwicklung und Durchführung eines Schulungsprogramms für alle Mitarbeiter, um ein gemeinsames Qualitätsverständnis zu schaffen und für qualitätsrelevante Faktoren zu sensibilisieren (TQM)

- Festlegung von Standards und Methoden zur Überprüfung und Sicherung der Qualität zugekaufter Produkte (Einführung, Einsatz und Dokumentation verschiedener Testverfahren)
- Kontaktperson für alle qualitätsbezogenen Anfragen von Kunden
- eigenständige Durchführung von Qualitätstests an von Kunden rückgesandten und reklamierten Produkten, Bewertung und Bestimmung des Ergebnisses und Besprechung der Resultate mit den Kunden
- Einführung einer formalisierten und überwachten Wareneingangskontrolle für zugekaufte Produkte, basierend auf verläßlichen Regeln und validierten Tests, die einen hohen Qualitätsstandard sichern
- enge Zusammenarbeit mit Lieferanten und Empfehlung von Maßnahmen und Mitteln, die zur Steigerung und Sicherung der Qualität dienten
- Aufklärung von Kunden über die richtige Pflege, Wartung und Nutzung der Produkte, um Schäden und Qualitätsbeeinträchtigungen zu vermeiden
- Beginn mit den Arbeiten zur Vorbereitung für die Zertifizierung nach ISO 9000 ff. (ISO 9002, EN 46002), Ernennung zum Qualitätsmanagementbeauftragten
- eigenständige Erstellung aller für die Zertifizierung erforderlichen Handbücher und Dokumentationen
- Implementierung von organisatorischen Verbesserungen und Durchführung notwendiger Veränderungen (Strukturen, Prozesse, Arbeitsabläufe)
- Erarbeitung eines Trainingskonzepts und Schulung aller Mitarbeiter hinsichtlich eines Total Quality Managements; Aufzeigen der Vorteile aus der Ausrichtung an den Forderungen der ISO 9000 ff. Normen
- Revision und ggf. Abänderung aller Prozesse und Formulare in bezug auf Normenkonformität (neues Formularwesen)
- Durchführung von Lieferantenaudits vor Ort
- erfolgreiche Zertifizierung des Unternehmens und seines Qualitätsmanagementssystems

Beispiel

Ein Diplom-Betriebswirt im Alter von Mitte 40, der als

Produktions-Controller

in ein international eingebundenes Unternehmen der Automobil-Zulieferindustrie einsteigen will, faßt sein breites Know-how im Controlling wie folgt zusammen:

- Leitung der Controlling-Abteilung in mittelständischen, konzerngebundenen Industrieunternehmen
- Erfahrung mit Schwerpunkten in den Bereichen Verwaltungs- und Vertriebskosten, Personal, Produktion und Vertrieb
- Einführen von mehrstufigen Deckungsbeitragsrechnungen
- Einführen von Kostenstellen, Kostenarten, Kostenträgerrechnungen
- Erarbeiten von Wirtschaftlichkeitsrechnungen für neue Produkte/Produktänderungen
- Umstellen von Ergebnisrechnungen (Planung, Forecast, Ist) bei Übernahme/Fusionen
- Entwickeln von Intercompany-Preisen für Auslandstöchter
- Einführen von SAP im Fachbereich Controlling
- Konzipieren von Controllingkomponenten für Management-Informationssysteme
- Erarbeiten und Umsetzen von Reengineering-Maßnahmen
- Einführen interner Revisionsrichtlinien auf der Basis von Arbeitsabläufen
- Durchführen monatlicher Jahres-Vorschaurechnungen zur Ergebnissteuerung
- Erarbeiten von aussagefähigen Kennzahlen für Plausibilitäts-Checks
- Beherrschen des Instrumentariums zur Veranschaulichung komplexer betriebswirtschaftlicher Zusammenhänge

Beispiel

Ein erfahrener IT-Profi im Alter von Ende 40, der in der Position des

Director Customer Service/Quality Assurance

eines international operierenden Softwarehauses wegen einer vergleichbaren Aufgabe angesprochen wurde, präsentiert sein derzeitiges Aufgabenspektrum wie folgt:

Realisierte Projekte:

- Zertifizierung des Kundendienstes nach ISO 9001
- Damit verbunden die Einführung eines aktiven Qualitätsmanagementsystems im Kundendienst
- Definition und Einführung von meßbaren Qualitätszielen (Metriken) mit weltweiter Gültigkeit
- Aufbau von Steuerungs- und Kontrollsystemen (Messungen) zur Überwachung von Zielvorgaben und zum Vorbeugen kritischer Fälle
- Aufbau eines proaktiven Support in den Supportteams zur Unterstützung der Außenorganisationen mit der Einführung einer zentralen Rufnummer
- Initiierung und Organisation internationaler interner technischer Konferenzen mit dem Ziel, die strategische Ausrichtung der Support- und Qualitätssicherungsverfahren marktgerecht und weltweit einheitlich zu gestalten
- Aufbau eines Supportcenters für den asiatischen Raum
- Aufbau und Einführung weltweit einheitlicher Verfahren zur Qualitätssicherung mit Projektplanungstools und Qualitätsberichten und weltweit einheitlicher Supportverfahren in den Supportgruppen
- Definition von Verfahren, die zu hoher Kundenzufriedenheit führten, wie z.B. die Einrichtung produktbezogener Service-Telefonnummern
- Organisation und Durchführung von Kundenbefragungen mit Megatrend und Prognostik

- Aufbau eines Support-Direktrufsystems für deutsche Kunden
- Aufbau und Einführung der CD-ROM-Produktion für die Softwareprodukte
- Aufbau und Einführung von „Ship on Request“
- Aufbau und Durchführung eines International Expert Programs zur Qualifizierung von SEs
- Analyse der Serviceleistungen und deren Klassifizierung für ein neues Konzept
- Aufbau eines Berichtswesens über alle Führungsebenen des Kundendienstes aus dem Support-Informationssystem
- Aufbau eines Berichtswesens über alle Führungsebenen des Kundendienstes aus dem Qualitätssicherungverfahren mit Qualitätsberichten
- Aufbau einer international tätigen Gruppe mit der Definition von Eskalationsverfahren nach externen und internen Bereichen
- Aufbau der Supportverfahren für zugekaufte Produkte
- Aufbau eines „Client Server Supportteams“ für Key Accounts zur lösungsorientierten Betreuung von Großkunden
- Aufbau und Einführung eines weltweit verfügbaren Online-Services
- Initiierung eines Projekts zur Erstellung und Verwaltung von installierbaren Patches zu Softwareversionen,
- Initiierung des Projekts zur Einführung neuer Qualitätssicherungsverfahren für die Produktentwicklung zur Erzeugung einer besseren Qualität der Produkte bei der Freigabe für den Markt
- Aufbau der EDV-Gruppe zur Weiterentwicklung und Wartung der Kundendienstsysteme
- Analyse und Konzept zur Reduzierung der Kosten in den Rechenzentren

Mittel und Wege des Kennenlernens

6.1 Wege

Stellenanzeige

Die Bewerbung auf eine Stellenanzeige: Diese Art der Kontaktaufnahme des Bewerbers bei einem Unternehmen, das über eine sogenannte offene Anzeige, also mit Nennung von Roß und Reiter, oder verdeckt über eine Chiffreanzeige bzw. über einen Personalberater, der als Adresse für Zuschriften erscheint, eine zu besetzende Position ausschreibt, dürfte die gängigste sein.

Stellengesuch

Ein weiteres, zunehmend eingesetztes Mittel, um mit potentiellen Arbeitgebern in Kontakt zu kommen, ist die Stellengesuch-Anzeige, mit der Stellensuchende – Ein- und Aufsteiger – ihre fachlichen und persönlichen Stärken sowie die angestrebte Funktion und/oder Position beschreiben. Bei diesem Verfahren der Anbahnung von Kontakten ist der Bewerber in die Position des Anbieters seiner Arbeitskraft gewechselt und damit nicht einer von bis zu mehreren hundert Aspiranten, deren Bewerbung sich aufgrund eines Stellenangebots in einer Tageszeitung auf dem Schreibtisch eines Personalverantwortlichen stapelt.

Networking

Das sogenannte Networking gewinnt auch in Deutschland zunehmend an Bedeutung. Auf der Suche nach einer neuen Herausforderung kontaktieren Sie alle Personen, die Sie von der Schule, der Universität, aus dem Freundes- und Bekanntenkreis kennen und die hoffentlich in einer für Sie nützlichen Position sind, um über deren Verbindungen in Erfahrung zu bringen, ob und wo ein Mitarbeiter Ihres Profils gesucht wird.

Blindbewerbung

Personalberater können ein Lied davon singen: Täglich erhalten zumindest die großen und namhaften Unternehmen etwa 50 Blind- oder Spontanbewerbungen, wobei die Absender hoffen, daß der Berater gerade an relevanten Suchprojekten arbeitet.

Internet

Auch im Internet finden Surfer mittlerweile Stellenangebote, so daß es heute möglich ist, seinen Lebenslauf, im internationalen Sprachgebrauch kurz CV genannt, durch Mausklick einem möglichen Vertragspartner zur Einsicht zu geben.

Direktsuche

Wenn der Headhunter klingelt, dann sind Sie nach aller Erfahrung entweder der heiß umworbene Spezialist oder in einer gehobenen Position, so daß Sie auf der Zielliste eines Personalberaters, der Direktsuchdienstleistungen oder Executive Search Services anbietet, stehen. In diesem Fall bewirbt man sich auch um Ihre Aufmerksamkeit, wie bei einer Stellenanzeige, jedoch viel persönlicher, direkter, und bietet Ihnen die Chance, gezielte Fragen zu stellen, bevor die Frage relevant werden könnte, ob Sie ein Bewerber werden oder nicht.

6.2 Spielregeln/Rechtsgrundsätze

Wie auch immer Sie mit einem möglichen Vertragspartner in Kontakt gekommen sind, es gibt Spielregeln und Rechtsgrundsätze, die von beiden Seiten zu beachten sind. Wir wollen sie hier kurz abhandeln.

Grundsätzlich gilt bei jeder Bewerbung: Nach Rechtsprechung und Rechtslehre zu § 242 BGB begründet bereits die Aufnahme von Vertragsverhandlungen ein vorvertragliches Schuldverhältnis, das zur Beachtung vertragsüblicher Sorgfalt verpflichtet. Dies bedeutet für die Praxis der Einstellungsverhandlung, daß Arbeitgeber und Bewerber verpflichtet sind, all das offen anzusprechen, was für die Eintscheidungsfindung des anderen von Bedeutung ist. Dies ist sicher eine begrüßenswerte Prämisse, in der Praxis stellt sich das aus verständlichen Gründen jedoch etwas anders dar. Ein Arbeitnehmer wird sicher nicht im Vorstellungsgespräch all seine Schwächen preisgeben, die den Arbeitgeber davon abhalten könnten, ihn in die engere Auswahl der Kandidaten einzubeziehen. Der Arbeitgeber wird eventuell versuchen, über die Tatsache zu schweigen, daß z.B. auf der zu besetzenden Position innerhalb der letzten zwei Jahre bereits drei Kandidaten erfolglos agiert haben. Dennoch gilt grundsätzlich das oben Gesagte. Zu den Sorgfalts- und Hinweispflichten gehört auch, daß der Beauftragte des Arbeitgebers nur dann Zusagen hinsichtlich der Einstellung machen darf, wenn dort eine positive Entscheidung gefallen ist. Das bedeutet auch, daß die gemäß § 99 BetrVG erforderliche Zustimmung des Betriebsrats vorliegen muß. Kündigt ein Bewerber ein bestehendes Arbeitsverhältnis, weil in ihm das Vertrauen geweckt wurde, es werde zu einer Einstellung beim neuen Arbeitgeber kommen, so hat der Arbeitgeber bei Nichteinstellung den Schaden zu ersetzen, der dem Bewerber durch den Verlust des alten Arbeitsplatzes entstanden ist (BAG, DB 1974, 2060).

Auch der Bewerber hat Offenbarungs- und Hinweispflichten: Muß der Arbeitnehmer vor dem vereinbarten Arbeitsantritt erkennen, daß der Arbeitgeber im Vertrauen darauf erhebliche

Aufwendungen macht (in der Praxis: Renovierung eines Büros, Kauf neuer Büromöbel nach den Wünschen des Bewerbers, Kauf eines Firmenfahrzeugs mit Sonderaustattungen nach den Wünschen des Bewerbers etc.), dann muß der Arbeitnehmer den Arbeitgeber unverzüglich davon unterrichten, wenn begründete Zweifel aufkommen, ob er die Position antreten kann oder nicht. Beachtet der Arbeitnehmer diese durch den Vertragsabschluß begründete Nebenpflicht nicht, so macht er sich schadenersatzpflichtig (BAG NZA 1985, 25).

6.3 Personalfragebogen

Viele Unternehmen verwenden Personalfragebögen, die sie Bewerbern vor einem persönlichen Gespräch zur Beantwortung vorlegen. In der Praxis kann Ihnen der Fragebogen jedoch auch nach einem ersten Interview ausgehändigt werden, womit Ihnen signalisiert wird: „Wir sind an der Fortsetzung der Gespräche interessiert, wenn Sie es auch sind, dann füllen Sie das Formular bitte aus!“

Auf den nächsten Seiten drucken wir die Personalfragebögen – mit der freundlichen Genehmigung – folgender Firmen ab:

- Avon Cosmetics GmbH, München
- B.Braun Melsungen AG, Melsungen
- Jeppesen & Co. GmbH, Frankfurt

AVON COSMETICS GMBH

Postfach 40 01 40

80701 München

Personal-Fragebogen

Name: ______________________________

Bewerbung als: ______________________________

Wir haben uns bemüht, Ihnen nur solche Fragen zu stellen, die für Ihre Einstellung und eine spätere Tätigkeit bei uns wichtig sind. Bitte beantworten Sie uns daher auch im eigenen Interesse die Sie betreffenden Fragen vollständig und richtig. Wissentlich unwahre Angaben berechtigen den Arbeitgeber zur Lösung des Arbeitsverhältnisses. Wir sichern Ihnen zu, Ihre Angaben streng vertraulich zu behandeln.

Persönliches:

Name: ______ Vorname: ______ geboren: ______

Geburtsname: ______ Geburtsort: ______ Kreis: ______

Staatsangehörigkeit: ______ Als Ausländer in der Bundesrepublik seit: ______

Wohnort: ______ Straße: ______ Telefon-Nr.: ______

ledig - verh. - verw. - gesch. - getrennt lebend seit: ______

Vorname des Ehegatten: ______ Geburtsname: ______ geb. am: ______ Staatsangeh.: ______

Namen und Geburtstag der Kinder: ______

______

Unfallanschrift:

(bei Minderjährigen Name und Anschrift der Eltern): ______

______

Sind Verwandte von Ihnen bei uns beschäftigt? ______ Name: ______

Üben Sie eine entgeltliche Nebenbeschäftigung aus? ______ Falls zutreffend, Art der Tätigkeit, Arbeitszeit und Dauer: ______

______

Sind Ihre Bezüge gepfändet oder abgetreten und übersteigt dieser Betrag das von Ihnen erwartete Monatseinkommen? ______

Sind Sie in den letzten 5 Jahren wegen eines Eigentums-/Verkehrsdelikts bestraft worden?*) ______

Schwebt gegen Sie ein Ermittlungsverfahren?*) ______

Erwarten oder haben Sie einen Einberufungsbescheid zum Wehrdienst? ______

Wehrdienst abgeleistet von ______ bis ______

Waren Sie in den letzten zwei Jahren an einem schwerwiegenden oder chronischen Leiden, das Einfluß auf die vorgesehene Arbeitsleistung haben könnte, erkrankt? ______

Art und Dauer der Erkrankung: ______

Sind Sie kriegsbeschädigt / schwerbeschädigt / gleichgestellt / erwerbsbeschränkt? ______ % lt. amtl. Anerkennungsbescheid

Beziehen Sie eine Rente? ______ Rentenart: ______

Sind Sie Inhaber eines Bergmannsversorgungsscheines? ______ Sind Sie Kriegerwitwe? ______

Zusatzfragen für weibliche Bewerber:

Ist Ihr Ehemann erwerbsbeschränkt und sorgen Sie überwiegend für den Unterhalt der Familie? ______

Besteht bei Ihnen zur Zeit eine Schwangerschaft? ______

*) Beantworten Sie bitte diese Fragen nur, wenn sie für die angestrebte Tätigkeit erheblich sind.

Vorbildung:

Schulbesuch: Volks-, Mittel-, Real-, Oberschule / Gymnasium / Berufsschule / Aufbauschule

von	bis	Schule	in	bis Klasse/Mittlere Reife/Abitur u. a.

Fachschulen/Universität: Abendschule / Sprachenschule / Handelsschule / Höhere Handelsschule / Höhere Wirtschaftsschule / Ingenieurschule / Hochschule / Universität

von	bis	Schule/Universität	in	bis Semester/Diplom/Prüfung als

Berufsausbildung:

Lehr-, Anlern-, Ausbildungszeit von ______ bis ______ als ______

bei ______ Geschäftszweig ______ Abschlußprüfung am ______

Praktikum/Volontärzeit von ______ bis ______ als ______

bei ______ Geschäftszweig ______

Fremdsprachen: Grundkenntnisse in: ______ fließend in Wort und Schrift: ______

Im Ausland erworben: ______ Institut: ______

Maschinenschreiben ca. ______ Anschläge/Minute

Kurzschrift ca. ______ Silben/Minute in welchen Sprachen: ______

Mit welchen Büro- oder Werkstattmaschinen sind Sie vertraut? ______

______

Besitzen Sie einen Führerschein? ______ Klasse ______

Sonstige Kenntnisse und Fertigkeiten: ______

Berufliche Tätigkeit (einschl. Lehrzeit):

Von ______ bis ______
Beschäftigt als:
______
Arbeitgeber (Name, Ort):
______
Grund des Ausscheidens:
______

Beschreibung der Tätigkeit: ______

Von ______ bis ______
Beschäftigt als:
______
Arbeitgeber (Name, Ort):
______
Grund des Ausscheidens:
______

Beschreibung der Tätigkeit: ______

Von ______ bis ______
Beschäftigt als:
______
Arbeitgeber (Name, Ort):
______
Grund des Ausscheidens:
______

Beschreibung der Tätigkeit: ______

Von ______ bis ______
Beschäftigt als:
______
Arbeitgeber (Name, Ort):
______
Grund des Ausscheidens:
______

Beschreibung der Tätigkeit: ______

Von ______ bis ______
Beschäftigt als:
______
Arbeitgeber (Name, Ort):
______
Grund des Ausscheidens:
______

Beschreibung der Tätigkeit: ______

(Falls nicht ausreichend, bitte Zusatzblatt verwenden!)

Wann könnten Sie frühestens bei uns eintreten? ______

Derzeitiges oder letztes Bruttomonatsgehalt/Stundenlohn: ______

Was sind Ihre ungefähren Einkommensvorstellungen? ______

______, den ______ ______
(Ort) (Datum) (Unterschrift des Bewerbers)

1.1000-10

Personalbogen

B|BRAUN

Name, Vorname	Lichtbild
Geburtsname	
Geburtsdatum und -ort	
Staatsangehörigkeit	
Hauptwohnsitz Straße Telefon Ort	Anschrift, unter der Sie zu erreichen sind Straße Telefon Ort

Familienstand	☐ verheiratet	☐ ledig
Kinder	Anzahl	jeweiliges Alter
Beruf des Ehe/-Partners		
Bundeswehr ☐ abgeleistet oder Zivildienst ☐	falls ja, von ☐ nein	bis ☐ freigestellt bis
Bestehen gesundheitliche Einschränkungen?	☐ nein	☐ ja, welche
Sind Sie anerkannte/r Schwerbehinderte/r bzw. wurde ein Antrag auf Anerkennung als Schwerbehinderte/r gestellt?	☐ nein ☐ ja	Erwerbsminderung in %:
Besteht eine Schwangerschaft? Beantwortung nur, soweit sich Art und Weise der Tätigkeit auf die Schwangerschaft auswirken kann.	☐ ja	☐ nein
Sind Verwandte von Ihnen bei uns beschäftigt? Wenn ja, wer?	als?	
Bestehen Gehaltspfändungen oder sind solche zu erwarten?	☐ ja	☐ nein

Seite 1

Schulausbildung (bitte vollständig)

von - bis	Schulort	Art der Schule	Art des Abschlusses

Berufsausbildung

Erlernter Beruf:

Berufsausbildung von bis

Firma / Behörde Branche

Facharbeiterprüfung am

Handelskammerprüfung am

Bisherige Tätigkeiten (vollständige Angaben; einschließlich Berufsausbildung, Wehr-/Zivildienst, ggf. Arbeitslosigkeit, etc.)

von - bis	Name und Anschrift der Firma/Behörde in Branche	Tätigkeit	Grund des Ausscheidens

Gegen Entgelt außerdem noch beschäftigt bei:

als:

Seite 2

Kenntnisse und Fähigkeiten

Sprachkenntnisse

Sprache:

in Wort und Schrift		
	1:	Grundkenntnisse
	2:	Schulkenntnisse
	3:	gut
	4:	sehr gut

Auslandsaufenthalt ☐ ja, in von bis

Kenntnisse in Maschinenschreiben ☐ Anschläge pro Minute ________ Prüfung ☐

EDV-Kenntnisse ☐ nähere Angaben bitte im nächsten Feld

Sonstige Ausbildung (z.B. Abend-, Fern- und/oder Fachkurse)

Weitere Kenntnisse und Fähigkeiten

Führerschein ☐ nein

☐ ja, seit Klasse

Sonstige Interessen und Aktivitäten (Besondere Erfolge / Auszeichnungen)

Seite 3

Mobilität bezüglich des Einsatzortes

☐ mobil ☐ Mobilität eingeschränkt ☐ nicht mobil

Auf folgende Region:

Haben Sie sich bereits früher einmal bei uns beworben?

☐ ja, am: als:

☐ nein

Waren Sie bereits bei uns beschäftigt?

☐ ja, von: bis: als:

☐ nein

In welcher Krankenkasse sind Sie derzeit versichert?
Haben Sie Interesse an der Mitgliedschaft in
unserer Betriebskrankenkasse? ☐ ja ☐ nein

Welche Referenzen können Sie uns angeben?

Warum wollen Sie sich verändern?

Warum haben Sie sich um eine Tätigkeit in unserem Unternehmen beworben?

Ich erkläre hiermit, daß ich aus heutiger Sicht nach der Einstellung uneingeschränkt zur Verfügung stehen werde. Mir sind derzeit keine Umstände bekannt, die bei mir demnächst einen längeren Arbeitsausfall verursachen könnten.
Ich versichere, daß meine Angaben der Wahrheit entsprechen. Es ist mir bekannt, daß unwahre Angaben die Firma gegebenenfalls zur fristlosen Lösung eines zustandegekommenen Arbeitsverhältnisses berechtigen.

Ort, Datum Unterschrift

Die Angaben werden EDV-technisch erfaßt.

Anlage für Hochschulabsolventen

B|BRAUN

Name, Vorname

Geburtsdatum

Studium

von - bis	Studienort	Art der Hochschule	Hauptfachrichtung	Art des Abschlusses

Prüfungsnote	Semesterzahl	davon Auslands-semester	Falls Studium noch nicht abgeschlossen voraussichtliche(r) Prüfungstermin	Prüfungsnote

Ihr Studienschwerpunkt:

Thema der Diplom-/Examensarbeit:

Professor/Dozent:

Wahlfächer:

Thema der Dissertation:

Professor:

Promotionsverfahren abgeschlossen am:

Approbation: ☐ ja

Berufliche Erfahrungen

Praktika

von - bis	Firma / Behörde	Branche	Aufgabenbereich

Erwerbstätigkeit neben dem Studium

von - bis	Firma / Behörde	Branche	Aufgabenbereich

Gewünschter Tätigkeitsbereich: (Möglichst mit Angabe von Präferenzen)

Entwicklung / Produktion / Technik

- ☐ Forschung / Entwicklung
- ☐ Produktion
- ☐ Qualitätssicherung
- ☐ Technik

Vertrieb:
- ☐ Verkauf - Inland
- ☐ Verkauf - Ausland

Marketing: ☐

Administrativer Bereich:

- ☐ Personalwesen
- ☐ Finanzen / Rechnungswesen / Controlling
- ☐ Revision
- ☐ Organisation / Datenverarbeitung
- ☐ Logistik
- ☐ Sonstiges ____________________

Erwartetes Bruttojahresentgelt:

Gewünschter Eintrittstermin:

____
Datum / Unterschrift

JEPPESEN®
A TIMES MIRROR COMPANY

BEWERBUNGSBOGEN

Bitte kleben
Sie hier Ihr Foto ein

Füllen Sie bitte diesen Bewerbungsbogen aus und fügen Sie noch nicht eingereichte Bewerbungsunterlagen (Schul- und Arbeitszeugnisse) bei, die Ihren Werdegang und die genutzten Fortbildungsmöglichkeiten darstellen.

Alle Angaben werden vertraulich behandelt.
Der Bewerbungsbogen ist Eigentum von Jeppesen & Co. GmbH. Sie erklären sich durch Ausfüllen und Unterschrift damit einverstanden, daß dieser Bewerbungsbogen auch bei Nichtzustandekommen eines Arbeitsverhältnisses bei Jeppesen & Co. GmbH verbleibt.

Das Ausfüllen der unterlegten Felder ist freiwillig. The shaded fields are voluntary.

Bewerbung als ____________________
Application for position of

angeregt durch:
stimulated by:

Zeitungsannonce ☐
newspaper advertisement

Betriebsangehörige ☐
Jeppesen employees

Arbeitsamt ☐
labour Office

sonstige ____________________
other

frühester Eintrittstermin? ____________________
when could you commence employment?

gewünschtes Gehalt? ____________________
desired salary?

Personalien / personal data
Personal Data

Name / name

Vorname / first name

Geburtsname / maiden name

Straße / address

Wohnort / city

Telefon / telephone

Geburtstag / date of birth   Geburtsort / place of birth

Staatsangehörigkeit / citizenship

Familienstand / marital status

ledig ☐
single

verheiratet ☐
married

verwitwet ☐
widowed

geschieden ☐
divorced

Kinder / children
Anzahl / number of ____________________
Alter / age ____________________

Zusatzfragen: Further questions:
Sind Sie schwerbehindert oder gleichgestellt im Sinne des Gesetzes?
Any physical handicaps?
ja / yes ☐   nein / no ☐
zu / grade %

Art der Behinderung / Krankheit / type of handicap or disability:

Haben Sie derzeit einen Antrag auf Anerkennung einer Schwerbehinderung gestellt?
Have you filed in an application of disability?
ja / yes ☐   nein / no ☐

Wurde in der Vergangenheit bereits ein Antrag auf Anerkennung einer Schwerbehinderung abgelehnt?
Has an application for recognition of any disability ever been refused?
ja / yes ☐   nein / no ☐

Wehrdienst
Military Service

Sind Sie wehrpflichtig?   ja / yes ☐
Are you liable for Military Service?   nein / no ☐

Wenn nein, warum sind Sie zurückgestellt worden? ____________________
If no, why are you exempt from Service? ____________________

Haben Sie die Wehrpflicht schon erfüllt?   ja / yes ☐
Have you already done Military Service?   nein / no ☐

Haben Sie Zivildienst geleistet?   ja / yes ☐
nein / no ☐

08/95   1

JEPPESEN®
A TIMES MIRROR COMPANY

BEWERBUNGSBOGEN

Beruflicher Werdegang
Professional Development

Bisherige Anstellungen Previous jobs held	**Tätigkeit** Occupation	**von** from	**bis** to	**Grund des Austritts** Reason for termination
1.				
2.				
3.				
4.				
5.				

Berufsausbildung:
Professional education:

Art der Ausbildung: Kind of Education:	**Ort** place	**von** from	**bis** to	**Abschluß** Grades completed
1.				
2.				
3.				
4.				
5.				

Schulausbildung:
Education:

Art der Schule: Kind of School	**Ort** place	**von** from	**bis** to	**Abschluß** Grades completed
1.				
2.				
3.				
4.				
5.				

2

JEPPESEN®
A TIMES MIRROR COMPANY

BEWERBUNGSBOGEN

Besondere Kenntnisse und Fertigkeiten:
other specialized knowledge or skills:

Sprachen: languages:	fließend ....ausreichend fluent.........fair	wo erworben? Schule / Ausland where acquired? school / abroad	Abschluß Grades completed
Englisch / English			
Französisch / French			
Spanisch / Spanish			
andere / other			

PC / Software - Kenntnisse
knowledge in personal computer and software

1. ____
2. ____
3. ____
4. ____
5. ____
6 ____

Kenntnisse in Flugnavigation:
knowledge in air navigation

1. ____
2. ____
3. ____

Schreibmaschine ____
typing

Führerschein (Klasse) ____
drivers license

andere Lizenzen ____
other licenses

Jetziger Arbeitgeber
present employer

Firma / name, Anschrift/ address — seit/since

Beschreibung der Tätigkeit / description of occupation

Grund der (beabsichtigten) Kündigung / reason for termination

Haben Sie bereits gekündigt:? ja ☐ nein ☐
Have you already given notice? yes no

3

JEPPESEN
A TIMES MIRROR COMPANY

BEWERBUNGSBOGEN

Haben Sie sich schon einmal bei uns beworben? ja ☐ nein ☐
Have you applied for a position with Jeppesen before? yes no

Sind Verwandte von Ihnen bei uns beschäftigt? ja ☐ nein ☐
Are any of your relatives employed with Jeppesen? yes no

wenn ja, wer?
if yes, who?

Verwandtschaftsgrad
relationship

Haben Sie eine gültige Aufenthaltserlaubnis und Arbeitserlaubnis? Bitte Fotokopie beifügen.
Do you have a valid residence permit and work permit? Please attach a copy.
ja ☐ nein ☐
yes no

Wenn Sie möchten, können Sie hier Referenzen angeben:
If you wish, please list references here:

Name / Name	Anschrift / address	Telefon / telephone
Name / Name	Anschrift / address	Telefon / telephone
Name / Name	Anschrift / address	Telefon / telephone

Bemerkungen / Notes:

Ich versichere, alle Angaben in diesem Bewerbungsbogen nach bestem Wissen und Gewissen gemacht zu haben. Mir ist bekannt, daß falsche Angaben zur Anfechtung oder Kündigung des Arbeitsvertrages führen können.
I confirm that my answers to the above questions are true to the best of my knowledge. I understand that any incorrect statements may result in termination of employment.
Wenn es zur Einstellung kommt, muß ein polizeiliches Führungszeugnis vorgelegt werden. Darüber hinaus behält sich Jeppesen & Co. GmbH vor, eine Gesundheitsuntersuchung vornehmen zu lassen.
Should you be hired, you must supply Jeppesen with a certificate of good conduct. Furthermore, Jeppesen holds the right to a medical examination.

Ort und Datum / Place and Date

Unterschrift / Signature

4

6.4 Was passiert mit den Unterlagen?

Bei der Suche und Auswahl von Fach- und Führungskräften stehen den mit diesem Ausleseprozeß Beauftragten verschiedene Informationen zur Verfügung, deren Zulässigkeit nicht immer unproblematisch ist:

Das handgeschriebene oder auf dem PC erstellte Anschreiben, eine Auflistung der bisher bewältigten Aufgaben und sich daraus abzuleitende Kompetenz, vielleicht ein Zwischenzeugnis des derzeitigen Arbeitgebers, weitere Arbeits- und gegebenenfalls Studienabschlußzeugnisse, außerdem ein Lichtbild, persönliche Angaben, z.B. verheiratet, geschieden, Zahl der Kinder, Hobbys etc.

Der Arbeitgeber hat sicherzustellen, daß nur die Personen Einsicht in Ihre Unterlagen erhalten, die in die Entscheidungsfindung hinsichtlich der Einstellung eines Mitarbeiters eingebunden sind.

Wird vom Arbeitgeber das Ausfüllen eines Personalfragebogens oder Bewerbungsbogens verlangt, so müssen die hier formulierten oder auch im persönlichen Gespräch gestellten Fragen den Rechtsgrundsätzen zum Fragerecht des Arbeitgebers entsprechen.

Wenn Ihre Bewerbung ohne Erfolg geblieben ist, gleichgültig ob die Absage von Ihnen oder dem möglichen Arbeitgeber ausging, dann haben Sie einen Anspruch darauf, daß der von Ihnen ausgefüllte Personalfragebogen, der u.a. Angaben über Ihre Privat- und Intimsphäre enthält, durch den Arbeitgeber vernichtet wird.

Eine Verletzung des Persönlichkeitsrechts liegt jedoch dann nicht vor, wenn der Arbeitgeber ein berechtigtes Interesse daran hat, den Personalbogen aufzubewahren. Sein Interesse kann z.B. dann berechtigt sein, wenn der Arbeitgeber bei einer späteren Bewerbung den Fragebogen zum Vergleich heranziehen oder Sie bei einer späteren Stellenausschreibung erneut zur Bewerbung auffordern will (BAG, NZA 1984, 321 = BB 1984, 2130).

Da dieser Themenkomplex von besonderem Interesse ist, wollen wir ihn hier zusammenfassend abhandeln.

6.5 Der Bewerbungsempfänger und seine Sorgfaltspflicht

Der Bewerbungsempfänger muß auf die berechtigten Interessen des Bewerbers Rücksicht nehmen. Im einzelnen ist er zu Folgendem verpflichtet: Er muß die Unterlagen sorgfältig aufbewahren. Er darf sie nicht beliebigen Personen im Betrieb und schon gar nicht betriebsfremden Personen zugänglich machen; denn das erkennbare Interesse des Bewerbers richtet sich nur darauf, daß die Unterlagen denjenigen Personen zugänglich gemacht werden, die sich in dem Unternehmen des Auftraggebers mit seiner Bewerbung und seiner eventuellen Einstellung zu befassen haben. Daraus folgt andererseits aber auch, daß der Unternehmer allen Personen im Betrieb, die er vor der Einstellung eines Bewerbers zu Rate zieht, die Bewerbungsunterlagen zur Prüfung vorlegen darf. Dazu gehört auch der Betriebsrat. Diesem muß der Arbeitgeber die vollständigen Unterlagen vorlegen, damit er sein Mitbestimmungsrecht ausüben kann. Ferner ist nichts dagegen einzuwenden, wenn die Schreibkräfte und Sekretärinnen, die Briefe des Bewerbers in Empfang nehmen und für den Unternehmer Briefe an den Bewerber schreiben, anläßlich dieser Tätigkeit Gelegenheit haben, in die Bewerbungsunterlagen Einblick zu nehmen. Wollte man verlangen, daß der Unternehmer die Bewerbungsunterlagen nur persönlich in Empfang nimmt und vor Schreibkräften und Sekretärinnen verschließt, würde man ihm einen unangemessenen Aufwand zumuten. Eine Verpflichtung des Unternehmers, die Unterlagen zu verschließen und keinem zugänglich zu machen, besteht auch dann nicht, wenn der Bewerber seine Unterlagen mit dem Vermerk „Streng vertraulich" an den

Unternehmer übersendet. Will der Bewerber erreichen, daß der Unternehmer verpflichtet ist, keiner dritten Person Einsicht in die Bewerbungsunterlagen zu gewähren, so muß er sich vor der Übersendung der Unterlagen eine entsprechende Zusage des Unternehmers geben lassen.

Wenn der Bewerber sich auf ein Stellenangebot in einer Zeitung meldet und Bewerbungsunterlagen einsendet, so will er sich damit nur bei demjenigen Unternehmen, auf das sich das Stellenangebot bezieht, bewerben. Es ist deshalb unzulässig, wenn die Bewerbung oder die Bewerbungsunterlagen an ein anderes Unternehmen weitergegeben werden, weil das Unternehmen seinen Bedarf etwa schon gedeckt hat und von einer Bedarfslücke bei einem befreundeten Unternehmen weiß.

Will der Unternehmer die Bewerbung an ein anderes Unternehmen weiterleiten, muß er vorher das Einverständnis des Bewerbers einholen.

Der Unternehmer, der ein Bewerbungsschreiben empfängt, ist rechtlich nicht verpflichtet, den Empfang des Schreibens und der Bewerbungsunterlagen zu bestätigen. Der Anstand gebietet es jedoch, dies zu tun. Der Unternehmer ist auch nicht verpflichtet, sich innerhalb einer bestimmten Frist zu entscheiden, ob er mit dem Bewerber einen Arbeitsvertrag abschließen will oder nicht. Es ist Sache des Bewerbers, den Unternehmer aufzufordern, sich innerhalb einer bestimmten Frist zu entscheiden. Kommt der Unternehmer dieser Aufforderung nicht nach, kann der Bewerber seine Bewerbung zurückziehen und seine Bewerbungsunterlagen zurückverlangen.

Hat der Bewerber seine Bewerbung zurückgezogen oder hat sich der Unternehmer entschieden, mit dem Bewerber keinen Arbeitsvertrag abzuschließen, so ist der Unternehmer verpflichtet, unverzüglich die Bewerbungsunterlagen, die im Eigentum des Bewerbers stehen, an den Bewerber zurückzusenden. Zu den Bewerbungsunterlagen gehören außer dem Anschreiben alle Unterlagen, die der Bewerber an den Unternehmer anläßlich seiner Bewerbung übersandt hat, zum Beispiel Lebenslauf, Zeugniskopien, Lichtbild. Auch Klarsichthüllen, Schnellhefter, Schutzumschläge, in denen der Bewerber seine Unterlagen aufbewahrt hat und die er mit den Unterlagen an den Unternehmer übersandt hat, sind zurückzugeben (*Ausnahme*: Im Stellenangebot wird deutlich gemacht, daß Bewerbungsunterlagen nicht zurückgesandt werden. Das Bewerbungsanschreiben selbst ist mit der Entgegennahme durch den Unternehmer in dessen Eigentum übergegangen und braucht nicht zurückgegeben zu werden. Fragebogen, die der Unternehmer dem Arbeitnehmer zum Ausfüllen übergeben und die der Arbeitnehmer ausgefüllt hat, sind Eigentum des Unternehmers. Der Bewerber kann deshalb nicht grundsätzlich verlangen, daß der Unternehmer den ausgefüllten Fragebogen herausgibt. Enthält der Fragebogen jedoch Angaben des Bewerbers, die seine Privatsphäre in besonderer Weise berühren, zum Beispiel Angaben über Vorstrafen, uneheliche Kinder oder Schulden, ist das Interesse des Bewerbers an der Herausgabe des Fragebogens bei weitem höher einzuschätzen als das Interesse des Unternehmers, Eigentümer des Fragebogens zu bleiben. Deshalb ist der Unternehmer in diesen besonderen Fällen zur Übereignung und Herausgabe des Fragebogens an den Bewerber verpflichtet.

Verletzt der Empfänger von Bewerbungsunterlagen eine der angeführten Pflichten und trifft ihn an der Pflichtverletzung ein Verschulden, ist er gegenüber dem Bewerber zum Schadenersatz verpflichtet. Ein Verschulden ist zu bejahen, wenn er bei der Erfüllung der ihm obliegenden Pflichten die im Verkehr erforderliche Sorgfalt nicht angewendet hat. Die Verpflichtung zum Schadenersatz bedeutet, daß der Unternehmer nach Möglichkeit den Zustand herstellen muß, der bestehen würde, wenn er seine Pflichten ordnungsgemäß erfüllt hätte. Beschädigt er etwa Zeugnisse des Bewerbers durch Einreißen, Schmutz oder ähnliches, so muß er dem Bewerber die Kosten, die dieser für die Neuausstellung des Zeugnisses aufwenden muß, oder, wenn eine Neuausstellung nicht möglich ist, die Kosten für eine notariell beglaubigte Abschrift des Zeugnisses erstatten.

Gibt der Unternehmer die Bewerbungsunterlagen nach dem Scheitern der Einstellung trotz Aufforderung nicht unverzüglich zurück und kann der Bewerber nachweisen, daß er allein wegen der fehlenden Unterlagen von einem anderen Unternehmen nicht eingestellt wurde, ist der Unternehmenr verpflichtet, dem Bewerber den entgangenen Verdienst zu ersetzen.

Gibt der Unternehmer betriebsfremden Personen, insbesondere dem derzeitigen Arbeitgeber des Bewerbers, Kenntnis von der Bewerbung und entstehen dem Bewerber dadurch nach dem Scheitern der Einstellungsverhandlungen wirtschaftliche Nachteile, etwa weil der derzeitige Arbeitgeber des Bewerbers eine vorgesehene Beförderung nicht vornimmt, ist der Unternehmer verpflichtet, diese Nachteile durch eine entsprechende Geldzahlung auszugleichen.

Die dargestellten Grundsätze sind Konsequenzen aus dem vertragsähnlichen Vertrauensverhältnis zwischen Unternehmer und Stellenbewerber.

6.6 Der Zwischenbescheid und die Vertrauenshaftung des Arbeitgebers

In der Wartephase zwischen dem Abschicken der Bewerbung und der Aufnahme endgültiger Vertragsverhandlungen vergeht oft eine beträchtliche Zeit. Selbst im positiven Fall, wenn der Arbeitgeber einen bestimmten Bewerber einstellen will, kann zum Beispiel die Zustimmungserklärung des Betriebsrats auf sich warten lassen.

Geht man davon aus, daß auf eine Stellenanzeige etwa sechs Wochen lang Zuschriften eingehen und dann erst der Entscheidungsprozeß im Unternehmen einsetzt, dann können leicht zehn bis zwölf Wochen ins Land gehen, bevor es zu einer für den Bewerber endgültigen Entscheidung kommt.

In dieser Wartephase kommt es häufig zu brieflichen oder telefonischen Kontakten zwischen Bewerber und Bewerbungsempfänger/Arbeitgeber.

Zum einen, weil der Bewerber gern wissen möchte, woran er denn nun ist, zum anderen, weil der Bewerbungsempfänger/Unternehmer sich den Bewerber – insbesondere den interessanten –

bei guter Laune und bei der Stange halten möchte. Es kommt in der Regel zu Zwischenbescheiden. Juristisch kann man diese Zwischenbescheide in zwei Gruppen einteilen: zum einen gibt es den rein informatorischen Zwischenbescheid, zum anderen den Zwischenbescheid, der ein Rechtsgeschäft darstellt. Bedenklich sind insbesondere die Zwischenbescheide, die sehr positiv gehalten sind und im Bewerber den Eindruck erwecken, die Sache werde schon in Ordnung gehen. Z.B., wenn in einem Zwischenbescheid der Satz auftaucht: „Wir gehen davon aus, daß Ihre Einstellung zum soundsovielten realisiert werden kann." Wenn sich der Bewerber darauf verläßt und seine bisherige Stelle aufkündigt, etwa auch schon den Umzug in die Wege leitet oder ähnliche vermögenserhebliche Maßnahmen ergreift, stellt sich die Frage nach dem Schadenersatz, falls es nicht zu einer Einstellung kommt.

Sowohl im Falle des rein informatorischen, aber zu positiv gehaltenen Zwischenbescheids als auch bei dem rechtsgeschäftlichen Zwischenbescheid – der Einstellungszusage unter Vorbehalt, etwa der Zustimmung des Betriebsrats – besteht sowohl für den Arbeitgeber als auch für den Arbeitnehmer im Rahmen eines gesetzlichen Schuldverhältnisses die Pflicht, bei den vorvertraglichen Kontakten die Rechtsgüter des anderen nicht zu verletzen. Auf Treu und Glauben (§ 242 BGB) schulden sich die verhandelnden Parteien eine gewisse Sorgfalt, die verschiedenartige Einzelpflichten entstehen läßt, z.B. Mitteilungs- und Aufklärungspflichten. Die schuldhafte Verletzung dieser Pflichten macht als Fall einer sogenannten „culpa in contrahendo" den betreffenden Verhandlungspartner ersatzpflichtig.

Legt der Arbeitgeber dem Bewerber im Zwischenbescheid nahe, den bestehenden Arbeitsvertrag aufzulösen, so verhält er sich sorgfaltswidrig, wenn es nicht zu der Einstellung kommt. Auch wenn der Arbeitgeber auf Anfragen des Bewerbers zum Ausdruck bringt bzw. im Bewerber das Vertrauen erweckt, es werde mit einer gewissen Wahrscheinlichkeit zur Einstellung kommen, und ihn damit zu vermögenserheblichen Entscheidungen veranlaßt, macht er sich schadenersatzpflichtig, wenn es nicht zur Einstellung kommt.

Aus dieser Rechtslage wird deutlich, warum heute viele Arbeitgeber/Bewerbungsempfänger lieber überhaupt keinen Zwischenbescheid erteilen. Der Bewerber muß aus dieser Lage heraus verstehen, daß er von einem sorgfältigen Arbeitgeber/Bewerbungsempfänger einen Zwischenbescheid erwarten kann, der nicht positiv gefärbt ist, sondern mit aller Deutlichkeit klarmacht, daß die Entscheidung noch nicht gefallen bzw. noch von der Zustimmung einer Reihe von Gremien abhängt.

6.7 Was ein falsch erwecktes Vertrauen kostet

Im Anschluß an die Ausführungen über den Zwischenbescheid und seine möglichen juristischen Folgen ist ein Urteil des Bundesarbeitsgerichts vom 15.5.1974 (5 AZR 393/73, BB 1974, 1397) interessant. Im Mittelpunkt der Begründung steht ein Schreiben an einen Bewerber, das in diesem den Eindruck erweckte, es könne zu der Einstellung kommen und er könnte sein bestehendes Arbeitsverhältnis aufkündigen. Der Arbeitnehmer hatte sich als Fachhochschullehrer im März beworben. Die Fachhochschule schlug am 16.8. dem zuständigen Ministerium vor, den Arbeitnehmer einzustellen. Der Leiter des Fachbereichs schrieb am 14.10. an den Bewerber: „Wie uns das Ministerium für Wissenschaft und Forschung mitteilt, ist Ihre Anstellung entschieden. Sie werden in den nächsten Tagen von dort Bescheid erhalten. Sie können auf dieses Schreiben hin bereits Ihr laufendes Arbeitsverhältnis kündigen, so daß Sie so bald wie möglich bei uns anfangen."

Der Minister schrieb dem Bewerber am 25.10., daß er beabsichtige, ihn einzustellen, vorbehaltlich der Vorlage aller geforderten Einstellungsunterlagen und der Zustimmung des Innen- und Finanzministers. Außerdem bat er um den frühestmöglichen Eintrittstermin. Zumindest der Brief des Fachbereichsleiters war ein klarer Zwischenbescheid. Der Arbeitnehmer kündigte daraufhin sein Arbeitsverhältnis und teilte dies dem Fachbereichsleiter mit. Anfang Januar nahm er seine Vorlesungen mit Kenntnis des Ministeriums auf. Zur endgültigen Einstellung kam es aber nicht, weil der Minister den Nachweis der Befähigung zur selbständigen künstlerischen Arbeit nicht als erbracht ansah. Der Arbeitnehmer klagte daraufhin das ihm entgangene Gehalt ein und erhielt Recht. In den Leitsätzen des Urteils heißt es:

1. Beauftragt der Dienstherr einen Bediensteten, Verhandlungen mit einem Bewerber über den Abschluß eines Arbeitsverhältnisses zu führen, so muß er sich ein etwaiges Verschulden dieses Bediensteten (Verhandlungsgehilfen) bei den Vertragsverhandlungen zurechnen lassen. Es kommt nicht darauf an, ob der Verhandlungsgehilfe auch Abschlußvollmacht hatte.
2. Erweckt der Verhandlungsgehilfe in dem Bewerber das sachlich nicht begründete Vertrauen, es werde zu der Einstellung kommen, und veranlaßt er diesen, ein bestehendes Arbeitsverhältnis zu kündigen, so muß der Dienstherr, wenn er den Bewerber nicht einstellt, diesem den Schaden ersetzen, den er durch den Verlust des alten Arbeitsverhältnisses erleidet. Der Schadensersatzanspruch ist nicht auf das sogenannte Erfüllungsinteresse begrenzt.

Das Gericht geht in seiner Begründung – nachdem es deutlich gemacht hat, daß der Fachbereichsleiter und seine Verletzung der Sorgfalts- und Schutzpflicht dem Land anzulasten sind – auf den Brief vom 14.10. (den Zwischenbescheid) ein: Der Senat sieht die zum Schadenersatz verpflichtende Handlung in der Zusendung des Schreibens vom 14.10. Dieses Schreiben mußte im Kläger (Bewerber) den Eindruck erwecken, es werde mit Sicherheit zu einem Vertragsabschluß kommen. Der Absender berief sich auf eine angebliche Entscheidung des Ministeriums für Wissenschaft und Forschung über die Anstellung des Arbeitnehmers.

Dem Bewerber wurde ausdrücklich geraten, das bestehende Arbeitsverhältnis zu kündigen.

Das Gericht führt dann weiter aus, das beklagte Land habe vortragen lassen, daß die Voraussetzungen für die Einstellung des Bewerbers noch nicht abschließend geprüft waren. Der Inhalt des Schreibens vom 14.10. sei also sachlich falsch. Die Zusendung einer falschen Mitteilung und die ausdrückliche Empfehlung, das bestehende Arbeitsverhältnis schon vor Abschluß des neuen Arbeitsverhältnisses zu kündigen, stelle in dieser Situation eine Verletzung der vorvertraglichen Pflichten dar. Wenn über die Einstellung des Bewerbers noch nicht endgültig entschieden war, habe das Land jeden Eindruck vermeiden müssen, es werde mit Sicherheit zu der Einstellung kommen. Das Schreiben des Ministers mit den Vorbehalten konnte der Bewerber als „Bescheid" ansehen, der im Schreiben vom 14.10. angekündigt war. Insbesondere die Bitte, den frühestmöglichen Eintrittstermin mitzuteilen (enthalten im Schreiben des Ministers), konnte den Bewerber darauf schließen lassen, daß nennenswerte und beachtliche Hindernisse einer Einstellung nicht mehr im Wege standen.

Zur Höhe des Schadensersatzes führt das Gericht aus, das beklagte Land habe den gesamten Schaden zu ersetzen, den der Bewerber (Kläger) dadurch erlitten hat, daß er auf die Richtigkeit der Mitteilungen in den Schreiben vom 14. und 25.10. vertraut und sich darauf eingestellt hat. Zu ersetzen ist der Vertrauensschaden.

Der Bewerber, der im Vertrauen auf die zugesagte Einstellung ein bestehendes Arbeitsverhältnis aufgekündigt habe, habe einen Schaden in Höhe des durch die Kündigung bedingten Lohnausfalls beim früheren Arbeitgeber erlitten. Hätte der Bewerber nicht auf die inhaltlich falschen oder zumindest irreführenden Erklärungen des beklagten Landes vertraut, hätte er sein bisheriges Arbeitsverhältnis nicht aufgekündigt, um dem neuen Arbeitgeber möglichst frühzeitig seine Arbeitskraft zur Verfügung stellen zu können, dann hätte er keinen Lohnausfall erlitten.

Für die Eingehung eines Arbeitsverhältnisses spielen aber nicht nur finanzielle Fragen eine Rolle. Die Möglichkeit einer Entfaltung weiterer Fähigkeiten, Aufstiegschancen, größere Freizeit, soziales Ansehen, gesicherter Arbeitsplatz – das sind weitere Überlegungen, die den Arbeitnehmer zum Wechsel des Arbeitsplatzes veranlassen können, selbst, wenn er sich finanziell verschlechtert.

Der Bewerber habe denn auch in seinem Kündigungsschreiben an den bisherigen Arbeitgeber die Bewerbung beim beklagten Land damit begründet, daß der Rahmen für die berufliche Entwicklung zu eng geworden sei und daß er in der erstrebten Tätigkeit als Fachhochschuldozent seine Vorstellungen verwirklichen könne. Er ließ sich nur auf eine Gehaltseinbuße ein, weil ihm andere Vertragsbedingungen vorteilhafter erschienen. Die Begrenzung des Schadens auf die in Aussicht gestellte Vergütung ist darum nicht möglich. Für den Bewerber (Kläger) besteht der Schaden darin, daß er den bisherigen Arbeitsplatz mit der Gesamtheit seiner Arbeitsbedingungen letzten Endes nutzlos aufgegeben hat. Er war danach einige Monate arbeitslos und hat eine durch sein Ausscheiden bedingte Verdienstminderung erlitten, als er beim ehemaligen Arbeitgeber wieder eingestellt wurde. Das wäre unnötig gewesen, wenn das beklagte Land sorgfältig verfahren wäre. Es bestehe daher keine Veranlassung, im Falle des Verschuldens bei Vertragsabschluß von dem allgemeinen Grundsatz abzuweichen, wonach Ersatz des Vertrauensschadens ohne Begrenzung auf das Erfüllungsinteresse zu leisten ist.

6.8 Graphologisches Gutachten

Die Anforderung eines handgeschriebenen Lebenslaufs oder auch nur eines handgeschriebenen Anschreibens ist in der Personalpraxis immer noch üblich und wird aus Ordnungsgesichtspunkten grundsätzlich nicht mißbilligt. Hier stellt sich natürlich sofort die Frage, ob damit durch den Bewerber die Einwilligung zur Erstellung eines graphologischen Gutachtens – sozusagen automatisch – gegeben ist. Wir lesen hierzu: Soll der Lebenslauf zur Einholung eines graphologischen Gutachtens dienen, so bedarf es wegen der damit verbundenen Gefährdung des durch die Art. 1 I und Art. 2 I GG geschützten Persönlichkeitsrechts der ausdrücklichen Einwilligung des Betroffenen (BAG ARSt 1984, 1). Dies wird erst einmal diejenigen überraschen, die graphologische Gutachten für eine Alternative zum Lesen im Kaffeesatz halten. In der Praxis der Personalbeschaffung wird bei leitenden Angestellten oder hochqualifizierten Spezialisten die stillschweigende oder schlüssige Einwilligung zur Anfertigung eines graphologischen Gutachtens angenommen, wenn die Schriftprobe z.B. in einer Stellenanzeige angefordert wurde. Dennoch sollte im Zweifel die ausdrückliche Zustimmung des Betroffenen eingeholt werden, da diese nicht generell vorausgesetzt werden kann. Häufig sind Bewerber der Ansicht, es sollte nur die Qualität ihrer Schrift als solche deutlich werden.

Was passiert mit dem graphologischen Gutachten nach dem Bewerbungsprozeß?

Da der Graphologe das Ergebnis seiner Arbeit ausdrücklich nur zur Kenntnis des Auftraggebers abliefert, muß das Gutachten vernichtet werden, und zwar sowohl bei Einstellung des Kandidaten – das Gutachten darf nicht in die Personalakte wegen des Vertrags zwischen Graphologen und Arbeitgeber, außerhalb der Personalakte dürfen Unterlagen über den Mitarbeiter nicht geführt werden -, als auch dann, wenn die Bewerbung erfolglos geblieben ist. Ihr Anspruch auf Herausgabe des Gutachtens wird, abgesehen von der Absprache mit dem Graphologen, schon daran scheitern, daß das vom Arbeitgeber bezahlte Gutachten dessen Eigentum ist.

Wenn Sie den handgeschriebenen Lebenslauf nicht selbst erstellen, sondern durch eine/n Dritte/n schreiben lassen, so kann das den Arbeitgeber berechtigen, den Arbeitsvertrag anzufechten. Es gilt, daß mit einem handgeschriebenen Lebenslauf ein eigenhändig geschriebener Lebenslauf gemeint ist. Hierzu lesen wir: Die Klägerin hat dadurch, daß sie der Beklagten zwar einen „handgeschriebenen“, nicht aber einen von ihr „eigenhändig“

verfaßten Lebenslauf eingereicht und ferner in dem Begleitschreiben ihr Einverständnis mit einer graphologischen Begutachtung zum Ausdruck gebracht hat, eine arglistige Täuschung begangen (§ 123 Abs. 1 BGB).

6.9 Tests

Die Anwendung von Verfahren, die zum Ziel haben, die fachliche Eignung eines Kandidaten zu testen, ist zulässig. Formal unbedenklich wäre z.B. die Bitte des Recruiters, auf dem PC eine Grafik nach bestimmten Vorgaben zu erstellen, wenn Sie im Vorstellungsgespräch versichern, daß Sie dazu in der Lage sind. Die Einwilligung dazu, sich fachlichen Fragen bzw. bestimmten Arbeitsproben zu stellen, geben Sie durch die Einreichung der Bewerbung oder durch die Wahrnehmung eines Vorstellungstermins. In der Praxis spräche also nichts dagegen, wenn der Interviewer im Gespräch von Deutsch auf Englisch umschaltet, um die Qualität Ihrer englischen Sprachkenntnisse zu testen, weil das für den zur Disposition stehenden Job von Bedeutung ist.

Anders sieht die Sache jedoch dann aus, wenn Auswahlverfahren mit psychologischer Zielsetzung, z.B. der 16 PF- oder der IST-Test, oder ein AC (Assessment Center) angesagt sind. Hierzu muß Ihre ausdrückliche Einwilligung vorliegen. Diese kann durch die Tatsache, daß Sie sich dem Test unterziehen, in aller Regel angenommen werden. Die Interpretation des Testergebnisses sollte nur durch einen Diplom-Psychologen erfolgen, was Sie sich vor Durchführung des Testverfahrens versichern lassen sollten. Natürlich können Sie jederzeit im Bewerbungsvorgang Tests als Auswahlverfahren mit dem Hinweis auf andere Erkenntnisquellen (persönliches Gespräch, Lebenslaufanalyse, Zeugnisse, Auskünfte) ablehnen. Ihr Risiko, sich damit eine Absage einzuhandeln, muß jedoch als sehr hoch eingeschätzt werden.

Uns interessiert bei diesem Thema nur die Frage, ob Sie verpflichtet sind, Tests durchzuführen oder nicht. Unsere Empfehlung: Prüfung einer fachlichen Qualifikation ja, Psycho-Tests nur nach ausdrücklicher Einwilligung und einwandfreier Bearbeitung durch Diplompsychologen. Wenn Sie sich intensiv mit der Frage von Auswahlverfahren bei der Beurteilung von Bewerbern befassen und sich dabei mit grundsätzlichen Bedenken auseinandersetzen wollten, verweisen wir auf: Lange, Anthropologische Grenzbereiche zwischen Psychiatrie, Psychologie und Recht, NJW 1980, 2729; Schmid, Rechtsprobleme bei der Anwendung psychologischer Testverfahren zur Personalauslese, BB 1981, 1646.

Was geschieht mit den Testunterlagen?

Grundsätzlich gilt das, was wir zum Thema graphologische Gutachten ausgeführt haben. Auch der Verbleib der Unterlagen bei einem beauftragten Personalberater scheidet aus. Sollte der Test von qualifizierten angestellten Mitarbeitern durchgeführt und von angestellten Diplompsychologen des Arbeitgebers interpretiert werden, dann können die entsprechenden Papiere in die Personalakte des eingestellten Bewerbers wandern und dürfen auch nur dort verbleiben.

6.10 Einholen von Referenzen und Auskünften

Solche Rückfragen bei früheren Arbeitgebern sind unproblematisch, wobei sich in der Praxis zeigt, daß frühere „Chefs“ oder Personalleiter meist nur widerwillig und sehr vorsichtig in die Tiefe gehende Fragen beantworten. Man scheut jeden „Streß“, der allein schon dadurch entstehen kann, daß die Aussagen im Widerspruch zum Zeugnisinhalt, auf den dann gerne verwiesen wird, stehen, oder daß der ehemalige Mitarbeiter von den vielleicht nicht so positiven Aussagen erfährt und seinem Ärger über eine verpaßte Berufschance, möglicherweise mit anwaltlicher Unterstützung, Luft macht. Daß jemand über den grünen Klee gelobt und sein Ausscheiden wirklich bedauert wird, das kommt in der Personalpraxis nicht so häufig vor. Diesen Erfahrungen gegenüber steht die Frage, ob der frühere Arbeitgeber dem anfragenden zur Auskunftserteilung berechtigt oder verpflichtet ist. Die Auskunftserteilung zwischen Arbeitgebern wird in der Regel als Ergänzung zu den Ausführungen betrachtet, die sich im Arbeitszeugnis finden. Der frühere Arbeitgeber ist im Interesse des ausgeschiedenen Mitarbeiters zur Auskunftserteilung verpflichtet, wenn der anfragende Arbeitgeber ein berechtigtes Interesse hat, für den Vertragsabschluß wichtige Punkte anzusprechen, die auf Grund des Zeugnisses nicht zufriedenstellend beleuchtet werden können. Die Auskunftserteilung im Interesse des Arbeitnehmers beruht im übrigen auf der nachwirkenden Fürsorgepflicht des früheren Arbeitgebers. Gleichzeitig sind die Grundsätze zu beachten, die bei der Zeugniserstellung gelten. Die erstellte Auskunft muß der Wahrheit entsprechen.

Referenzen beim derzeitigen Arbeitgeber sind nur mit ausdrücklicher Erlaubnis des Bewerbers zulässig, es sei denn, der Bewerber teilt mit, daß er sein Arbeitsverhältnis bereits gekündigt hat.

6.11 Chiffregeheimnis

Bei dem Chiffregeheimnis handelt es sich um eine Vereinbarung zwischen dem Auftraggeber einer Chiffreanzeige und dem Verlag, den Auftraggeber gegenüber Dritten nicht preiszugeben. Auf die Einhaltung dieser Regel gründet sich das Vertrauen der Auftraggeber eines Verlags. Es sind nicht allein Firmen, sondern auch Privatleute, z.B. bei Stellengesuchanzeigen. Jeder Bewerber, der auf die Geheimniskrämerei bei den Stellenangeboten unter Chiffre schimpft und überhaupt nicht verstehen kann, daß der Verlag ihm nicht einfach den Auftraggeber nennt, sollte überlegen, wie er als Auftraggeber einer Stellengesuchanzeige reagieren würde, wenn der Verlag jedem Anrufer, z.B. auch seinem Arbeitgeber, den Namen nennen würde.

Eine Aufhebung des Chiffregeheimnisses kann auf dem Gerichtsweg erreicht werden, z.B. durch einen Beschlagnahmebeschluß, durch den der Richter sich in den Besitz der entsprechenden Auftragsunterlagen setzt.

Nach § 53 Abs. 1 Ziff. 5 StPO steht den Redakteuren ein Aussageverweigerungsrecht bezüglich der Veröffentlichungen im redaktionellen Teil der Zeitung zu. Ein Aussageverweigerungsrecht bezüglich der Veröffentlichungen im Anzeigenteil ist nach der Strafprozeßordnung nicht vorgesehen. Das Bundesverfassungsgericht hat mit Beschluß vom 10. Mai 1983 – 1 BvR 385/82 – entschieden, daß das Chiffregeheimnis ebenso wie das Redaktionsgeheimnis in den Schutzbereich des Art. 5 Abs. 1 Satz 2 GG fällt. Da sich das Zeugnisverweigerungsrecht gemäß § 53 Abs. 1 Ziff. 5 StPO seinem ausdrücklichen Wortlaut nach nur auf den redaktionellen Teil einer Zeitung erstreckt und nicht auf den Anzeigenteil, ergibt sich ein Zeugnisverweigerungsrecht für den Anzeigenteil unmittelbar aus Art. 5 Abs. 1 Satz 2 GG. Dieses daraus abgeleitete Zeugnisverweigerungsrecht gilt jedoch nicht uneingeschränkt, sondern nur für solche Chiffreanzeigen, deren Inhalt einen Beitrag zur öffentlichen Meinungsbildung enthalten. Im Strafverfahren können sich Verlage bei Chiffreanzeigen, die ausschließlich dem „geschäftlichen Verkehr“ dienen, nicht auf das Chiffregeheimnis bzw. ein Aussageverweigerungsrecht berufen.

Für den Bewerber auf eine Chiffreanzeige, der seine Bewerbungsunterlagen nicht zurückgeschickt bekommt und vom Verlag die Bekanntgabe von Namen und Anschrift des Inserenten verlangt, ergeben sich daraus folgende Konsequenzen:

Durch den Abschluß eines Chiffreanzeigenvertrags übernimmt der Verlag die vertragliche Nebenpflicht, Dritten den Namen und die Adresse des Anzeigenkunden nicht ohne rechtfertigenden Grund mitzuteilen. Diese Verschwiegenheitspflicht des Verlages kann nur eingeschränkt werden, sofern ihr gewichtige, eigene oder fremde Interessen an einer Offenlegung des Inserenten entgegenstehen (OLG Stuttgart, 1989, 1454). Abzuwägen ist hierbei stets zwischen dem Grundrecht der Pressefreiheit, das hierbei insbesondere das Vertrauensverhältnis zwischen Presse und Auftraggeber einer Chiffreanzeige schützt, und den entgegenstehenden Interessen des Verlages oder Dritter an einer Bekanntgabe des Inserenten. Das Chiffregeheimnis darf demnach nur aufgehoben werden, wenn ein Dritter eine gravierende Rechtsgutverletzung geltend und glaubhaft machen kann. Dies wird man stets verneinen können, wenn die Chiffreabteilung des Verlages eine Mittlerfunktion zwischen Dritten und Anzeigenkunden einnimmt und der Inserent eine Stellungnahme für das Abhandenkommen der Bewerbungsunterlagen abgibt. Ein Interesse des Dritten an einem direkten Kontakt zum Inserenten besteht dann nicht.

6.12 Bewerbungsunterlagen zurück

Sie wollen Ihre Bewerbungsunterlagen zurück, wenn sich der Arbeitgeber für einen anderen Kandidaten entschieden hat? Das ist Ihr gutes Recht. Lebenslauf, Lichtbild, Zeugnisse oder Arbeitsproben, nicht jedoch das Anschreiben, sind bei Erfolglosigkeit der Bewerbung zurückzugeben. In der Praxis ist jedoch die Frage strittig, ob dies auch dann zutrifft, wenn Sie eine Spontan- oder Blindbewerbung an eine Firma schicken, ohne daß Personalbedarf nach Mitarbeitern Ihres Profils öffentlich bekanntgemacht wurde. In Ihnen ist vielleicht spontan der Wunsch entstanden, Mitarbeiter eines Unternehmens zu werden, das sich in Ihrer nächsten Nachbarschaft befindet und Ihnen einen zeitsparenden Anfahrtsweg verspricht. Oder Sie bewerben sich bei einer Airline, weil Sie schon immer Pilot oder Flight Attendant werden wollten. Die Gründe für Spontanbewerbungen können subjektiv und sehr vielschichtig sein, im Ergebnis bedeutet es für große Unternehmen oder bekannte Personalberatungsfirmen, daß sie sich täglich mit Akten herumschlagen müssen, die sie nicht angefordert und für die sie in 99,9 Prozent aller Fälle keine Verwendung haben. Absage schreiben, Post fertig machen, Porto und den Brief mit den Unterlagen an den unbekannten und unerwünschten Bewerber zurückzuschicken, das kostet Zeit und Geld. Und warum soll sich das Unternehmen bzw. der Personalberater diese Kosten aufbürden? Wenn Sie also eine Blindbewerbungskampagne starten, in der Sie z.B. alle 98 großen Firmen Ihrer Stadt anschreiben, dann rechnen Sie besser nur mit einer Rücksendequote von erfahrungsgemäß 50 Prozent. Durch Beifügen eines frankierten Rückumschlags können Sie die Quote erhöhen, laufen aber Gefahr, daß es sehr leicht ist, Ihre Unterlagen postwendend und damit ungelesen zurückzuschicken.

Rücksendung von Bewerbungsunterlagen

Wie lange muß man, soll man auf die Antwort auf eine Bewerbung warten?

Es ist ein in der Rechtsprechung anerkannter Satz, daß der Arbeitgeber verpflichtet ist, seine Entscheidung über das Einstellungsgesuch eines Bewerbers nicht ungebührlich lange in der Schwebe zu halten. Ein Arbeitgeber macht sich unter Umständen ersatzpflichtig, wenn er den Stellensuchenden, ohne daß es zu einer bindenden Absprache kommt, schuldhaft monatelang hinhält (Ersatz des Vertrauensschadens, der Porto- und Telefonauslagen, Beglaubigungs- und Schreibgebühren, Lichtbildkosten, Verdienstausfall). Der hier in Betracht kommende Paragraph ist der § 122 BGB (analog LAG Hannover v. 3.2.1950 in AP 50 Nr. 219 und BAG v. 27.7.1957 BAGE 4, 199). Das kommt besonders dann in Betracht, wenn das suchende Unternehmen dem Bewerber nicht nur eine Eingangsbestätigung geschickt hat, sondern auch noch einen weiteren Zwischenbescheid, in dem es z.B. heißt: Gedulden Sie sich noch etwas, Sie sind in der engsten Auswahl, wir hoffen, Ihnen in Kürze einen Arbeitsvertrag zusenden zu können.

Es muß das Bestreben des Bewerbungsempfängers sein, den Umständen entsprechend den Bewerber baldmöglichst von seiner Entscheidung zu unterrichten. Was aber heißt heute für den Personalchef den „Umständen entsprechend“?

Nach einer Untersuchung einer bedeutenden deutschen Tageszeitung über die Dauer des Bewerbungseingangs auf eine Stellenanzeige und aus der Befragung von maßgebenden Personalberatern ergab sich folgendes: Es wurden 50 Stellenangebote mit mehr als 30 Zuschriften auf die Dauer des Offerteneingangs untersucht. Die Anzeigen wurden eingeteilt nach Größen: ein Fünftel lag in der Größenordnung bis 300 Gesamtmillimeter, drei Fünftel in der von 300 bis 600 Gesamtmillimeter und ein Fünftel bei 600 bis 1.000 Gesamtmillimeter. Bei der ersten Gruppe bis 300 Gesamtmillimeter ergab sich ein durchschnittlicher Zuschrifteneingang von 38 Tagen, für die zweite Gruppe von 54 Tagen und für die großen Anzeigen von 61 Tagen.

Geht man davon aus, daß die Größe der Anzeige in direktem Zusammenhang mit der Bedeutung der Position steht, so kann man sagen, die Laufzeit einer Bewerbung nimmt mit Bedeutung der Position zu. Dazu kommt das Argument der Personalberater: Die Neueinstellung ist für das suchende Unternehmen in vielen Fällen eine sich langfristig auswirkende Investition, über die viele Leute mitsprechen und entscheiden – und das braucht Zeit.

Unabhängig von all diesen Erwägungen sind und bleiben die Bewerbungsunterlagen Eigentum des Bewerbers. Er kann nach angemessener Zeit und nach mehrmaliger Aufforderung zur Rückgabe seiner Unterlagen Klage auf Herausgabe der Unterlagen einreichen. Dazu muß er wissen, an welches Unternehmen er seine Papiere geschickt hat, und er muß einen Zwischenbescheid oder eine Eingangsbestätigung dieses Unternehmens nachweisen können, daß sie dort angekommen sind.

Bei Chiffreanzeigen wird der Verlag auf ein entsprechendes Ersuchen des Richters oder nach einem Beschlagnahmebeschluß den Auftraggeber der Anzeige nennen.

Zu den zurückzuschickenden Bewerbungsunterlagen, die Eigentum des Bewerbers sind, gehören außer dem Anschreiben alle Unterlagen, die der Bewerber dem Unternehmen überlassen hat. Für den Bewerber bedeutet das, daß er möglichst schlüssig nachweisen können sollte, was er im einzelnen seiner Bewerbung beigefügt hat. Er kann alle Einzelteile der Bewerbung im Anschreiben kurz nennen und von diesem Anschreiben eine Kopie behalten. Darüber hinaus sollte er in das Anschreiben keine Zeugnisinhalte oder Lebenslaufabrisse, Selbstbeurteilungen oder Zukunftsaussichten hineinbringen, denn dieses Schriftstück wird er nicht zurückerhalten.

Wie dürfen Ihre Bewerbungsunterlagen im Unternehmen oder bei Personalberatungen behandelt werden?

Der Empfänger Ihrer Bewerbung ist verpflichtet, auf Ihre berechtigten Interessen Rücksicht zu nehmen. Das bedeutet, daß er die Akte sorgfältig aufbewahren muß und sie nur den Personen im Unternehmen oder den beauftragten Personalberatern zugänglich machen darf, die sich mit dem Auswahlvorgang und Ihrer eventuellen Einstellung beschäftigen. Wenn Sie sich auf das Stellenangebot einer Firma bewerben, dann darf diese Ihre Unterlagen nicht an andere Unternehmen weiterreichen, nur weil man die vakante Position im eigenen Haus zwischenzeitlich besetzen konnte und vom Bedarf bei einem befreundeten Haus weiß. Das darf nur mit Ihrem Einverständnis passieren.

Wenngleich der Arbeitgeber nicht verpflichtet ist, sich innerhalb einer bestimmten Frist zu entscheiden, ob er mit einem Bewerber einen Vertrag abschließen will, so kann er sich dennoch schadenersatzpflichtig machen, wenn er einen Kandidaten schuldhaft monatelang hinhält, ohne daß es zu einer bindenden Absprache kommt. Die Stichworte sind hier: Ersatz des Vertrauensschadens, Porto- und Telefonauslagen, Schreibgebühren, Lichtbildkosten und ein etwaiger Verdienstausfall.

Wenn der Arbeitgeber die ausgeschriebene Position mit einem/r anderen Kandidaten/in besetzt und Ihre Unterlagen nach

Aufforderung nicht zurücksendet und Sie nachweisen können, daß Sie wegen der fehlenden Unterlagen bei einem anderen Unternehmen nicht eingestellt wurden, dann ist der Arbeitgeber zu Schadenersatz verpflichtet.

Die Vorstellung

7.1 Das Vorstellungsgespräch

Sie haben sich auf eine Anzeige beworben, und Sie waren – was Sie nicht wissen konnten – einer von über 100 Bewerbern. Ihre Zuschrift hat die mit der Vorauswahl beauftragten Personalreferenten im Unternehmen oder den beauftragten Personalberater so interessiert, daß Sie zu einem Vorstellungsgspräch eingeladen wurden.

Bevor Sie nun in eine große Aufregung geraten, weil Sie nicht wissen, was man Sie fragen wird und was die richtige im Sinne von erwünschter Antwort ist, sollten Sie kurz über die Erwartungshaltung derjenigen nachdenken, die Sie kennenlernen wollen.

Jedes Unternehmen hat eine eigene unverwechselbare Unternehmenskultur, gleichgültig ob sie in einer Broschüre beschrieben ist oder ob sie bewußt oder unbewußt gelebt wird. Damit verbinden sich auch bestimmte Ziele des Unternehmens, für deren Realisierung – an welchem Platz auch immer – Mitarbeiter/innen mit einer meist konkret definierten Qualifikation gesucht werden.

Man hat Sie also als die erwünschte Verstärkung des Teams identifiziert und ist sehr gespannt auf Sie. Man kann sogar noch weitergehen: Man hofft, daß Sie der/die Richtige sind. Alle Fragen, die man Ihnen stellen wird, haben nach unserer Erfahrung nicht das Ziel, Ihnen zu nahe zu treten, Ihre Persönlichkeitsrechte zu verletzen oder sonst irgend etwas zu tun, das für sie unangenehm werden könnte. Die von Ihnen erwarteten Antworten sollen den Interviewer in seinem Eindruck bestärken, den er über Sie aus der Bewerbungsmappe gewonnen hat. Ein weiterer Schwerpunkt im Bemühen des Interviewers ist, auf Fragen zu Ihrem Lebenslauf, die sich aus der Lektüre Ihrer Unterlagen ergeben haben, Antworten zu finden. Seine weiteren Fragen zu Ihrer Person sollen zu klären versuchen, ob Sie als Mensch ins Team, in die Abteilung oder das Unternehmen passen könnten, ob die vielzitierte „Chemie“ stimmt.

Wenn Sie meinen, daß Sie etwas verbergen sollten, dann überlegen Sie noch mal! Wenn Sie den Eindruck während des Vorstellungsgesprächs gewinnen, daß die Fragen des Interviewers in Inhalt und Ton Formen annehmen, die Ihnen nicht mehr zusagen, dann kann das an vielerlei liegen. Er ist vielleicht zu dem Schluß gekommen, daß Sie doch nicht der/die Richtige sind, und sucht jetzt in dieser Richtung nach weiteren Bestätigungen für seine nun ablehnende Haltung.

Aus langjähriger Praxis kann man hier raten, die Verhandlung höflich, aber bestimmt abzubrechen. Damit bleibt die Türe für ein späteres Interview und für eine gegebenenfalls andere Position offen. Wenn schon am Anfang eines möglichen Arbeitsvertrags Probleme auftauchen, die beide Partner irritieren: Es gibt schon genügend Fälle von Arbeitsverhältnissen, die die Probezeit nicht überstehen. Man sollte sich deshalb von der Vorstellung lösen, eine Position auf Biegen und Brechen als Bewerber erkämpfen zu wollen oder zu müssen. Neben allen wichtigen Auswahlkriterien, z.B. Alter, Ausbildung, Berufspraxis oder Fremdsprachenkenntnisse, spielen die Faktoren der Persönlichkeit eine offene oder auch verdeckte Rolle (Interaktion, nonverbale Kommunikation), deren Auswirkungen nur schwer zu überschauen sind.

7.2 Wer zahlt die Vorstellungskosten?

In § 670 BGB lesen wir: „Macht der Beauftragte zum Zweck der Ausführung des Auftrages Aufwendungen, die er den Umständen nach für erforderlich halten darf, so ist der Auftraggeber zum Ersatz verpflichtet.“ Für Sie als Bewerber bedeutet das: Werden Sie ausdrücklich zur Vorstellung eingeladen, dann müssen Ihre Vorstellungskosten erstattet werden. Dies gilt für alle Kosten, die Sie als Bewerber den Umständen nach für erforderlich halten dürfen. Sie entscheiden also, ob öffentliche Verkehrsmittel, Taxi, eigener PKW, Bahn 1. oder 2. Klasse. bzw. Flugzeug benutzt werden. Dennoch empfehlen wir, vor Antritt der Reise kurz mit der Personalabteilung oder dem Personalberater abzustimmen, ob es eine firmenspezifische Reisekostenordnung gibt und welche Verkehrsmittel angemessen sind. So vermeiden Sie, daß es schon im Vorfeld der Vertragsverhandlungen zu Irritationen kommt. Dies gilt insbesondere für Verpflegungs- und Unterbringungskosten von Bewerbern mit weitem Anfahrtsweg oder auch Flugkosten. Nach unserer Erfahrung teilen viele Unternehmen und fast alle Personalberatungen in der schriftlichen Einladung zu einem Vorstellungsgespräch bereits mit, daß z.B. nur Bahnkosten 2. Klasse oder Kilometersätze nach den steuerlich zulässigen Höchstsätzen erstattet werden. Ansprüche des Arbeitnehmers auf Ersatz der Vorstellungskosten unterliegen der kurzen Verjährung des § 196 Abs. 1 Nr. 8 und 9 BGB (2 Jahre), dies gilt auch dann, wenn der Bewerber nicht eingestellt wird (BAG, DB 1977, 1193).

Diese Verjährungsfrist beginnt mit dem Jahresende, in dem das Vorstellungsgespräch stattgefunden hat. Hatten Sie am 5.1.1997 ein Vorstellungsgespräch, so müssen Sie die Vorstellungskosten spätestens bis zum 31.12.1999 – notfalls gerichtlich – geltend gemacht haben.

7.3 Fragerecht

Beim Vorstellungsgespräch und bei der Erstellung von Bewerbungsbögen steht das Interesse des Arbeitgebers, sich ein möglichst umfassendes Bild von seinem zukünftigen Mitarbeiter zu machen, im Widerstreit zu dem Interesse des Arbeitnehmers an der Wahrung seiner Intimsphäre. Dieser Umstand führt dazu, daß der Arbeitgeber in seinem Fragerecht beschränkt ist. Dies allein hilft dem Arbeitnehmer jedoch nicht, denn die falsche Beantwortung einer Frage führt – wenn der Arbeitgeber den Bewerber anderenfalls nicht eingestellt hätte – zur Anfechtbarkeit des Arbeitsvertrages. Und natürlich wird kein Arbeitgeber einen Bewerber einstellen, der die Antwort auf eine Frage verweigert. Daher geht man bei unzulässigen Fragen von einem „Recht zur Lüge" aus. Erfährt der Arbeitgeber im nachhinein, daß der Bewerber solche Fragen bei der Einstellung unzutreffend beantwortet hat, so kann er weder den Vertrag anfechten noch deswegen kündigen.

Zulässige Fragen

Zulässig sind Fragen, die für die zu besetzende Stelle und die zu leistende Tätigkeit von Bedeutung sind. Grundsätzlich zulässig sind Fragen nach:

- Familienstand
- Ausbildung (schulische und berufliche)
- früheren Tätigkeiten/beruflichem Werdegang
- Noten
- Sprachkenntnissen
- Wehrdienst und eventuell bevorstehender Einberufung zur Bundeswehr
- bisheriger Gehaltshöhe
- aktueller Gehaltspfändung
- weiteren Arbeitsverhältnissen
- Schwerbehinderung (soweit anerkannt)
- Wettbewerbsverboten

Eingeschränkt zulässige Fragen

Die Frage nach einer bestehenden Krankheit hat der Arbeitnehmer nur zu offenbaren, wenn dies für den Betrieb und die übrigen Arbeitnehmer von Interesse ist und sie auf die vorhergesehene Arbeit Einfluß hat. Eingeschränkt zulässig sind Fragen nach:

- ansteckenden Krankheiten
- Alkohol- und Drogenabhängigkeit (z.B. bei Berufskraftfahrern)
- Allergien
- geplanten Operationen und bewilligten Kuren
- Vermögensverhältnissen (z.B. bei Bankkassierern, nicht aber bei Mitarbeitern im unteren und mittleren Verantwortungsbereich)
- „Stasi-Belastung“ (bei Mitarbeitern im öffentlichen Dienst)

Bestimmte Fragen sind nur für bestimmte Arbeitgeber von Interesse. So darf ein konfessionell gebundener Arbeitgeber nach der Religionszugehörigkeit fragen, nach Bestehen einer nichtehelichen Lebensgemeinschaft, Wiederverheiratung nach Scheidung und dergleichen.

Die Frage nach der Schwangerschaft

Eine bestehende Schwangerschaft ist für den Arbeitgeber wegen der hiermit verbundenen finanziellen Belastungen und der diversen Mutterschutzvorschriften in jedem Falle von Bedeutung. Dennoch ist die Frage nach der Schwangerschaft nicht zulässig, da diese Frage nur Frauen betrifft und damit eine Diskriminierung darstellt, die nach europäischem und mittlerweile auch deutschem Recht unzulässig ist (§ 611a BGB). Zunächst war das Bundesarbeitsgericht davon ausgegangen, daß eine Diskriminierung nur dort vorliegen kann, wo Männer und Frauen tatsächlich auch konkret im Wettbewerb zueinander stehen. Daraus folgerte das Gericht, daß die Frage nach der Schwangerschaft nur unzulässig sei, wenn sich männliche und weibliche Bewerber um denselben Arbeitsplatz bewerben. Da man in der Regel nicht genau weiß, wer sich sonst noch auf eine Stelle beworben hat, führte dies dazu, daß die Bewerberin nicht genau wissen konnte, ob sie die Frage nun beanworten muß oder nicht. Scherzhaft wurde daher schwangeren Bewerberinnen geraten, den Vater zu bitten, sich ebenfalls auf die Stelle zu bewerben.

Der Leitsatz des entsprechenden Urteils lautet ausgesprochen zurückhaltend: „Die Frage nach der Schwangerschaft vor der Einstellung ist nicht unzulässig, wenn sich nur Frauen um den Arbeitsplatz bewerben. Der Senat neigt dazu, in der Frage nach der Schwangerschaft dann eine unzulässige Benachteiligung wegen des Geschlechts zu sehen, wenn sich männliche und weibliche Arbeitnehmer um denselben Arbeitsplatz bewerben" (BAG v. 20.2.1986 - 2 AZR 244/85, NZA 1986, 739).

Mittlerweile hat sich das Bundesarbeitsgericht aufgrund eines „Rüffels" des Europäischen Gerichtshofs (EuGH v. 8.11.1990 - Rs. C-17/88, NZA 1991, 171) ausdrücklich von dieser Rechtsprechung distanziert (BAG v. 15.10.1992 - 2 AZR 227/91, NZA 1993, 1154), indem es erklärt hat: „Die Frage nach der Schwangerschaft vor Einstellung einer Arbeitnehmerin enthält in der Regel eine unzulässige Benachteiligung wegen des Geschlechts und verstößt damit gegen das Diskriminierungsverbot des § 611a BGB, gleichgültig ob sich nur Frauen oder auch Männer um den Arbeitsplatz bewerben (...)."

Zulässig ist die Frage nach der Schwangerschaft, wenn z.B. Beschäftigungsverbote für Schwangere in einem Labor bestehen oder wenn überwiegend Nachtschichten gemacht werden sollen, für die die Beschäftigung einer Schwangeren ebenfalls nicht zulässig ist.

Vorstrafen und polizeiliches Führungszeugnis

Fragen nach Vorstrafen sind nur zulässig, soweit sie für die zu besetzende Arbeitsstelle oder die zu leistende Arbeit von Bedeutung sind. Der Kassierer kann somit nach Vermögensstraftaten befragt werden, der Kraftfahrer nach Verkehrsstraftaten, der Lehrer nach Sexualstraftaten etc. Ist eine Strafe noch nicht im Bundeszentralregister eingetragen worden (Geldstrafen bis 90 Tagessätzen) oder ist sie inzwischen gelöscht, so darf sich der

Bewerber auf jeden Fall als unbestraft bezeichnen. Besonders schwere Straftaten wird man auch ungeachtet der Relevanz für das Arbeitsverhältnis angeben müssen.

Damit ist das Verlangen der Vorlage eines polizeilichen Führungszeugnisses unzulässig, da hier dem Arbeitgeber auch die Vorstrafen bekannt werden, die der Arbeitnehmer auf Befragen leugnen dürfte. Diese Frage wird jedoch in der Regel nicht unerheblich, da die Weigerung, das Führungszeugnis zu beantragen, regelmäßig dazu führen wird, daß der Arbeitgeber von einer Beschäftigung absieht, da er annehmen muß, der Arbeitnehmer habe etwas zu verbergen.

Im öffentlichen Dienst wird die Vorlage eines polizeilichen Führungszeugnisses als zulässig angesehen, und es wird dort auch regelmäßig verlangt.

Unzulässige Fragen

Unzulässig sind Fragen nach:

- Gewerkschaftszugehörigkeit
- Parteizugehörigkeit, politischer Einstellung oder Aktivität
- bevorstehender Heirat und Familienplanung
- Religionszugehörigkeit
- persönlichen Daten von Familienangehörigen

Offenbarungspflicht

Bestimmte außergewöhnliche Umstände, mit denen der Arbeitgeber nicht zu rechnen braucht, muß der Arbeitnehmer von sich aus offenbaren. Beispiele hierzu sind rar. Zu denken wäre etwa an eine äußerlich nicht erkennbare Erkrankung, die dem Arbeitnehmer die Ausübung der Tätigkeit unmöglich macht.

Im übrigen muß eine Anerkennung als Schwerbehinderter nicht ungefragt angegeben werden. Grundsätzlich muß der Arbeitgeber nach den Umständen, die ihn interessieren, fragen.

7.4 Ärztliche Einstellungsuntersuchung

Nicht selten wird vor Abschluß eines Arbeitsvertrages eine medizinische Untersuchung verlangt. Diese wird bei größeren Unternehmen von einem Werksarzt vorgenommen, bei kleineren von einem Vertrauensarzt. Gegenstand dieser Untersuchung darf allein die Tauglichkeit des Arbeitnehmers für die konkrete Tätigkeit sein. Die Diagnose darf dem Arbeitgeber nicht mitgeteilt werden. Der Arzt trifft lediglich eine Feststellung zur Tauglichkeit des Stellenbewerbers. Er darf auch nur solche Untersuchungen vornehmen, die für die Tauglichkeit des Arbeitnehmers von Bedeutung sind. Die Kosten für die Untersuchung hat der Arbeitgeber zu tragen.

Der Abschluß des Arbeitsvertrags

Form

1.

Grundsätzlich können Arbeitsverträge in jeder beliebigen Form geschlossen werden, insbesondere auch mündlich. Der Nachteil eines solchen durch „Handschlag“ geschlossenen Vertrags liegt aber auf der Hand: Die einzelnen Vereinbarungen werden sich in der Regel nicht nachweisen lassen. Dies geht oft zu Lasten des Arbeitnehmers, der, sofern er von seinem Arbeitgeber etwas verlangt, das günstiger ist als die gesetzliche Regelung, dieses im Streitfall beweisen muß.

So meint der Arbeitnehmer sich erinnern zu können, daß nicht nur über einen Dienstwagen gesprochen wurde, sondern daß dieser ihm fest zugesagt worden sei. Als er nach einigen Wochen darauf zurückkommt, ist der Arbeitgeber sich völlig sicher, daß das Thema zwar angesprochen wurde, aber von einer festen Zusage keine Rede sein könne. Welche Chance sollte nun der Arbeitnehmer haben, um sich durchzusetzen? Etwas Schriftliches hat er ja nicht und einen Zeugen schon gar nicht. Daß der Arbeitgeber auch oft keinen Zeugen hat, ist gleichgültig, denn er „will“ ja nichts. Zudem stellt sich im nachhinein erstaunlich oft heraus, daß – was der Stellenbewerber gar nicht gemerkt hat – die Tür zum Zimmer der Sekretärin offenstand und diese natürlich das gesamte Gespräch genau verfolgt hat. Der Arbeitnehmer wird bei einer solchen Beweislage kaum vor Gericht gehen. Auch hat sich der Personalchef während des Gesprächs Notizen gemacht, was der Stellenbewerber in der Regel nicht tut.

Der Arbeitgeber geht hier das Risiko ein, daß der Arbeitnehmer sich nicht wirklich gebunden fühlt und, wenn er vor Arbeitsbeginn etwas Besseres findet, an seinem ersten Arbeitstag nicht erscheint – womöglich ohne dieses Nichterscheinen vorher anzukündigen. In diesem Fall wird sich der Arbeitgeber schwertun, Schadenersatzansprüche durchzusetzen, da er die genaue Schadenshöhe beweisen muß.

Zum Schutz der Arbeitnehmer wurde inzwischen auf der Grundlage einer Richtlinie der europäischen Kommission[1] das sogenannte Nachweisgesetz[2] erlassen. Danach ist der Arbeitgeber verpflichtet, die wesentlichen Vertragsbedingungen innerhalb eines Monats nach dem vereinbarten Beginn des Arbeitsverhältnisses schriftlich zu fixieren und dem Arbeitnehmer auszuhändigen. Dies entspricht etwa dem, was im Geschäftsleben als kaufmännisches Bestätigungsschreiben bekannt ist. In den schriftlichen Nachweis sind mindestens aufzunehmen:

1. Name und Anschrift der Vertragsparteien
2. der Zeitpunkt des Beginns des Arbeitsverhältnisses
3. bei befristeten Arbeitsverhältnissen die vorhersehbare Dauer des Arbeitsverhältnisses
4. der Arbeitsort oder, falls der Arbeitnehmer nicht nur an einem bestimmten Arbeitsort tätig sein soll, ein Hinweis darauf, daß der Arbeitnehmer an verschiedenen Orten beschäftigt werden kann
5. die Bezeichnung oder allgemeine Beschreibung der vom Arbeitnehmer zu leistenden Tätigkeit
6. die Zusammensetzung und Höhe des Arbeitsentgelts einschließlich der Zuschläge, der Zulagen, Prämien und Son-

---

[1] Richtlinie 91/533/EWG

[2] Gesetz über den Nachweis der für ein Arbeitsverhältnis geltenden wesentlichen Bedingungen (Nachweisgesetz) v. 20. Juli 1995, BGBI. I S. 946. Text siehe Anhang.

derzahlungen sowie anderer Bestandteile des Arbeitsentgelts und deren Fälligkeit
7. die vereinbarte Arbeitszeit
8. die Dauer des jährlichen Erholungsurlaubs
9. die Fristen für die Kündigung des Arbeitsverhältnisses
10. ein in allgemeiner Form gehaltener Hinweis auf die Tarifverträge, Betriebs- und Dienstvereinbarungen, die auf das Arbeitsverhältnis anwendbar sind.

Wichtig ist hierbei, daß dieser Nachweis kein Arbeitsvertrag ist. Haben die Vertragsparteien etwas anderes vereinbart, so gilt diese Absprache. Der Betroffene muß eine solche abweichende Vereinbarung aber im einzelnen beweisen, was in der Regel nicht gelingen wird, wenn sie nicht schriftlich fixiert ist. Erhält der Arbeitnehmer eine solche schriftliche Bestätigung und ist er der Meinung, hier sei der Inhalt der Abmachung unrichtig wiedergegeben, so muß er sich wegen der Beweisfunktion, die auch dieses Papier hat, unverzüglich dagegen wenden. Auch wenn dies nicht als ein guter Beginn für ein neues Arbeitsverhältnis erscheint, sollte der Arbeitnehmer dennoch auf der Klarstellung der jeweiligen Punkte beharren, wenn er nicht seiner Rechte verlustig gehen will. Es ist schließlich auch kein guter Anfang, wenn man vom ersten Tage an in dem Ruf steht, sich ohne weiteres die Butter vom Brot nehmen zu lassen.

Alles in allem ist beiden Seiten daher zu raten, den Arbeitsvertrag von vornherein schriftlich niederzulegen. Dieser muß natürlich nunmehr auch den Anforderungen des Nachweisgesetzes entsprechen.

Zur Illustration dessen, wie man es (als Arbeitgeber) besser nicht machen sollte, sei noch folgender Fall erzählt, der vor Gericht seinerzeit mit einem für den betroffenen Arbeitnehmer durchaus günstigen Vergleich endete:

Beispiel

Eine Fakultät benötigt einen Schadstoffbeauftragten und will zu diesem Zweck einen Privatdozenten auf eine C1 – also eine Beamtenstelle – berufen. Das Ministerium lehnt diese Berufung – was an sich nicht verwunderlich ist – mit Hinweis auf das Alter des Privatdozenten und auf die Art der Tätigkeit ab.
Die Ministerin regt aber ausdrücklich an, den Bewerber als Angestellten zu beschäftigen. Die Personalverwaltung schickt dem Bewerber das Schreiben des Ministeriums zur Kenntnis und bietet mit Blick auf die Empfehlung der Ministerin eine Beschäftigung als Schadstoffbeauftragter in der Vergütungsgruppen BAT II a an. Hierauf antwortet unser Bewerber, er nehme dieses Angebot an, erlaube sich aber die Frage, ob die Eingruppierung eines Privatdozenten in die besagte Vergütungsgruppe an dieser Fakultät üblich sei. Tatsächlich ist diese Eingruppierung nicht korrekt, sie hätte eine Stufe höher, BAT I a erfolgen müssen.
Leider wußte in der Verwaltung die Rechte nicht, was die Linke tut: An höherer Stelle hatte man längst eine andere Person für den Job auserkoren und war froh, daß es mit der Berufung nicht geklappt hatte. Nun sah man anscheinend in der Antwort eine Chance, den Kandidaten elegant wieder loszuwerden. Man teilte ihm mündlich mit, daß er anscheindend kein Interesse an einer Beschäftigung zu den angebotenen Konditionen habe und man daher keinen Arbeitsvertrag schließen werde. Übersehen worden ist allerdings die nicht ganz unwesentliche Tatsache, daß mit der Antwort, er nehme die angebotene Stelle an, der Vertrag geschlossen worden ist. Die rein informatorische Frage zu den Eingruppierungsgepflogenheiten, die natürlich mit gewissem Hintergedanken erfolgte, ändert hieran nichts.
Pikanterweise war, noch bevor das Ministerium die Berufung abgelehnt hatte, bereits die formelle Ernennung zum Schadstoffbeauftragten erfolgt, woraus sich sicher auch ein gewisser Vetrauensschutz dahingehend ergibt, daß eine Anstellung ebenfalls – zu den üblichen Konditionen (also Eingruppierung nach BAT I a oder Verbeamtung) erfolgt.

Beispiel für einen Arbeitsvertrag 2.

Der nachfolgend dargestellte und erläuterte Arbeitsvertrag ist zugegebenermaßen ungewöhnlich ausführlich. Bei größeren Unternehmen mit einer entsprechenden Personalverwaltung wird jedoch nicht selten ein solcher Arbeitsvertrag als Formular entworfen, das alle Eventualitäten einschließt und noch erheblich umfangreicher sein kann. Die Verwendung solcher Formulare geht im allgemeinen zu Lasten des Arbeitnehmers, da das Wesentliche bereits feststeht und von seiten des Arbeitgebers in der Regel keine Bereitschaft bestehen wird, noch über Einzelheiten besonders zu verhandeln. Anders als zum Beispiel der Mieter bei Verwendung von Formularmietverträgen wird der Arbeitnehmer bei solchen Formulararbeitsverträgen nicht durch den Gesetzgeber besonders geschützt. Man sieht den Arbeitnehmer als bereits durch Tarifverträge und den Betriebsrat ausreichend geschützt an. Letzterer hat gemäß § 94 Abs. 2 Betriebsverfassungsgesetz (BetrVG) bei der Erstellung solcher Formulararbeitsverträge ein Mitbestimmungsrecht. Damit gilt für Angestellte, für die, warum auch immer, kein Tarifvertrag Anwendung findet, in besonderem Maße, was bei jeder Vertragsunterzeichnung gilt: Den Vertrag erst gründlich lesen und sich notfalls die einzelnen Punkte erläutern lassen!

Beispiel

Zwischen der Firma ... – nachfolgend Arbeitgeber genannt und Herrn/Frau ... – nachfolgend Arbeitnehmer genannt – wird nachfolgender Arbeitsvertrag geschlossen.

2.1 Bezeichnung des Arbeitgebers

Schon bei der Bezeichnung des Arbeitgebers können erste Probleme auftauchen: So mag die Person, mit welcher der Arbeitnehmer seine Absprachen getroffen hat, Geschäftsführer zweier Gesellschaften sein, und erst wenn eine der beiden Gesellschaften in Konkurs fällt, mag der Arbeitnehmer merken, daß er einen Vertrag mit eben diesem und nicht mit dem prosperierenden Schwesterunternehmen hat. Deshalb wurde durch das Nachweisgesetz festgelegt, daß in jedem Fall Name und Anschrift des Arbeitgebers niedergelegt werden müssen. Bei Konzernen kann es durchaus auch vorkommen, daß ein Arbeitnehmer zunächst für ein Konzernunternehmen eingestellt wurde, dann aber über Jahre hinweg für ein anderes Unternehmen tätig war, ohne daß je ein neuer Arbeitsvertrag geschlossen wurde. Hier kann es für die Beteiligten im Laufe der Zeit zweifelhaft werden, zwischen welchen Parteien der Arbeitsvertrag besteht. Wie dieses Problem zu lösen ist, hängt sehr vom Einzelfall ab.

2.2 Kündigung vor Dienstantritt

Beispiel

§ 1 (Arbeitsvertrag)
Beginn des Arbeitsverhältnisses.

I. Das Arbeitsverhältnis beginnt am ... Vor seinem Beginn ist die ordentliche Kündigung ausgeschlossen.

II. Dieser Vertrag wird auf die Dauer von sechs Monaten zur Probe abgeschlossen. Er endet mit Ablauf der Probezeit, sofern er nicht zuvor verlängert wird. Innerhalb der Probezeit kann das Arbeitsverhältnis jederzeit mit einer Frist von zwei Wochen gekündigt werden.

Zu I: Wurde nichts ausdrücklich vereinbart, ist sowohl eine ordentliche als auch eine außerordentliche Kündigung vor Dienstantritt grundsätzlich möglich (BAG, AP Nrn. 1, 2, 3 zu § 620 BGB). Durch eine entsprechende vertragliche Vereinbarung kann die ordentliche, nicht aber die außerordentliche Kündigung (Kündigung aus wichtigem Grund) ausgeschlossen werden. Ist die Kündigung vor Dienstantritt nicht ausdrücklich ausgeschlossen, so kann aber auch die Vereinbarung einer Vertragsstrafe für den Fall des Nichtantritts der Stelle als Ausschluß der ordentlichen Kündigung gewertet werden (vgl. hier § 10).

Ist die ordentliche Kündigung nicht ausgeschlossen, so stellt sich die Frage, wann jeweils die Kündigungsfrist zu laufen beginnt. Sie könnte entweder mit Zugang der Kündigung oder mit dem vorgesehenen Dienstantritt beginnen (BAG, AP Nrn. 2, 3 zu § 620 BGB). Diese Frage kann nicht allgemein, sondern nur im Einzelfall beantwortet werden. Es muß vielmehr der Arbeitsvertrag, der ja diese Frage meist nicht regelt, ausgelegt werden. Daher ist zu untersuchen, wie stark sich die Parteien binden wollen. Man kann davon ausgehen, daß die Kündigungsfrist mit Zugang der Kündigung in Gang gesetzt wird, wenn kurze Kündigungsfristen, ein befristetes Arbeitsverhältnis oder ein Probearbeitsverhältnis vereinbart wurden. Ist statt einem Probearbeitsverhältnis eine Probefrist vereinbart worden, so kann man umgekehrt davon ausgehen, daß die Kündigungsfrist erst mit Dienstbeginn wirksam werden soll.

Fehlt es an einem Ausschluß der ordentlichen Kündigung vor Vertragsbeginn, so macht sich der Arbeitnehmer nicht schadenersatzpflichtig, wenn er fristgerecht vor Beginn kündigt. Beim Arbeitgeber kann es darauf ankommen, ob er besondere Offenbarungspflichten hatte (BAG, AP Nr. 3 zu § 620 BGB).

Ist die Kündigung vor Dienstantritt ausgeschlossen, so begeht der Arbeitnehmer einen Vertragsbruch, wenn er dennoch nicht zum Dienst erscheint, und macht sich daher schadenersatzpflichtig. Der Arbeitgeber muß nun schnellstens für Ersatz sorgen. Die Kosten für eine neue Stellenausschreibung können hier eventuell liquidiert werden, möglicherweise auch die erneute

Beauftragung eines Personalberaters. Die Kosten für eine Stellenanzeige in einer überregionalen Tageszeitung sind bereits beträchtlich.

„Ich habe es mir anders überlegt." Diese Aussage klingt auf den ersten Blick menschlich verständlich. Es kann einfach passieren, daß man sich kurzfristig für etwas anderes entscheidet, sei es beim Kauf eines Autos oder bei der Buchung einer Ferienreise. Für die ganz Spontanen wurde hier die Idee der Last-Minute-Reisen entwickelt.

Bei der Entscheidung für oder gegen einen Arbeitgeber bzw. einen Arbeitsplatz liegen die Dinge nach einigen bestimmten Verhandlungsphasen etwas anders. Vom Vertrag zurückzutreten, wie nach dem Unterzeichnen eines Versicherungsvertrags möglich, das ist in der betrieblichen Praxis für die Unternehmen mit Kosten verbunden, die in den uns bekannten Fällen ohne Anerkennung einer Rechtspflicht dennoch vom Bewerber oder dem „neuen" Arbeitgeber übernommen werden.

Beispiel

Ein bedeutendes internationales Verlagshaus hat über eine Personalberatungsgesellschaft die Position des Personalleiters ausgeschrieben. Aus den zu bearbeitenden 95 Zuschriften wurden zehn Kandidaten für ein jeweils zweistündiges Interview eingeladen. An dieser Runde nahmen der Verlagsgeschäftsführer, der Finanz- und Verwaltungsleiter sowie die Diplompsychologin des Beraters teil. Für die Endrunde wurden drei Bewerber selektiert, die in der nächsten Gesprächsrunde – diesmal ohne die Assistenz der Personalberatung – nochmals zwei Stunden auf Herz und Nieren geprüft und mit der Unternehmenskultur, den Zielen und den Aufgabenschwerpunkten vertraut gemacht wurden. In der Endrunde hat dann – nach erfolgreicher Vertragsverhandlung – ein Kandidat mündlich zugesagt, anschließend den Vertrag unterschrieben. Überraschenderweise hat dieser Bewerber vier Wochen vor Dienstantritt aus persönlichen Gründen abgesagt, obwohl eine Kündigung vor Dienstantritt ausgeschlossen war.

Es ist zu vermuten, daß er zwischenzeitlich eine Aufgabe finden konnte, die keinen Umzug erforderlich machte.
Das Unternehmen war natürlich sehr enttäuscht und forderte als Mindestentschädigung die Kosten für die Anzeige in einer überregionalen Tageszeitung, die jetzt zum Preis von ca. DM 12.500,- wiederholt werden mußte. Dieser Betrag wurde im konkreten Fall vom „neuen" Arbeitgeber angewiesen.

Wurde dem zukünftigen Mitarbeiter ein Arbeitsplatz individuell eingerichtet, ein Dienstwagen nach seinem Geschmack angeschafft, so sind diese Aufwendungen vom vertragsbrüchigen Arbeitnehmer zu tragen, wenn sie nunmehr nutzlos geworden sind, weil vielleicht der neue Mitarbeiter gar keinen Dienstwagen möchte und er auch eine andere Vorstellung von der Einrichtung seines Arbeitsplatzes hat.

2.3 Probezeit

Sowohl für Arbeitnehmer als auch für Arbeitgeber besteht ein erhebliches Interesse, eine Erprobungsphase an den Beginn des Arbeitsverhältnisses zu stellen. Dies kann auf verschiedene Arten erreicht werden.

Bereits die gesetzliche Regelung führt gewissermaßen zu einer Probezeit.

Denn innerhalb der ersten sechs Monate besteht kein besonderer Kündigungsschutz nach dem Kündigungsschutzgesetz. Das Arbeitsverhältnis kann jederzeit innerhalb einer Frist von vier Wochen zum 15. oder zum Ende eines Kalendermonats ohne Angabe von Gründen gekündigt werden (§ 622 Abs 2 BGB). Ferner kann innerhalb dieser Zeit, die sechs Monate nicht überschreiten darf, die Kündigungsfrist für beide Seiten gleichermaßen auf zwei Wochen verkürzt werden.

Es gibt jedoch auch hier gewisse Grenzen. Zwar kann der Arbeitgeber, sofern das Kündigungsschutzgesetz nicht anwendbar ist, jederzeit ohne Angabe eines Grundes kündigen. Tritt aber ein Motiv klar zutage, so darf dieses – so das Bundesarbeitsgericht – nicht die Rechte seines Arbeitnehmers verletzten. Der der Entscheidung (BAG v. 23.6.1994 - 2 AZR 617/93) zugrundeliegende Sachverhalt sei kurz geschildert:

Beispiel

Die Beklagte stellt einen Außendienstmitarbeiter ein, wobei eine Probezeit von sechs Monaten mit beidseitiger Kündigungsfrist von einem Monat vereinbart wird. Nach acht Wochen erhält der Arbeitnehmer die Kündigung und wird sofort vom Dienst freigestellt. Der Kläger macht nun geltend, die Kündigung sei deshalb ausgesprochen worden, weil er homosexuell sei, und dies verstoße gegen die guten Sitten (§ 138 BGB) und gegen Treu und Glauben (§ 242 BGB). Im Gegensatz zum LAG München (v. 16.6.1993 - 2 Sa 75/92), das noch von einer „abartigen Anlage des Geschlechtstriebes" sprach und demzufolge keine Sittenwidrigkeit darin erblicken konnte, „den Umgang mit solchen Personen zu meiden und bestehende Kontakte zu ihnen abzubrechen", sah das BAG eine Disziplinierung des Geschlechtsverhaltens des Arbeitnehmers durch die Beklagte und damit die Kündigung als treu- und sittenwidrig an und stellte fest, daß diese unwirksam sei.

2.4 Probearbeitsverhältnis

Statt eine solche Probezeit zu vereinbaren, kann auch wie im obigen Beispiel ein Probearbeitverhältnis geschlossen werden. Das heißt, es wird von vornherein ein Arbeitsverhältnis nur zum Zweck der Erprobung geschlossen. Hier bedarf es allerdings einer eindeutigen Erklärung über die Befristung. Die Formulierung „gilt die ersten sechs Monate zur Probe geschlossen" reicht insoweit nicht. Nach Ablauf der Zeit kann dann ein neuer, diesmal unbefristeter Vertrag geschlossen werden, oder aber man läßt dies schlicht bleiben. Grundsätzlich können befristete Arbeitsverhältnisse nicht ordentlich, sondern nur aus wichtigem Grund außerordentlich gekündigt werden. Eine Kündigungsmöglichkeit des Probearbeitsverhältnisses muß also ausdrücklich vereinbart werden.

Da die Befristung von Arbeitsverhältnissen eines besonderen Grundes bedarf – um die Umgehung des gesetzlichen Kündigungsschutzes durch sogenannte Kettenarbeitsverträge zu verhindern –, darf ein Probearbeitsverhältnis in der Regel nur einmalig geschlossen werden. Ausnahmen bestätigen zwar wie immer die Regel, aber es bedarf schon einer besonderen Begründung. Der Abschluß eines erneuten Probearbeitsverhältnisses ist beispielsweise dann zulässig, wenn der Arbeitnehmer infolge längerer Krankheit nicht erprobt werden konnte. Eine längere Probezeit kann gerechtfertigt sein, wenn die Beurteilung des Arbeitnehmers innerhalb einer Frist von sechs Monaten nicht möglich ist, was natürlich um so eher der Fall ist, je komplexer die Tätigkeit des Arbeitnehmers ist. Bei künstlerischen und wissenschaftlichen Berufen kann im Einzelfall eine Probezeit von bis zu einem Jahr gerechtfertigt sein.

Für den Arbeitgeber ist die Vereinbarung eines Probearbeitsverhältnisses ausgesprochen vorteilhaft: Ist er mit dem Arbeitnehmer nicht zufrieden, so kann er das Arbeitsverhältnis schlicht auslaufen lassen, ohne eine Kündigung aussprechen zu müssen. Auf diese Weise kann er sich auch von einer Arbeitnehmerin trennen, die aufgrund der Bestimmungen des Mutterschutzgesetzes oder der des Schwerbehindertengesetzes zur Zeit oder dauerhaft unkündbar ist. Allerdings kann es rechtsmißbräuchlich erscheinen, wenn sich aus den Umständen ergibt, daß der Arbeitgeber sich nur auf die Probezeit beruft, weil die Arbeitnehmerin inzwischen schwanger geworden ist (BAG, AP Nr. 26 zu § 620 BGB - Befristeter Arbeitsvertrag). Für den Arbeitnehmer ist damit regelmäßig die Vereinbarung einer Probezeit im Rahmen eines unbefristeten Arbeitsverhältnisses von Vorteil.

2.5 Inhalt der Arbeitspflicht

Beispiel

§ 2 (Arbeitsvertrag)
Tätigkeit

I. Der Arbeitnehmer wird eingestellt als ... Das Arbeitsgebiet umfaßt auch nachfolgende Tätigkeiten: ...

II. Der Arbeitgeber behält sich vor, dem Arbeitnehmer eine andere zumutbare Tätigkeit im Betrieb zuzuweisen, die seinen Vorkenntnissen entspricht.

III. Der Arbeitsvertrag bezieht sich auf eine Tätigkeit in ... Der Arbeitgeber behält sich vor, dem Arbeitnehmer im Rahmen des Unternehmens auch an einem anderen Ort eine der Vorbildung und den Fähigkeiten entsprechende Tätigkeit zu übertragen.

Zu I: Der Arbeitsvertrag regelt die Rechte und Pflichten beider Vertragsparteien. Also auch den Inhalt der Arbeitspflicht des Arbeitnehmers. Natürlich kann nicht jede Einzelheit festgelegt werden. Daher hat der Arbeitgeber ein Weisungsrecht, durch das er die Arbeitspflicht des Arbeitnehmers im Einzelfall konkretisieren kann. Dieses Weisungs- oder Direktionsrecht ist aber durch den Arbeitsvertrag beschränkt. Der Buchhalter kann nicht wirksam angewiesen werden, die Blumen zu versorgen. Die Chefsekretärin muß nicht hinnehmen, daß sie dauerhaft zur Schreibkraft „degradiert“ wird.

Eine Weigerung, solche Tätigkeiten zu übernehmen, ist mithin keine Arbeitsverweigerung und bleibt für den Arbeitnehmer – zumindest rechtlich – ohne Folgen. In Ausnahmefällen kann die Treuepflicht jedoch auch gebieten, daß der Arbeitnehmer andere Tätigkeiten wahrnimmt. Der Arbeitnehmer muß insoweit aber nicht die unzureichende Personalplanung seines Arbeitgebers „ausbaden“. Der Arbeitgeber kann nicht – im Vertrauen darauf, daß andere schon einspringen werden – die Personaldecke dünn halten.

Im Einzelfall kann sich der Inhalt der Arbeitspflicht auch im Laufe der Zeit ändern, insbesondere nach einer Beförderung oder Versetzung, ohne daß hier etwas schriftlich fixiert wird.

Zu II: Durch diese Klausel soll dem Arbeitgeber die Möglichkeit gegeben werden, den Arbeitnehmer innerhalb des Betriebs auf einen anderen Arbeitsplatz zu versetzen. Soweit sie wie hier auf eine zumutbare, den Vorkenntnissen entsprechende Tätigkeit beschränkt bleibt, ist eine solche Klausel zulässig. Grundsätzlich hat der Arbeitnehmer aber nicht nur die Pflicht zu arbeiten, sondern auch das Recht. Er hat einen Beschäftigungsanspruch, dessen genauer Inhalt sich eben auch aus dem Arbeitsvertrag ergibt. Somit kann der Arbeitgeber den Arbeitnehmer auch nicht ohne weiteres gegen Fortzahlung seiner Bezüge von der Arbeitspflicht freistellen oder auf einem geringerwertigen Arbeitsplatz einsetzen.

Auch ein teilweiser Entzug von Arbeitsaufgaben ist eine Versetzung, die den vertraglichen Beschäftigungsanspruch berührt. Wenn der Arbeitgeber einem Autoverkäufer, der mit dreiviertel seiner Arbeitskraft als Gebietsverkäufer („Klinkenputzer") im übrigen aber als Ladenverkäufer tätig ist, diesen zukünftig nicht mehr im Ladendienst einsetzen wird, so sieht das Bundesarbeitsgericht hierin eine Versetzung, da die beiden Tätigkeiten sich qualitativ unterscheiden (BAG v. 2.4.1996 - 1 AZR 743/95, NZA 1997, 112). Kann der Arbeitgeber den Arbeitnehmer nicht mehr in der gewohnten Weise beschäftigen, muß er ihm kündigen und einen neuen Arbeitsplatz anbieten (Änderungskündigung).

Zum Teil finden sich in Arbeitsverträgen derartige Klauseln mit dem Zusatz: „Macht der Arbeitgeber hiervon Gebrauch, so richtet sich nach Ablauf eines Monats die Vergütung nach der zugewiesenen Tätigkeit." Hier geht es dem Arbeitgeber natürlich darum, dem Arbeitnehmer seine Vergütung herabsetzen zu können, wenn er ihn in einer geringerwertigen Tätigkeit einsetzt. Eine solche Klausel ist unzulässig, da sie den Kündigungsschutz umgeht. Will der Arbeitgeber den Arbeitnehmer fortan auf einem geringerwertigen Arbeitsplatz beschäftigen und auch nur eine entsprechende Vergütung zahlen, so muß er eine Änderungskündigung, d.h. eine Kündigung unter dem Angebot eines neuen Arbeitsplatzes, aussprechen.

Zu III: Der Arbeitsvertrag begrenzt die Arbeitspflicht und das Direktionsrecht auch bezüglich des Ortes, an dem die Arbeit zu leisten ist. Der Arbeitgeber kann sich jedoch vorbehalten, den Arbeitnehmer auch in örtlicher Hinsicht zu versetzen. Soweit dem Arbeitnehmer infolge der Zuweisung an einen neuen Arbeitsplatz Kosten entstehen (z.B. Umzugskosten, erhöhte Fahrtkosten), ist der Arbeitgeber zu deren Ersatz verpflichtet.

2.6 Arbeitszeit

Beispiel

§ 3 (Arbeitsvertrag)
Arbeitszeit

I. Die regelmäßige Arbeitszeit beträgt … Stunden.

II. Beginn und Ende der täglichen Arbeitszeit und der Pausen richten sich nach den mit dem Betriebsrat abgeschlossenen Vereinbarungen oder der Übung des Betriebs.

III. Der Arbeitnehmer ist verpflichtet, im Rahmen des gesetzlich Zulässigen, Überstunden zu leisten.

Treffen die Parteien keine ausdrückliche Vereinbarung über Dauer und Länge der betrieblichen Arbeitszeit, so richtet sich diese nach der betriebsüblichen Arbeitszeit.

Sofern kein Tarifvertrag Anwendung findet und es sich nicht um einen leitenden Angestellten handelt, für den das Arbeitszeitgesetz[1] nicht gilt, ist es möglich, eine durchschnittliche Arbeitszeit von bis zu acht Stunden werktäglich zu vereinbaren. Dies bedeutet, daß die durchschnittliche Wochenarbeitszeit bis zu 48 Stunden betragen kann, da der Samstag als normaler Werktag gilt. Die absolute Grenze für die tägliche Arbeitszeit ist im Einzelfall zehn Stunden, für die wöchentliche Arbeitszeit also sechzig. Hierfür hat jedoch ein Ausgleich innerhalb von 24 Wochen bzw. sechs Kalendermonaten zu erfolgen. Damit gibt es nach dem neuen Arbeitszeitgesetz begrifflich auch keine Überstunden mehr. Eine Klausel wie diejenige in Absatz III ist daher so zu lesen, daß eine Überschreitung der individuell vertraglich vereinbarten Arbeitszeit nach Absatz I als Überstunden gelten soll.

2.7 Vergütung

Beispiel

§ 4 (Arbeitsvertrag)
Vergütung

I. Der Arbeitnehmer erhält ein monatliches Bruttogehalt von DM ...,-. Die Vergütung ist jeweils am letzten eines Monats fällig.

II. Eventuell geleistete Mehrarbeit gilt hiermit als abgegolten.

III. Mit der Novembervergütung erhält der Arbeitnehmer eine Weihnachtsgratifikation in Höhe von 95 Prozent seines Bruttogehalts.

[1] V. 6. Juni 1994, BGBI. I 1170. Text siehe Anhang.

IV. Die Zahlung der Vergütung erfolgt bargeldlos. Der Arbeitnehmer wird innerhalb von zehn Tagen nach Beginn des Arbeitsverhältnisses ein Konto errichten und die Kontonummer mitteilen.

V. Der Arbeitnehmer verpflichtet sich, bezüglich der Höhe der Vergütung Stillschweigen zu bewahren.

VI. Reisekosten nach der Reisekostenordnung (siehe Anhang).

Zu I: Im Arbeitsvertrag muß weiterhin die Höhe der Vergütung geregelt werden. Hinzu kommen in der Regel noch Weihnachts- und Urlaubsgeld. Diese sind oft nicht in dem Arbeitsvertrag geregelt, sondern werden infolge betrieblicher Übung gewährt. Wurden solche zusätzlichen Vergütungen (Gratifikationen) dreimal ohne Vorbehalt gewährt, so hat der Arbeitnehmer hierauf dauerhaft einen Anspruch erworben. Sollte der Arbeitgeber zur Weiterzahlung nicht in der Lage sein, so muß er eine Änderungskündigung aussprechen.

2.8 Überstunden

§ 4, zu II: Fehlt ein Zusatz dergestalt, daß Überstunden mit der Vergütung – oder gegen eine besonders ausgewiesene Pauschale – als abgegolten gelten, so sind diese prinzipiell zu bezahlen.

Hierbei ist jedoch zu beachten: Überstunden sind nur von dem Arbeitgeber zu bezahlen, wenn er sie angeordnet hat oder wenn sie zweckdienlich sind und vom Arbeitgeber geduldet wurden. Die Anordnung von Mehrarbeit kann auch mittelbar erfolgen, indem der Arbeitgeber dem Arbeitnehmer eine Arbeit zuweist, die nur unter Überschreitung der regelmäßigen Arbeitszeit geleistet werden kann und die Erwartung ihrer baldigen Erledigung zum Ausdruck bringt (LAG Baden-Württemberg v. 20.1.1996 - IV Sa 103/59, BB 1960, 364).

Hat nach einer tarifvertraglichen Vorschrift die Anordnung von Überstunden schriftlich zu erfolgen, so besteht auch dann eine Vergütungspflicht, wenn die schriftliche Anordnung unterblieben ist.

Will man später – meist nach einer Kündigung – die Mehrarbeitsvergütung geltend machen, so bedarf es hierzu der Darlegung der genauen Zeiten und des Grundes für die geleistete Mehrarbeit. Dies muß der Arbeitnehmer im Einzelfall auch beweisen.

Besonders für Arbeitnehmer in Leitungspositionen, mit denen oft keine festen Arbeitszeiten vereinbart werden, wird es in der Regel unmöglich sein, den Nachweis zu erbringen, daß die Überstunden erforderlich waren: Ein solcher Arbeitnehmer – hier ein Heimleiter – hat nach dem Bundesarbeitsgericht seine Arbeitszeit so einzurichten, daß er etwaige Überstunden durch Freizeit ausgleicht (BAG v. 4.5.1994 - 4 AZR 445/93, AP Nr. 1 zu § 1 TVG - Tarifverträge: Arbeiterwohlfahrt).

Einen Anspruch auf einen Überstundenzuschlag gibt es nach dem Gesetz nicht mehr. Er besteht nur, wenn dies tariflich oder individualvertraglich vereinbart ist. Aufgrund der heute häufig angestrebten Flexibilisierung wird dies jedoch immer weniger der Fall sein, da geleistete Überstunden zumeist mit vorherigen oder späteren „Bummelschichten“ verrechnet werden sollen.

2.9 Entgeltfortzahlung im Krankheitsfall

Beispiel

> § 5 (Arbeitsvertrag)
> Entgeltfortzahlung im Krankheitsfall
>
> Ist der Arbeitnehmer infolge auf Krankheit beruhender Arbeitsunfähigkeit an der Arbeitsleistung verhindert, ohne daß ihn ein Verschulden trifft, so erhält er für die Dauer von ... sein Entgelt in Höhe von ... Prozent fortgezahlt.

Bei der Frage der Entgeltfortzahlung im Krankheitsfalle kann der Arbeitgeber selbstverständlich nicht hinter den gesetzlichen Standard zurückgehen. Dieser sieht zur Zeit wie folgt aus:

Eine Lohnfortzahlung erfolgt für einen Zeitraum von sechs Wochen, jedoch nur in Höhe von 80 Prozent (§ 4 Entgeltfortzahlungsgesetz, EntgeltFZG). Der Arbeitnehmer hat aber die Möglichkeit, sich für fünf Krankheitstage einen Urlaubstag anrechnen zu lassen und sich so den vollen Anspruch auf Entgeltfortzahlung zu sichern. Dies hat der Arbeitnehmer dem Arbeitgeber spätestens am dritten Tag seiner Krankheit mitzuteilen. Die Anrechnung darf aber nicht dazu führen, daß der gesetzliche Mindesturlaub unterschritten wird (§ 4a EntgeltFZG).

Gilt für den Arbeitnehmer ein Tarifvertrag, so wird dieser zuweilen noch die volle Entgeltfortzahlung im Krankheitsfall vorsehen. Derzeit findet aber keine Tarifrunde statt, ohne daß über das Thema Entgeltfortzahlung diskutiert würde. Oft bleibt es hier im Ergebnis bei der vollen Entgeltfortzahlung, um bei den Arbeitnehmervertretern anderweitige Zustimmung – etwa eine Kürzung des Weihnachtsgelds – zu erreichen.

2.10 Erholungsurlaub

Beispiel

§ 6 (Arbeitsvertrag)
Urlaub

Der Arbeitnehmer erhält kalenderjährlich einen Erholungsurlaub von ... Arbeitstagen. Der Urlaub wird in Abstimmung mit der Firmenleitung festgelegt.

Auch hier kann der gesetzliche Anspruch auf jährlichen Erholungsurlaub nicht unterschritten werden. Dieser beträgt zur Zeit 24 Werktage (§ 3 Bundesurlaubsgesetz – BUrlG), mithin vier Wochen. In dieser Zeit hat der Arbeitnehmer einen Anspruch auf Fortzahlung seines Entgelts. An sich sollte dieser gesetzliche Urlaub zusammenhängend gewährt werden. Es muß dem Arbeitnehmer aber mindestens einmalig ein Urlaub von wenigstens zwei Wochen gewährt werden. Der Rest darf „gestückelt" werden (§ 7 Abs. 2 BUrlG). Diese Vorschriften gelten auch dann, wenn der Arbeitnehmer eine Gewährung seines Urlaubs in möglichst kleinen „Häppchen" verlangt. Dies kann der Arbeitgeber verweigern. Der Urlaub dient dazu, daß der Arbeitnehmer sich erholt und seine Arbeitskraft regeneriert. Hieran hat auch der Arbeitgeber ein Interesse. Eine zu starke Stückelung des Urlaubs würde diesem Interesse zuwiderlaufen.

Der genaue Zeitpunkt des Urlaubs wird vom Arbeitgeber festgelegt. Er hat hierbei neben den betrieblichen Interessen natürlich auch Wünsche seiner Arbeitnehmer zu berücksichtigen. Die oftmals widerstreitenden Interessen seiner Arbeitnehmer muß er dabei in Einklang bringen. Wird dem Arbeitnehmer sein Urlaub nicht wunschgemäß gewährt, darf dieser – und mag er sich noch so sehr im Recht fühlen – nicht einfach wegbleiben und seinen Urlaub antreten. Dann fehlt er unentschuldigt und setzt damit einen außerordentlichen Kündigungsgrund. Er muß seinen Urlaubsanspruch folglich gerichtlich durchsetzen, indem er beim Arbeitsgericht eine einstweilige Anordnung auf Gewährung des geplanten Urlaubs beantragt.

Vertraglich vereinbarter Urlaub wird meist in Arbeitstagen festgelegt. Über den Teil, der über den gesetzlichen Urlaub hinausgeht, kann frei disponiert werden. Hier sind die Parteien frei zu vereinbaren, wie sie die Übertragbarkeit, die Abgeltung etc. regeln wollen.

Beim Arbeitsplatzwechsel ist natürlich interessant zu wissen, was mit Urlaubsansprüchen passiert, wenn das Arbeitsverhältnis kurzfristig gelöst wird, und wann der Arbeitnehmer gegen seinen neuen Arbeitgeber einen Urlaubsanspruch erwirbt.

Bei Begründung eines neuen Arbeitsplatzes muß der Arbeitnehmer sechs Monate warten, bevor der Urlaubsanspruch entsteht. Sofern das Arbeitsverhältnis nicht gerade im Januar begonnen hat, hat der Arbeitnehmer zunächst nur Anspruch auf Teilurlaub, also ein Zwölftel pro vollen Monat. Beginnt das Arbeitsverhältnis beispielsweise am 15. März, so kann der Arbeitnehmer frühestens am 16. September Urlaub in Anspruch nehmen. Dann hat er aber Anspruch auf seinen vollständigen Urlaub für dieses Jahr. Dieser beträgt hier neun Zwölftel des Jahresurlaubs. Hat er beispielsweise einen vertraglichen Anspruch auf sechsundzwanzig Urlaubstage im Jahr, so ergibt dies 19,5 Tage, die auf 20 aufgerundet werden.

Hat der Arbeitnehmer erst am 1. Oktober seinen Dienst angetreten, so stehen ihm wegen der Besonderheiten der Fristberechnung nach dem Bürgerlichen Gesetzbuch nur zwei Zwölftel des Jahresurlaubs zu: Der 1. Oktober wird hier nicht mitgerechnet (§ 187 Abs. 1 BGB), so daß der Oktober nicht „voll" wird. Seinen Urlaub darf er nun erst am 2. April antreten. In diesem Fall kann sein alter Urlaub in das folgende Jahr übertragen werden.

Im anderen Fall muß der Arbeitnehmer aber seinen Urlaub in dem jeweiligen Jahr nehmen.

Übertragung von Urlaubsansprüchen

Die Übertragung von Urlaubsansprüchen ist – soweit es den gesetzlichen Urlaub betrifft – nur möglich, wenn der Urlaub in dem jeweiligen Jahr aus dringenden betrieblichen oder persönlichen Gründen nicht genommen werden konnte, etwa wenn der Arbeitnehmer wegen einer länger andauernden Krankheit seinen Urlaub nicht antreten konnte. In der Regel ist eine solche Übertragung aber nur bis einschließlich März möglich.

Bei rein vertraglichen Urlaubsansprüchen richtet sich die Übertragbarkeit nach den vertraglichen Vereinbarungen, eventuell auch danach, wie die Handhabung im Betrieb ist. War allen Arbeitnehmern bislang die Übertragung gestattet, kann nicht einem die Übertragung versagt werden. Tarifverträge sehen ebenfalls meist eine Übertragbarkeit bis März oder April vor.

Abgeltung von Urlaubsansprüchen

Eine Abgeltung der Ansprüche ist nur zulässig, wenn der Arbeitnehmer wegen der Beendigung des Arbeitsverhältnisses seinen Urlaub nicht mehr nehmen kann. In der Praxis wird natürlich auch sonst vielfach der nicht genommene Urlaub einvernehmlich abgegolten. Die Abgeltung des Urlaubs, der über den gesetzlichen Urlaub hinausgeht, ist natürlich jederzeit möglich.

Der Arbeitnehmer, dessen Arbeitsverhältnis endet, kann aber nicht verlangen, daß ihm sein Urlaub ausbezahlt wird. Zieht der Arbeitgeber es vor, seinem Arbeitnehmer den Urlaub zur gewähren, so muß er dies hinnehmen.

Beendigung des Arbeitsverhältnisses

Bei der Beendigung des Arbeitsverhältnisses stellt sich die Frage, wieviel Urlaub dem Arbeitnehmer noch zusteht und was insbesondere passiert, wenn der Arbeitnehmer „zuviel" Urlaub hatte:

Hat der Arbeitnehmer noch keinen Urlaub genommen, so steht ihm – scheidet er in der ersten Jahreshälfte aus – nur ein Teilurlaub zu. Scheidet er hingegen in der zweiten Jahreshälfte aus, so steht ihm der volle (!) Jahresurlaub zu, sofern er die sechsmonatige Wartezeit hinter sich hat.

Der Urlaubsanspruch entsteht aber grundsätzlich schon zu Beginn des Jahres in voller Höhe. Scheidet der Arbeitnehmer in der ersten Jahreshälfte aus, hat er nach dem gerade Gesagten dennoch nur einen Anspruch auf Teilurlaub. Nimmt nun der Arbeitnehmer gleich zu Beginn des Jahres seinen gesamten Urlaub und erhält er dann die Kündigung von seinem Arbeitgeber bzw. kündigt selbst, so muß er die hierfür erhaltene Vergütung nicht zurückzahlen.

Hatte der Arbeitnehmer aber aus diesem Grund einen Urlaub in einer ihm nicht zustehenden Höhe, so profitiert hiervon sein neuer Arbeitgeber: Den Urlaub, den der frühere Arbeitgeber bereits gewährt hat, muß ihm der neue Arbeitgeber nicht noch einmal gewähren (§ 6 BUrlG). Der alte Arbeitgeber ist verpflichtet, seinem ausscheidenden Arbeitnehmer bei Beendigung des Arbeitsverhältnisses eine Bescheinigung über den im laufenden Kalenderjahr gewährten oder abgegoltenen Urlaub auszuhändigen, damit er seine Urlaubsansprüche gegenüber seinem neuen Arbeitgeber geltend machen kann.

2.11 Die Verschwiegenheitspflicht

Beispiel

§ 7 (Arbeitsvertrag)
Verschwiegenheitspflicht

Der Arbeitnehmer ist verpflichtet, über alle vertraulichen Angelegenheiten und Vorgänge, die ihm im Rahmen der Tätigkeit zur Kenntnis gelangen, auch nach dem Ausscheiden aus dem Arbeitsverhältnis Stillschweigen zu bewahren.

Die Verschwiegenheitspflicht ist eine vertragliche Nebenpflicht, die den Arbeitnehmer prinzipiell trifft, unabhängig davon, ob dies nun speziell vereinbart wurde oder nicht. Sie erstreckt sich auf alle Geschäfts- und Betriebsgeheimnisse. Hierzu zählen alle „Tatsachen, die in einem Zusammenhang mit einem Geschäftsbetrieb stehen, nur einem eng begrenzten Personenkreis bekannt sind und nicht offenkundig sind und nach dem Willen des Arbeitgebers auf Grund im Rahmen eines berechtigten wirtschaftlichen Interesses geheimgehalten werden sollen" (BAG v. 16.3.1982 - 3 AZR 83/79, AP Nr. 1 zu § 611 BGB - Betriebsgeheimnis). Hierzu gehören beispielsweise technisches Know-how, Warenquellen, Kundenlisten, Absatzgebiete, Bilanzen etc. Keine Geschäfts- und Betriebsgeheimnisse sind allgemein bekannte und übliche Verfahren (BAG, AP Nrn. 1, 5 zu § 611 BGB - Betriebsgeheimnis).

Wie man anhand der Lopez-Affäre nachvollziehen kann, steht eine Führungskraft, die zu einem Wettbewerber wechselt, fast automatisch im Verdacht, sie könnte als Mitbringsel Unterlagen des alten Unternehmens im Gepäck haben. Um so wichtiger ist es, sich in dieser Hinsicht in allem korrekt zu verhalten. Es ist völlig indiskutabel, bei einem Vorstellungsgespräch Organigramme – gar mit Namen der jeweiligen Abteilungsleiter – vorzulegen, um die eigene Position im alten Unternehmen zu verdeutlichen. Auch haben Bilanzen des alten Arbeitgebers nichts in der Bewerbungsmappe verloren.

Schwieriger wird es, wenn es um die Frage geht, ob der Arbeitnehmer auch verpflichtet ist, über Rechtsverstöße seines Arbeitgebers Stillschweigen zu bewahren. Dies wird von der Rechtsprechung durchaus uneinheitlich beantwortet. Während das LAG Frankfurt in einer Entscheidung aus dem Jahre 1967 (v. 1.6.1967 - 5 Sa 211/67, DB 1967, 2121) feststellt, daß zu den geheimzuhaltenden Gegenständen auch gesetz- und sittenwidrige Gegenstände gehörten, auf die sich selbst die über die Beendigung des Arbeitsverhältnisses hinaus wirkende Schweigepflicht erstrecke, hat das LAG Berlin in einer späteren Entscheidung (v. 12.12.1970 - 5 Sa 52/68, BB 1970, 710) festgestellt, daß der Unternehmer kein schutzwürdiges Interesse an der Geheimhaltung eines wettbewerbswidrigen Vertrags habe. Seither haben sich Gerichte mit dieser Frage nicht mehr beschäftigen müssen. Es ist aber anzunehmen, daß es bei strafbaren Handlungen des Arbeitgebers an dem berechtigten Interesse an der Geheimhaltung fehlen dürfte. Der Arbeitnehmer wird auf der anderen Seite ein unerlaubtes Einleiten von Abwässern, wenn es ihm nicht gelingt, dies intern abzustellen, nicht gerade möglichst medienwirksam an die Öffentlichkeit bringen dürfen, da er hier den Arbeitgeber mehr schädigt, als dies nötig ist, um den Rechtsverstoß des Arbeitgebers zu verhindern. Er sollte sich zunächst an die zuständigen Behörden (z.B. Gewerbeaufsichtsamt) wenden.

Die Verschwiegenheitspflicht beginnt mit Aufnahme des Arbeitsverhältnisses, und sie besteht mindestens bis zur rechtlichen Beendigung desselben fort (BAG, AP Nr. 1 zu § 60 HGB). Nach der Rechtsprechung besteht die Verschwiegenheitspflicht unter Umständen aber auch darüber hinaus fort (BAG v. 15.12.1987 - 3 AZR 474/86, AP Nr. 5 zu § 611 BGB - Betriebsgeheimnis).

Verletzt der Arbeitnehmer seine Verschwiegenheitspflicht, so kann dies, abhängig von der Schwere des Falls, einen Kündigungsgrund darstellen. Ferner kann die Einhaltung durch eine Unterlassungsklage durchgesetzt werden (BAG, AP Nr. 7 zu § 611 BGB - Betriebsgeheimnis), und der Arbeitnehmer macht sich schadenersatzpflichtig – wobei im Einzelfall fraglich ist, ob sich der Schaden beziffern läßt. Hat der Arbeitnehmer die Absicht, seinen ehemaligen Arbeitgeber durch die Weitergabe von Betriebsgeheimnissen zu schädigen, kommt es im übrigen nicht darauf an, ob es eine vertragliche Vereinbarung gibt, welche die Verschwiegenheitspflicht auf die Zeit nach Beendigung des Arbeitsverhältnisses ausdehnt: Ein solches Verhalten ist eine sittenwidrige Schädigung und verpflichtet in jedem Fall zum Schadenersatz (§ 826 BGB).

2.12 Wettbewerbsverbot

Beispiel

§ 8 (Arbeitsvertrag)
Wettbewerbsverbot

I. Der Arbeitnehmer verpflichtet sich, für die Dauer von zwei Jahren nach Beendigung des Arbeitsverhältnisses in der Bundesrepublik Deutschland weder für ein Konkurrenzunternehmen tätig zu werden, noch unmittelbar oder mittelbar an der Gründung eines solchen Unternehmens mitzuwirken.

II. Für die Dauer des Wettbewerbsverbots zahlt die Firma dem Arbeitnehmer 50 Prozent der zuletzt bezogenen vertragsmäßigen Leistungen.

III. Im übrigen gelten die Vorschriften der §§ 74 ff. HGB.

Solange das Arbeitsverhältnis besteht, unterliegt der Arbeitnehmer einem Wettbewerbsverbot.

Für Handlungsgehilfen eines Kaufmanns ergibt sich dies unmittelbar aus dem Gesetz (§ 60 HGB); für andere Arbeitnehmer werden diese Vorschriften entsprechend herangezogen. Er darf seinem Arbeitgeber in seinem Gewerbe keine Konkurrenz machen. Konkurrenz machen kann er seinem Arbeitgeber natürlich nur, wenn er fachlich und räumlich im gleichen Gebiet tätig wird. Konkurrenz macht er ihm beispielsweise nicht, wenn er zwar in der gleichen Branche, aber in einem anderen räumlichen Gebiet tätig wird (BAG, AP Nr. 7 zu § 611 BGB) oder beispielsweise eine andere Käuferschicht anspricht. Der Arbeitgeber kann von seinem Arbeitnehmer Schadenersatz fordern, wenn er einen Schaden nachweisen kann. Bezüglich der Geschäfte, die ein Handlungsgehilfe unter Verstoß gegen das Wettbewerbsverbot geschlossen hat, verfügt der Arbeitgeber über ein Eintrittsrecht. Dieses wird oft für ihn interessanter sein als die Möglichkeit, Schadenersatz zu verlangen. Für andere Arbeitnehmer ist ein solches Eintrittsrecht durch die Rechtsprechung bislang nicht anerkannt.

Nach Beendigung des Arbeitsverhältnisses unterliegt der Arbeitnehmer grundsätzlich keinen Wettbewerbsbeschränkungen, es sei denn, es ist – wie im obigen Beispiel – besonders vereinbart. Aus dem Grundsatz der Treuepflicht folgt lediglich, daß der Arbeitnehmer nicht einen Kunden ausstechen darf, bei dem nur noch formal der Abschluß des Vertrags aussteht (BAG, AP Nr. 4 zu § 611 BGB - Nachvertragliche Treuepflicht).

Die Möglichkeit der Vereinbarung eines Wettbewerbsverbots ist nur für Handlungsgehilfen gesetzlich geregelt. Hier wird man ebenfalls vieles entsprechend auf die übrigen Arbeitnehmer anwenden können.

Die wirksame Vereinbarung eines Wettbewerbsverbots bedarf der Schriftform.

Das gilt für sämtliche Abreden im Zusammenhang mit dem Wettbewerbsverbot. Hierbei muß eine von beiden Parteien unterschriebene Urkunde aufgesetzt werden. Die Übersendung eines „Bestätigungsschreibens" reicht nicht aus.

Der Umfang des Wettbewerbsverbots

Der Umfang des Wettbewerbverbots ergibt sich aus der jeweils getroffenen Vereinbarung. Es kann jedoch nicht in jedem Umfang vereinbart werden. Es darf nur soweit gehen, als es dem Schutz der berechtigten Interessen des Arbeitgebers dienlich ist (§ 74a Abs. 1, Satz 1 HGB). Ein solches berechtigtes Interesse liegt vor, wenn der Arbeitgeber wegen der Tätigkeit des Arbeitnehmers Anlaß hat, dessen Konkurrenz zu fürchten; wenn das Verbot die Weitergabe geschäftlicher Geheimnisse und den Einbruch in den bestehenden Kunden- und Lieferantenstamm verhindern soll, nicht aber, wenn der Arbeitnehmer von künftigen Kunden ferngehalten oder ihm schlicht der Arbeitsplatzwechsel erschwert werden soll. Das Wettbewerbsverbot darf zudem nicht einen Bereich erfassen, in dem der Arbeitnehmer zuvor gar nicht gearbeitet hat.

Das Wettbewerbsverbot darf keine nach Ort, Zeit oder Gegenstand unbillige Erschwerung des Fortkommens für den Arbeitnehmer bedeuten (§ 74a Abs. 1, Satz 2 HGB). Was unbillig ist, hängt auch von der Höhe der gewährten Entschädigung ab, auf die unten noch einzugehen sein wird.

Eine solche unbillige Erschwerung liegt beispielsweise vor, wenn dem Arbeitnehmer in ganz Deutschland eine Berufsausübung unmöglich gemacht wird oder Spitzenkräfte zur Auswanderung in den nichtdeutschen Sprachraum gezwungen werden. Unzulässig ist auch das generelle Verbot jeder Beschäftigung in einem Konkurrenzunternehmen, wenn es möglich ist, den Interessen des Arbeitgebers dadurch Rechnung zu tragen, daß der Arbeitnehmer in seinem neuen Unternehmen eine andere Tätigkeit wahrnimmt.

In zeitlicher Hinsicht darf das Wettbewerbsverbot zwei Jahre ab Beendigung nicht überschreiten. Vielfach wird auch ein kürzerer Zeitraum ausreichend sein, bedenkt man die zeitliche Abfolge, in der technische Neuerungen inzwischen stattfinden: Ist das Know-how des Arbeitnehmers aufgrund solcher technischer Neuerungen wertlos geworden, gibt es keinen Grund, weiter am Wettbewerbsverbot festzuhalten.

Der Arbeitnehmer ist nicht an eine Wettbewerbsabrede gebunden, die die Grenze der Billigkeit überschreitet. Unter Umständen kann er auch auf Feststellung zur Berechtigung der Aufnahme einer bestimmten Tätigkeit klagen.

Karenzentschädigung

Der Arbeitnehmer hat für die Zeit, in der er dem Wettbewerbsverbot unterliegt, Anspruch auf eine Karenzentschädigung.

Ein ohne eine solche Karenzentschädigung vereinbartes Wettbewerbsverbot ist nichtig (BAG v. 3.5.1994 - 9 AZR 606/92, NZA 1995, 151). Diese muß mindestens 50 Prozent der zuletzt bezogenen, vertragsmäßigen Leistungen betragen und ist monatlich auszuzahlen (§ 74 HGB). Berechnet wird diese Mindestentschädigung aus sämtlichen im letzten Jahr erhaltenen

Leistungen inklusive Gratifikationen. Provisionen und andere unregelmäßige Bezüge sind nach dem Durchschnitt der letzten drei Jahre zu berechnen, sofern das Arbeitsverhältnis so lange bestanden hat (§ 74b HGB).

Hat der Arbeitnehmer bei seinem Ausscheiden eine Ausgleichsquittung (siehe S. 176) unterschrieben, in der festgestellt ist, daß der Arbeitnehmer keine weiteren Ansprüche aus dem Arbeitsverhältnis und nach der Beendigung mehr habe, so liegt hierin in der Regel kein Verzicht auf die Ansprüche aus dem Wettbewerbsverbot.

Auf die Karenzentschädigung ist aber dasjenige Entgelt anzurechnen, das der Arbeitnehmer durch anderweitigen Einsatz seiner Arbeitskraft erwirbt oder böswillig zu erwerben unterläßt (§ 74c Abs. 1, HGB), wenn er vorsätzlich untätig ist. Unbenommen ist es ihm aber, statt einer Erwerbstätigkeit eine Ausbildung aufzunehmen, sofern dies eine nachvollziehbare Entscheidung ist (BAG v. 13.2.1996 - 9 AZR 931/94, AP Nr. 18 zu § 74c HGB). Anzurechnen ist auch das Arbeitslosengeld, das der Arbeitnehmer beanspruchen kann. Nimmt der Arbeitnehmer, jedoch während der Karenzzeit eine selbständige Tätigkeit auf und sind seine Geschäftsergebnisse geringer als das Arbeitslosengeld, das er anderenfalls beanspruchen könnte, liegt darin keine Böswilligkeit. Der Arbeitgeber kann das entgangene Arbeitslosengeld nicht auf die Karenzentschädigung anrechnen (BAG v. 2.6.1987 - 3 AZR 626/85, NZA 1988, 128). Der Anspruch auf die Karenzentschädigung besteht auch, wenn der Arbeitnehmer sich nach Beendigung des Arbeitsverhältnisses aus Altersgründen aus dem Arbeitsleben zurückzieht (BAG v. 3.7.1990 - 3 AZR 96/89, NZA 1991, 308).

Karenzentschädigungen sind Dienstbezüge im Sinne des § 196 Abs. 1 Nr. 8 BGB und verjähren daher innerhalb von zwei Jahren (BAG v. 3.4.1984 - 3 AZR 56/82, NZA 1984, 354).

2.13 Nebentätigkeiten

Beispiel

§ 9 (Arbeitsvertrag)
Nebentätigkeiten

Der Arbeitnehmer darf eine Nebenbeschäftigung während des Bestands des Arbeitsverhältnisses nur mit vorheriger schriftlicher Zustimmung des Arbeitgebers übernehmen.

Grundsätzlich muß der Arbeitnehmer seine Arbeitskraft nur einen bestimmten vertraglich vereinbarten Zeitraum zur Verfügung stellen. Was er anschließend macht, ist prinzipiell seine Sache. Dies bedeutet, daß er auch anderweitige Tätigkeiten aufnehmen darf, solange sich das zeitlich vereinbaren läßt. Er ist auch nicht verpflichtet, seinem Arbeitgeber Auskünfte über seine Nebentätigkeiten zu erteilen, es sei denn, dies ist – wie hier – vertraglich vereinbart, oder die Interessen des Arbeitgebers sind durch die Nebentätigkeit des Arbeitnehmers bedroht (BAG v. 18.1.1996 - 6 AZR 314/95, AP Nr. 3 zu § 611 BGB - Nebentätigkeit). Eine solche Gefährdung der Interessen ist nicht schon deshalb gegeben, weil „eine gewerbliche Tätigkeit durch Mitarbeiter des öffentlichen Dienstes unter Berücksichtigung des sicheren Arbeitsplatzes und des geregelten Einkommens auf Unverständnis stößt" (LAG Düsseldorf v. 14.2.1995 - 8 Sa 1894/94, AP Nr. 1 zu § 611 BGB - Nebentätigkeit).

Macht der Arbeitgeber die Aufnahme der Nebentätigkeit von seiner schriftlichen Zustimmung abhängig, so darf der Arbeitgeber diese Zustimmung nur verweigern, wenn der Arbeitnehmer seine Pflichten aus dem Arbeitsverhältnis nicht mehr erfüllen kann, die zulässigen Arbeitszeitgrenzen überschritten werden (siehe oben zu § 3), eine Konkurrenztätigkeit aufgenommen werden soll oder die Nebentätigkeit während des Erholungsurlaubs ausgeübt wird.

Letzteres muß man jedoch differenziert betrachten: Bei vielen vergüteten Tätigkeiten, die im Urlaub ausgeübt werden, steht nicht die Vergütung im Vordergrund. Für manchen „Schreibtischtäter“ mag es eine Erholung sein, sich als Skilehrer zu betätigen oder in Burgund bei der Weinlese zu helfen. Schließlich würde man das unentgeltliche Engagement bei einem Entwicklungshilfeprojekt oder im Kibbuz wohl gar nicht erst als Nebentätigkeit einstufen.

Nimmt der Arbeitnehmer eine Nebentätigkeit auf, ohne zuvor die erforderliche Genehmigung des Arbeitgebers einzuholen, handelt es sich in den Fällen um eine Verletzung des Arbeitsvertrags, wenn der Arbeitgeber die Genehmigung auf jeden Fall hätte erteilen müssen. Der Arbeitnehmer kann in einem solchen Fall abgemahnt werden (BAG v. 30.5.1996 - 6 AZR 537/95, AP Nr. 2 zu § 611 BGB - Abmahnung).

2.14 Beendigung des Arbeitsverhältnisses

Beispiel

§ 10 (Arbeitsvertrag)
Beendigung des Arbeitsverhältnisses

I. Das Arbeitsverhältnis endet mit Ablauf des Monats, in dem der Arbeitgeber das 65. Lebensjahr vollendet.

II. Eine Kündigung bedarf der Schriftform. Die Kündigungsfrist beträgt vier Wochen zum Fünfzehnten oder zum Ende eines Kalendermonats. Für eine Kündigung durch den Arbeitgeber beträgt die Kündigungsfrist, wenn das Arbeitsverhältnis in dem Betrieb oder Unternehmen zwei Jahre bestanden hat, einen Monat zum Ende eines Kalendermonats.

- Nach fünf Jahren beträgt die Kündigungsfrist zwei Monate,

- nach acht Jahren drei Monate zum Ende eines Kalendermonats,
- nach zehn Jahren vier Monate zum Ende eines Kalendermonats,
- nach zwölf Jahren fünf Monate zum Ende eines Kalendermonats,
- nach fünfzehn Jahren sechs Monate zum Ende eines Kalendermonats und
- nach zwanzig Jahren sieben Monate zum Ende eines Kalendermonats.

Bei der Berechnung der Beschäftigungsdauer werden Zeiten, die vor der Vollendung des fünfundzwanzigsten Lebensjahres des Arbeitnehmers liegen, nicht berücksichtigt.

III. Ein Anspruch auf die Gratifikation nach § 4 III besteht nicht, wenn das Arbeitsverhältnis aus einem vom Arbeitnehmer zu vertretenden Grund bis zum 31.3. des Folgejahres aufgelöst wird.

Zu I: Rechtlich und auch politisch umstritten war in der vergangen Zeit die Frage der

Beendigung des Arbeitsverhältnisses durch Erreichen einer Altersgrenze

In Tarifverträgen, Betriebsvereinbarungen und Arbeitsverträgen sind meist Altersgrenzen enthalten, nach deren Erreichen das Arbeitsverhältnis enden soll. Diese entsprechen meist der Altersgrenze der gesetzlichen Rentenversicherung. Unterschiedliche Altersgrenzen für Männer und Frauen sind im übrigen unwirksam. Eine solche Unterscheidung rechtfertigt sich auch nicht durch das unterschiedliche Renteneintrittsalter.

Zwischenzeitlich[1] galten durch § 41 Abs. 4 Satz 3 des vierten Buchs des Sozialgesetzbuchs (SGB IV) solche Vereinbarungen als unwirksam, sofern sie nicht innerhalb von drei Jahren vor Erreichen der Altersgrenze geschlossen oder vom Arbeitnehmer bestätigt worden waren. Da das Erreichen einer Altersgrenze für sich genommen keinen Kündigungsgrund darstellt, führte diese Regelung dazu, daß sich viele Arbeitnehmer den Ruhestand erheblich „vergolden" ließen.

Heute sind Altersgrenzenregelungen wieder zulässig, wobei § 41 Abs. 4 Satz 3 SGB IV in der Fassung von 1997[2] vorsieht, daß nunmehr Vereinbarungen, welche die Beendigung des Arbeitsverhältnisses zu einem Zeitpunkt vorsehen, in dem der Arbeitnehmer vor Vollendung des 65. Lebensjahrs einen Anspruch auf Altersrente hat, als auf Beendigung bei Vollendung des 65. Lebensjahrs geschlossen gelten.

Zu II: Das bereits angesprochene Nachweisgesetz verlangt inzwischen einen

Hinweis auf die für das Arbeitsverhältnis geltenden Kündigungsfristen

Diese Kündigungsfristen wurden 1993 in § 622 BGB neu geregelt[3], da die bisherige Unterscheidung von Arbeitern und Angestellten bezüglich der Kündigungsfristen vom Bundesverfassungsgericht aufgrund der Unvereinbarkeit mit dem Gleichheitsgrundsatz für verfassungswidrig erklärt wurde (BVerfG v. 30.5.1990 - 1 BvL 2/83 u.a., AP Nr. 28 zu § 622 BGB).

Es können natürlich ohne weiteres längere Kündigungsfristen vereinbart werden. Dabei darf aber niemals die Kündigungsfrist des Arbeitnehmers länger sein als die des Arbeitgebers (§ 622 Abs. 4 BGB).

---

[1] In der Fassung v. 1.1.1992 bis 31.7.1994.
[2] Gesetz v. 29.4.1997, BGBI. I 968. Text siehe Anhang.
[3] Gesetz zur Vereinheitlichung der Kündigungsfristen von Arbeitern und Angestellten v. 7.10.1993, BGBI. I 1668. Text siehe Anhang.

Unter bestimmten Voraussetzungen können die Kündigungsfristen auch verkürzt werden. Dies ist beispielsweise der Fall, wenn ein Arbeitnehmer vorübergehend zur Aushilfe eingestellt worden ist oder wenn der Arbeitgeber in der Regel nicht mehr als zwanzig Arbeitnehmer beschäftigt (zu den Einzelheiten vgl. § 622 Abs. 5 BGB).

Zu III: Nicht selten werden in Arbeitsverträgen

2.15 Rückzahlungsvereinbarungen

für den Fall getroffen, daß der Arbeitnehmer kündigt oder eine außerordentliche Kündigung veranlaßt. Diese Rückzahlungsvereinbarungen betreffen in der Regel die Weihnachtsgratifikation, seltener das Urlaubsgeld. Ausgeschlossen sind derartige Rückzahlungsvorbehalte bei Jahresleistungen, für die der Arbeitnehmer eine bestimmte zusätzliche Leistung erbracht hat, und bei laufenden Entgelten.

Jahresgratifikationen

Rückzahlungsklauseln bei Jahresgratifikationen unterliegen der richterlichen Billigkeitskontrolle. Sie sind zu messen an dem Grundsatz von Treu und Glauben (§ 242 BGB). Bei der Auslegung dieses Grundsatzes spielt es eine Rolle, inwieweit durch eine bestimmte vertragliche Regelung die Grundrechtsausübung des Betroffenen beschränkt wird. Eine Rückzahlungsklausel greift in die Freiheit der Berufswahl ein (Art. 12 GG). Insoweit darf die Rückzahlungsklausel nicht dazu führen, daß der freie Wechsel des Arbeitsplatzes ernsthaft behindert wird.

Für die Zulässigkeit solcher Rückzahlungsklauseln hat das Bundesarbeitsgericht eine umfangreiche Kasuistik entwickelt, die im folgenden für am Jahresende ausgezahlte Gratifikationen kurz dargestellt werden soll:

1. Bei Gratifikationen unter DM 200,- sind Rückzahlungsklauseln gänzlich unzulässig.
2. Bei Gratifikationen von DM 200,- bis unter einem Bruttomonatsgehalt kann der Arbeitnehmer nur bis zum 31.3. des Folgejahres gebunden werden. Scheidet er zu diesem Zeitpunkt aus, besteht keine Rückzahlungspflicht.
3. Bei einer Gratifikation von einem Bruttomonatsgehalt kann der Arbeitnehmer dahingehend gebunden werden, daß er den nächsten Kündigungstermin nach dem 31.3. nutzen darf. Ähnlich ist übrigens auch die entsprechende Regelung im Bundesangestelltentarifvertrag zu verstehen. Wer zum Ende des ersten Quartals kündigt, was ja kein ungewöhnlicher Kündigungstermin ist, verliert seine Gratifikation. Oft eine böse Überraschung!
4. Bei Gratifikationen, die zwischen einem und zwei Bruttomonatsgehältern betragen, kann der Arbeitnehmer nicht über den 30.6. des Folgejahres hinaus gebunden werden. Eine Kündigung zum 30.6. ist mithin unschädlich.
5. Bei einer Gratifikation von einem zweifachen Monatsgehalt ist eine Bindung bis zum 30.9. prinzipiell möglich, allerdings ist hier die Rückzahlungspflicht zu staffeln: Bei einer Kündigung:

zum 31.3.:	Rückzahlung von eineinhalb Gehältern,
zum 30.6.:	Rückzahlung von einem Gehalt,
zum 30.9:	Rückzahlung von einem halben Gehalt.

Rückzahlungsklauseln, die eine weitergehende Bindung vorsehen, sind nicht unwirksam, sondern sie werden so ausgelegt, daß das gerade noch Zulässige gewollt ist.

Die Klausel im obigen Beispiel ist ihrem Wortlaut nach nicht ganz eindeutig. Da die Gratifikation knapp ein Monatsbruttogehalt beträgt, liegt hier der unter 2. geschilderte Fall vor. Hier ist eine Kündigung zum 31.3. unschädlich.

Wichtig ist im übrigen noch, daß diese Grundsätze nicht für tarifliche Rückzahlungsklauseln gelten, bei denen weitergehende Rückzahlungsklauseln ausdrücklich für zulässig erklärt sind. Wer also tarifgebunden ist, sollte sich vor Einreichen einer Kündigung unbedingt informieren!

Ausbildungskosten

Hat der Arbeitgeber dem Arbeitnehmer eine Aus- oder Weiterbildung finanziert, so kann auch hier eine Rückzahlung der Ausbildungskosten durch den Arbeitnehmer im Fall seines Ausscheidens vereinbart werden. Diese können teilweise ausgesprochen hoch sein – man denke beispielsweise an die Pilotenausbildung oder den Führerschein Klasse 2. Auch durch diese Ausbildungskosten darf der Arbeitnehmer nicht an den Arbeitgeber „geknebelt" werden.

Hier sind Bindungsfristen von bis zu drei Jahren zulässig, wenn die Chancen des Arbeitnehmers auf dem Arbeitsmarkt durch die Weiterbildung effektiv erhöht werden. Daß dies so ist, hat der Arbeitgeber gegebenenfalls zu beweisen. Der Rückzahlungsbetrag muß sich zeitanteilig verringern. Des weiteren muß auch ein angemessenes Verhältnis zwischen Dauer der Ausbildung und der Bindungsfrist bestehen.

In vielen Fällen wird der neue Arbeitgeber den Arbeitnehmer „auslösen". Dieser wird dann aber seinerseits vom Arbeitnehmer verlangen, daß er diesen Betrag im Falle eines baldigen Ausscheidens zurückzahlt. Hierdurch kann die Möglichkeit des Arbeitnehmers, während der Probezeit zu kündigen, im Einzelfall völlig hypothetisch werden.

Im Fall der Tarifgebundenheit ist es auch hier ratsam, sich rechtzeitig zu informieren, welche Regelungen im Tarifvertrag getroffen wurden, um sich vor bösen Überraschungen zu schützen (BAG v. 23.4.1997 - 5 AZR 19/96, NZA 1997, 1002 und v. 6.11.1996 - 5 AZR 498/95, NZA 1997, 663).

2.16 Anwendbare Tarifverträge

Beispiel

§ 12 (Arbeitsvertrag)
Anwendbare Tarifverträge

Auf das Arbeitsverhältnis finden der Manteltarifvertrag der … Industrie sowie der Lohn- und Gehaltstarifvertrag der … Industrie in ihrer jeweils geltenden Fassung Anwendung.

Weiterhin verlangt das Nachweisgesetz einen in allgemeiner Form gehaltenen Hinweis auf die für das Arbeitsverhältnis geltenden Tarifverträge und Betriebsvereinbarungen.

Einen Text der Tarifverträge muß der Arbeitgeber dem Arbeitnehmer nicht aushändigen. Fragt der Arbeitgeber danach, wird er ihm diese aber zugänglich machen müssen. Um einen Text der einschlägigen Vereinbarungen zu erhalten, kann sich der Arbeitnehmer auch an die Geschäftsstelle der zuständigen Gewerkschaft oder – sofern vorhanden – an den Betriebsrat oder den gewerkschaftlichen Vertrauensmann wenden.

Arbeitsvertrag unter Verweis auf einen Tarifvertrag

3.

Beispiel

Zwischen der Firma ... – nachfolgend Arbeitgeber genannt – und Herrn/Frau ... – nachfolgend Arbeitnehmer genannt – wird nachfolgender Arbeitsvertrag geschlossen:

§ 1 Beginn des Arbeitsverhältnisses und der Tätigkeit

I. Das Arbeitsverhältnis als ... beginnt am ... und wird auf unbestimmte Zeit geschlossen.
II. Auf das Arbeitsverhältnis sind die für den Arbeitgeber geltenden Tarifverträge in der jeweils geltenden Fassung anwendbar.
III. Die ersten sechs Monate gelten als Probezeit. Während dieser Zeit können die Vertragsparteien das Arbeitsverhältnis jederzeit mit einer Frist von zwei Wochen kündigen.

§ 2. Arbeitszeit

I. Die Arbeitszeit richtet sich nach den für den Betrieb geltenden tariflichen und betrieblichen Bestimmungen.
II. Der Arbeitnehmer ist verpflichtet, im Rahmen des gesetzlich Zulässigen Überstunden zu leisten.

§ 3. Vergütung

I. Die Vergütung des Arbeitnehmers erfolgt nach Vergütungsgruppe ... Er erhält ferner eine Zulage in Höhe von ...
II. Die Vergütung ist jeweils am Letzten eines Monats fällig.

Durch den Verweis auf einen Tarifvertrag ist dieser auch auf Arbeitnehmer anwendbar, die nicht der tarifschließenden Gewerkschaft angehören. Diese Anwendung des Tarifvertrags erfolgt aber nur, wenn es sich – wie hier – um eine sogenannte dynamische Verweisung handelt, bei der auf den Tarifvertrag in der jeweils geltenden Fassung verwiesen wird. Es kann natürlich auch auf einen ganz bestimmten Tarifvertrag verwiesen werden. „Die Vergütung richtet sich nach dem Tarifvertrag der X-Gewerkschaft mit dem Y-Verband vom 15.3.1997." Dann müßte bei jeder Tarifänderung neu darüber verhandelt werden, ob der Vertrag dahingehend angepaßt werden soll, daß nun auf den neuen Tarifvertrag verwiesen wird. Derartige Vereinbarungen findet man in der Regel nur bei Verweisen auf die Manteltarifverträge, in denen Kündigung, Urlaub, Gratifikationen und ähnliches geregelt werden. Bei Vergütungstarifverträgen ist dergleichen schwer zu handhaben. Der Sinn der Verweisung besteht ja in der Regel gerade darin, daß die jährlichen Diskussionen über die Lohnhöhe mit jedem einzelnen Arbeitnehmer entfallen.

Die Verweisung auf den Tarifvertrag entbindet im übrigen nicht von der Pflicht, die im Nachweisgesetz angegebenen Punkte aufzuführen. Hier hätten also nochmals die derzeitigen Bestimmungen des Tarifvertrags bezüglich des Urlaubs Erwähnung finden und die Kündigungsfristen aufgeführt werden müssen.

Nebenbei sei bemerkt, daß ein Tarifvertrag teilweise eine für den Arbeitnehmer ungünstigere Regelung enthalten kann. Bezüglich der Arbeitszeit können Tarifverträge weitere Regelungen zur Frage der Flexibilisierung treffen, als dies durch einfache vertragliche Regelung geschehen kann. Ähnliches gilt für die Kündigungsfristen.

Bestätigungsschreiben

4.

Beispiel

Frau ...

Einstellung als ...

Frankfurt am Main,
den 5.1.1999

Sehr geehrte Frau ...,

wie besprochen möchte ich Ihnen unsere mündliche Absprache bestätigen, nach der wir Sie ab 1. Januar 1999 in ein Arbeitsverhältnis als ... in unserem Hause übernehmen. Wie vereinbart beträgt Ihre Arbeitszeit vierzig Stunden wöchentlich. Sie erhalten dafür ein monatliches Gehalt von zunächst DM ...,-.
Für die ersten drei Monate gilt das Anstellungsverhältnis auf Probe. Während dieser Probezeit kann es beiderseitig mit einer Frist von einem Monat gekündigt werden. Nach Ablauf der Probezeit beträgt die Kündigungsfrist sechs Wochen zum Ende eines Vierteljahres.
Bitte geben Sie uns das Duplikat dieses Schreibens – zum Zeichen Ihres Einverständnisses mit Ihrer Unterschrift versehen – zurück. Ihre Lohnsteuerkarte liegt uns bereits vor, bitte teilen Sie uns noch Ihre Krankenversicherung und Ihre Rentenversicherungsnummer mit.

Mit freundlichen Grüßen
ppa

Nicht selten kommen Arbeitsverträge dadurch zustande, daß im Anschluß an die mündliche Einigung das Ergebnis der Absprache noch einmal in der Form eines Briefs schriftlich zusammengefaßt wird. Ein solches Schreiben erhält der Arbeitnehmer oft erst, nachdem er seinen Dienst angetreten hat. Hier hat der Arbeitgeber darum gebeten, daß ihm der Arbeitnehmer durch seine Unterschrift bestätigt, daß auch er dies als zutreffende Wiedergabe der Vereinbarung ansieht.

Auch diese Vereinbarung muß dem Nachweisgesetz entsprechen. Auf jeden Fall fehlt hier der Hinweis auf die Dauer des gesetzlichen Erholungsurlaubs. Falls der Arbeitnehmer tarifgebunden ist, wäre noch der Hinweis auf die einschlägigen Tarifverträge zu ergänzen sowie gegebenenfalls ein Hinweis auf bestehende Betriebsvereinbarungen.

Weiterhin fällt auf, daß hier noch die alten Kündigungsbestimmungen angewendet werden sollen. Dies ist aber nur insoweit möglich als das neue Recht nicht für den Arbeitnehmer günstigere Bestimmungen vorsieht. In diesem Falle wäre zur Klarstellung für den Arbeitnehmer ein Verweis auf die gesetzlichen Kündigungsfristen erforderlich gewesen.

Beendigung des Arbeitsverhältnisses

Arbeitsverträge können auf verschiedene Weise enden. Sie können nichtig sei, sie können einseitig durch Kündigung beendet werden oder einvernehmlich durch einen Aufhebungsvertrag.

Nichtige Arbeitsverträge 1.

1.1 Wucher – Sittenwidrigkeit – Verstoß gegen gesetzliche Verbote

Arbeitsverträge können genauso wie andere Verträge auch von vornherein nichtig sein, weil bei ihrem Zustandekommen etwas „schiefgelaufen" ist.

So kann ein Arbeitsverhältnis etwa wucherisch sein (§ 138 Abs. 2 BGB), wenn der Wert der Arbeitsleistung und das Entgelt in einem auffälligen Mißverhältnis stehen. Einen solchen strafbaren Lohnwucher sah der Bundesgerichtshof in einem Fall gegeben, in dem ein tschechischer Maurer einen Stundenlohn von DM 12,70 erhielt, obwohl der Tariflohn bei DM 19,05 lag und der Arbeitgeber seine übrigen Arbeitnehmer mit DM 21,00 entlohnte (BGH v. 22.4.1997 - 1 StR 701/96, AuR 1997, 453). In einem solchen Fall ist aber nicht der gesamte Arbeitsvertrag nichtig, sondern nur die Vergütungsvereinbarung. Diese wird entweder durch den Tariflohn oder den üblichen Lohn ersetzt.

Auch sittenwidrige Arbeitsverträge sind als nichtig anzusehen (§ 138 I BGB). Diese Nichtigkeit kann sich auch auf Nebenbestimmungen beziehen, etwa eine Zölibatsklausel für Arbeitnehmerinnen, weil in das grundgesetzlich geschützte Recht auf Ehe und Familie eingegriffen wird. Auch die Festsetzung von Transferentschädigungen bei Fußballspielern ist in den Fällen sittenwidrig, in denen der Spieler übermäßig an den Arbeitsvertrag gebunden wird. Solche Regelungen, die oft auch über die Vertragsdauer hinaus, den Abschluß eines neuen Arbeitsvertrags verhindern, verstoßen sowohl gegen die Berufsfreiheit nach Art. 12 GG, als auch gegen europäisches Recht (EuGH v. 15.12.1995 - Rs. C-415/93 - „Bosman", NJW 1996, 505).

Schließlich sind auch Arbeitsverträge nichtig, die gegen gesetzliche Verbote verstoßen (§ 134 BGB). Der Arbeitnehmer kann also nicht – im Einvernehmen mit dem Arbeitgeber – auf Regelungen des Arbeitsschutzes verzichten. Ein solcher Vertrag wäre unwirksam.

Schließt der Arbeitnehmer mehrere Arbeitsverträge ab, durch welche die gesetzliche Höchstarbeitszeit (siehe S. 130) überschritten wird, so kann unter Umständen das zweite Arbeitsverhältnis nichtig sein (BAG, AP Nr. 1 zu § 611 BGB - Doppelarbeitsverhältnis).

1.2 Anfechtbarkeit von Arbeitsverträgen

Ein Arbeitsvertrag gilt auch als von Anfang an nichtig, wenn er wirksam angefochten wurde. Zur Illustration sei zunächst folgender, etwas ungewöhnlicher, vom Bundesarbeitsgericht am 21.2.1991 (2 AZR 449/90, NZA 719) entschiedener Fall geschildert:

Beispiel

Ein Chirurg beschäftigt eine transsexuelle Arzthelferin. Aufgrund eines rechtskräftigen Beschlusses des Amtsgerichts nach dem Transsexuellengesetz hatte sich diese ihren Vornamen von Michael in Michaela umändern lassen. Die gerichtliche Feststellung der Zugehörigkeit der Klägerin zum weiblichen Geschlecht war aber noch nicht erfolgt, da der erforderliche medizinische Eingriff noch nicht stattgefunden hatte. Bei der Einstellung der Arbeitnehmerin ist über deren Geschlechtszugehörigkeit nicht gesprochen worden. Nachdem die Arzthelferin ihrem Arbeitgeber ihre Transsexualität offenbart hat, kündigte dieser das Arbeitsverhältnis und erklärte gleichzeitig die Anfechtung des Arbeitsverhältnisses. Er sah sich arglistig getäuscht.

Läßt man mal die vom Arbeitgeber ausgesprochene Kündigung beiseite, so stellt sich die Frage, ob das Arbeitsverhältnis wirksam durch die Anfechtung aufgelöst wurde.

Gemäß § 123 BGB ist derjenige zur Anfechtung berechtigt, dessen Willenserklärung auf einer arglistigen Täuschung oder rechtswidrigen Drohung beruht. Der Arbeitgeber sagt nun, er sei über das Geschlecht der Arbeitnehmerin arglistig (= vorsätzlich) getäuscht worden. Wäre ihm bekannt gewesen, daß die Arbeitnehmerin (noch) dem männlichen Geschlecht angehörte, hätte er das Arbeitsverhältnis nicht abgeschlossen. Beim Einstellungsgespräch ist jedoch nicht über die Geschlechtszugehörigkeit der Arbeitnehmerin gesprochen worden. Immerhin ist sie aber ihrem äußeren Erscheinungsbild nach als Frau aufgetreten und hat durch Angabe des Vornamens Michaela den Eindruck erweckt, sie sei eine Frau. Das Transsexuellengesetz erlaubt es jedoch transsexuell veranlagten Personen, zunächst nur nach außen in der Rolle des anderen Geschlechts aufzutreten, ohne bereits den operativen Eingriff vornehmen zu lassen. Damit hat die Arbeitnehmerin in objektiver Hinsicht über ihr Geschlecht getäuscht, denn sie war damals noch ein Mann; hierzu war sie aber aufgrund des Transsexuellengesetzes berechtigt. Außerdem ist überhaupt fraglich, ob ihr klar war, daß sie, obwohl sie nunmehr einen weiblichen Namen trägt, in rechtlicher Hinsicht noch ein Mann ist. Der Arzt konnte das Arbeitsverhältnis somit nicht wegen arglistiger Täuschung anfechten.

Eine Anfechtung eines Arbeitsvertrags ist nach § 119 Abs. 2 BGB jedoch auch möglich, wenn sich der Arbeitgeber über eine sogenannte „verkehrswesentliche" Eigenschaft geirrt hat. Was „verkehrswesentlich" ist, hängt von dem konkreten Rechtsgeschäft ab. So ist die Ehrlichkeit eines Kassierers eine verkehrswesentliche Eigenschaft. Auf eine Unzuverlässigkeit kann aus einschlägigen Vorstrafen geschlossen werden. Eine Erkrankung kann zu den verkehrswesentlichen Eigenschaften zählen, wenn der Arbeitnehmer infolgedessen die vertragliche Tätigkeit gar nicht ausüben kann. Etwas anderes ist es jedoch, wenn er hierdurch in seiner Leistungsfähigkeit nicht gemindert ist. Änliches gilt für eine Schwerbehinderung. Keine verkehrswesentliche Eigenschaft ist eine bestehende Schwangerschaft selbst bei einer Arbeitnehmerin, die sich ausschließlich zur Nachtarbeit verpflichtet (BAG v. 8.9.1988 - 2 AZR 102/88, NZA 1989, 178).

Hier wäre wohl zu erwarten gewesen, daß die großenteils türkischen Patienten die Praxis zukünftig nicht aufgesucht hätten, wenn sie gewußt hätten, daß die Arzthelferin in Wahrheit ein Mann ist. Mit Blick auf diese Klientel hatte ihr Arbeitgeber auch sonst nur Frauen beschäftigt. Deshalb meint das Bundesarbeitsgericht, die Geschlechtszugehörigkeit sei in diesem Fall eine „verkehrswesentliche Eigenschaft".

Eine Anfechtung kann somit auf einem Irrtum über eine bestimmte „verkehrswesentliche Eigenschaft" des Arbeitnehmers beruhen und auf einer arglistigen Täuschung oder Drohung. Lügen auf Fragen, die nicht zulässig sind (siehe S. 111), berechtigen nicht zur Anfechtung sonst wäre das Recht, die Anwort auf die Frage zu verweigern, sinnlos. Hier wird nicht selten von einem „Recht zur Lüge“ gesprochen.

Ist ein Vertrag aufgrund der Anfechtung nichtig geworden, so sind die gegenseitigen Leistungen zurückzuerstatten. Bei einem Arbeitsverhältnis ist dies nicht ohne weiteres möglich, da man zwar die Vergütung, nicht aber die geleistete Arbeit zurückerstatten kann. Aus diesem Grund wird das Arbeitsverhältnis, soweit es bereits vollzogen ist, durch die Anfechtung nicht beseitigt. Das Arbeitsverhältnis wird nur – wie bei einer fristlosen Kündigung – für die Zukunft beseitigt.

2. Kündigung durch den Arbeitgeber

2.1 Die Erklärung der Kündigung

Für eine Kündigung ist in der Regel keine besondere Form einzuhalten. Tarifverträge schreiben jedoch häufig die Schriftform vor; außerdem wird der Arbeitgeber die Kündigung ohnehin in den meisten Fällen zur Sicherheit schriftlich vornehmen.

Schon bei der Erklärung der Kündigung durch den Arbeitgeber kann es zu einer Reihe von Problemen kommen:

Die Kündigung kann überhaupt nur wirksam sein, wenn sie von einer berechtigten Person erklärt wird. Die Kündigung wirksam erklären kann nur entweder der Arbeitgeber selbst oder eine von diesem bevollmächtigte Person. Fehlt die Bevollmächtigung, so ist die Kündigung unwirksam (§ 180 Satz 1 BGB). Stammt die Kündigung von einer vertretungsberechtigten Person, so ist die Kündigung gleichwohl unwirksam, wenn sie ihre Vertretungsmacht nicht durch Vorlage einer Urkunde nachweisen kann und der Kündigungsempfänger die Kündigung aus diesem Grund unverzüglich zurückweist (§ 174 Satz 1 BGB), wobei die Rechtsprechung unter „unverzüglich“ eine Zeitspanne von einer Woche versteht (LAG Düsseldorf v. 22.2.1995 - 4 Sa 1817/94, NZA 1995, 994 = BB 1995, 2535).

Ein weiteres Problem bei der Erklärung einer Kündigung ist der Zugang. Die Kündigung wird nämlich erst in dem Augenblick wirksam, in dem sie dem Empfänger zugeht. Der genaue Zeitpunkt der Kündigung ist zur Berechnung der Frist wichtig. Unter „Zugang“ versteht der Jurist bei einer schriftlichen Kündigung, daß sie in den Machtbereich des Empfängers gelangt und bei Annahme gewöhnlicher Verhältnisse damit zu rechnen ist, daß er von ihr Kenntnis nehmen konnte. Dafür reicht es etwa, wenn die Kündigung an einen Familienangehörigen (BAG v. 11.11.1992 - 2 AZR 328/92, AP Nr. 18 zu § 130 BGB = NJW 1993, 1093 = NZA 1993, 259) oder den Lebenspartner (LAG Bremen v. 17.2.1988 - 3 Sa 79/87, NZA 1988, 548) ausgehändigt wird. Abzuraten ist insbesondere davon, mit seinen Familienangehörigen abzusprechen, ein möglicherweise erwartetes Kündigungsschreiben nicht anzunehmen. In einem solchen Fall muß sich der Arbeitnehmer nämlich so behandeln lassen, als habe er das Schreiben erhalten. Die Frist für die Erhebung einer Kündigungsschutzklage beginnt zu laufen, obwohl der Arbeitnehmer von dem Wortlaut der Kündigung keine Kenntnis hat. Daß der Arbeitnehmer seine Position hierdurch verschlechtert, liegt auf der Hand.

Probleme ergeben sich hier immer dann, wenn der Arbeitnehmer sich vorübergehend an einem anderen Ort als gewöhnlich aufhält. Hatte der Arbeitnehmer einen zweiten Wohnsitz, von dem aus er seiner Tätigkeit nachging, und ist er, weil er erkrankt ist, zu seinem ersten Wohnsitz gefahren, so geht die Kündigung an den zweiten Wohnsitz, wenn beispielsweise die Zimmerwirtin das Schreiben entgegennimmt (ArbG Stade v. 6.8.1990 - 2 Ca 270/90, BB 1991, 625).

Ist der Arbeitnehmer umgezogen, riskiert er, daß eine Kündigung an seiner alten Anschrift zugeht, solange er dem Arbeitgeber seine neue Anschrift nicht mitgeteilt hat. Ist der Arbeitnehmer im Urlaub, so geht ein an seinen Wohnsitz gerichtetes Kündigungsschreiben auch zu, wenn dem Arbeitgeber die Urlaubsanschrift bekannt ist (BAG v. 16.3.1988 - 7 AZR 587/87, AP Nr. 16 zu § 130 BGB = NZA 88, 875). Entsprechendes gilt bei Krankheit, Kur sowie bei Inhaftierung.

Wird die Kündigung durch einen eingeschriebenen Brief ausgesprochen, so geht sie erst mit der Aushändigung durch die Post zu, nicht schon durch Hinterlassen des Benachrichtigungszettels.

2.2 Die ordentliche Kündigung

Grundsätzlich kann jedes Arbeitsverhältnis ohne Grund gekündigt werden. Es sind dann lediglich die gesetzlichen Fristen zu beachten (siehe S. 146 f.).

Außerdem ist der Betriebsrat vor jeder Kündigung anzuhören (§ 102 I BetrVG). Der Widerspruch des Betriebsrats verhindert aber die Kündigung nicht.

Von dem Grundsatz, daß es für eine Kündigung keines Grundes bedarf, gibt es jedoch eine gewichtige Ausnahme, die wohl die Mehrzahl der Arbeitsverhältnisse betreffen dürfte.

Kündigungschutzgesetz

Sofern das Kündigungschutzgesetz anwendbar ist, darf nur aus personen-, verhaltens- oder betriebsbedingten Gründen gekündigt werden. Anwendbar ist das Kündigungsschutzgesetz auf Arbeitsverhältnisse, die mindestens sechs Monate bestehen, und auf Betriebe mit mehr als zehn Arbeitnehmern, wobei Teilzeitkräfte anteilig einbezogen werden.

Personenbedingte Kündigungsgründe sind solche, die auf den persönlichen Eigenschaften und Fähigkeiten des Arbeitnehmers beruhen.

Verhaltensbedingte Kündigungsgründe können Vertragsverletzungen sein, aber es kommen auch generelle Störungen im persönlichen Vertrauensbereich in Betracht, die in Ausnahmefällen auch im privaten Bereich liegen können.

Dies läßt sich an der Kündigung wegen strafbarer Handlungen erläutern. Bei Straftaten gegen den Arbeitgeber ist ohne vorherige Abmahnung eine verhaltensbedingte Kündigung möglich. Bei Diebstählen oder Unterschlagungen kommt es nicht auf den Wert des entwendeten Gegenstands an, da auch das Vergreifen an geringwertigen Gegenständen, wie drei Kiwifrüchten (BAG AP Nr. 80 zu § 626 BGB - Verdacht strafbarer Handlungen = DB 1985, 655) oder einem Stück Kuchen (BAG AP Nr.

14 zu § 626 BGB - Verdacht strafbarer Handlungen = DB 1984, 270) reicht, um das Vertrauensverhältnis zwischen den Parteien zu stören.

Straftaten, die sich gegen Dritte gerichtet haben, berechtigen grundsätzlich nicht zur Kündigung, es sei denn, sie wirken sich nachhaltig auf das Arbeitsverhältnis aus. Dies ist zum Beispiel der Fall, wenn ein Kassierer eine Unterschlagung zu Lasten eines Dritten begeht, weil hier die Vertrauenswürdigkeit der betreffenden Person generell in Frage gestellt wird. Auch die Begehung einer besonders schweren Straftat kann einen Kündigungsgrund darstellen.

Im übrigen ist bei einer verhaltensbedingten Kündigung in der Regel eine vorherige Abmahnung erforderlich. Nur bei sehr schwerwiegenden Verstößen kann auch ohne Abmahnung gekündigt werden – so beispielsweise bei Straftaten gegen den Arbeitgeber.

Eine betriebsbedingte Kündigung kann ausgesprochen werden, wenn dringende betriebliche Erfordernisse der Weiterbeschäftigung entgegenstehen, also wenn beispielsweise der Arbeitsplatz wegen einer Umstrukturierungsmaßnahme weggefallen ist oder wegen Auftragsmangel eine Abteilung geschlossen wird. Das Gericht kann hier zwar nicht überprüfen, ob die jeweilige unternehmerische Entscheidung zweckmäßig ist, es kann aber prüfen, ob dem „richtigen“, nämlich dem sozial am wenigsten schutzwürdigen Arbeitnehmer gekündigt wurde und ob der Arbeitnehmer nicht anderweitig eingesetzt werden kann.

An dieser Stelle kann keine ausführliche Darstellung der Kündigungsgründe nach dem Kündigungsschutzgesetz erfolgen, denn bei jeder Kündigung muß das Gericht eine Abwägung der Umstände des Einzelfalls vornehmen, so daß bei keinem Kündigungsgrund allgemeingültig gesagt werden kann, dies sei ein Kündigungsgrund oder nicht. Deshalb ist eine kurze allgemeine Darstellung nicht sinnvoll. Es soll lediglich kurz auf die Kündigung wegen Krankheit eingegangen werden:

Kündigung wegen Krankheit

Eine solche Kündigung ist eine personenbedingte Kündigung. Die Rechtsprechung kennt drei Arten der krankheitsbedingten Kündigung:

1. wegen lang andauernder Krankheit
2. wegen häufiger Kurzerkrankungen
3. wegen krankheitsbedingter Leistungsminderung

Eine lang andauernde Erkrankung berechtigt den Arbeitgeber zur Kündigung, wenn der Arbeitnehmer in der Vergangenheit längere Zeit gefehlt hat, die Wiederherstellung seiner Arbeitskraft nicht abzusehen ist und aus betrieblichen Gründen sein Arbeitsplatz wieder besetzt werden muß. Was unter „lang andauernd“ zu verstehen ist, hängt sehr vom Einzelfall ab, muß aber wohl jedenfalls deutlich über dem Zeitraum von sechs Wochen liegen, in dem die gesetzliche Lohnfortzahlung zu leisten ist. Der Arbeitgeber hat auf jeden Fall zu versuchen, den erkrankten Arbeitnehmer durch Überbrückungsmaßnahmen (Einstellung von Aushilfen, Mehrarbeit, Umorganisation) zu halten. Wichtig ist auch, daß der Arbeitnehmer nicht gekündigt wird, weil er in der Vergangenheit häufig gefehlt hat, sondern weil er voraussichtlich in Zukunft häufig fehlen wird.

Einer solcher Prognose bedarf es auch, wenn dem Arbeitnehmer wegen häufiger kurzer Erkrankungen gekündigt wird. Es muß für die Zukunft zu erwarten sein, daß der Arbeitnehmer, der in der Vergangenheit wiederholt gefehlt hat, auch in Zukunft häufig fehlen wird und hierdurch der Betriebsablauf empfindlich gestört wird. Die Fehlzeiten müssen wohl auf jeden Fall den Zeitraum von sechs Wochen überschreiten, bevor an eine Kündigung gedacht werden kann, da der Gesetzgeber dem Arbeitgeber Lohnfortzahlung in diesem Umfang zumutet. Was darüber hinaus noch zumutbar ist, hängt wieder vom Einzelfall ab. Es muß weiterhin eine negative Gesundheitsprognose gegeben sein. Weist der Arbeitnehmer nach, daß die einzelnen Erkrankungen nichts miteinander zu tun haben – kein Grundleiden vorliegt –, dann ist die Kündigung unwirksam, da er ja nicht für die vergangenen Fehlzeiten bestraft werden darf.

Eine Kündigung kann auch bei krankheitsbedingter Minderung der Leistungsfähigkeit in Betracht kommen, wenn dadurch betriebliche Interessen beeinträchtigt werden. Gerade hier muß aber, wie bei der personenbedingten Kündigung generell, geprüft werden, ob die Kündigung nicht durch Beschäftigung auf einem anderen „leidensgerechten" (BAG v. 29.1.1997 - 2 AZR 9/96, NZA 1997, 709) Arbeitsplatz abgewendet werden kann.

2.3 Die außerordentliche (fristlose) Kündigung

Die zweite Art der Kündigung ist die außerordentliche Kündigung, bei der keine Kündigungsfrist einzuhalten ist. Deshalb wird diese Kündigung auch oft als fristlose Kündigung bezeichnet. Eine solche außerordentliche Kündigung kann gemäß § 626 BGB ausgesprochen werden, wenn ein „wichtiger Grund" hierfür existiert. Ein solcher wichtiger Grund besteht, wenn Tatsachen vorliegen, die – unter Berücksichtigung aller Umstände und unter Abwägung der Interessen beider Vertragsteile – dem Kündigenden die Fortsetzung des Arbeitsverhältnisses bis zum Ablauf der regelmäßigen Frist unzumutbar machen. Wie man dieser Definition unschwer entnehmen kann, hängt es auch hier völlig vom Einzelfall ab, welche Gründe eine außerordentliche Kündigung rechtfertigen.

In manchen Tarifverträgen, so etwa nach dem Bundesangestelltentarifvertrag, ist die ordentliche Kündigung langjähriger Mitarbeiter ausgeschlossen. Diese können somit nur aus wichtigem Grund gekündigt werden. Während bei einem Mitarbeiter, der ordentlich gekündigt werden kann, nur zu prüfen ist, ob zumutbar ist, ihn bis zum Ablauf der Kündigungsfrist weiterzubeschäftigen, kommt es bei solchen „unkündbaren" Arbeitnehmern darauf an, ob eine Weiterbeschäftigung bis zum regelmäßigen Ausscheiden zumutbar ist. Daß dies völlig andere Maßstäbe sind, liegt auf der Hand. Es kommt somit nicht selten vor, daß einem „unkündbaren" Arbeitnehmer außerordentlich gekündigt werden kann, obwohl man einem „kündbaren" nur ordentlich hätte kündigen können. In einem solchen Fall ist die außerordentliche Kündigung mit einer Auslauffrist zu versehen. Es wird also nicht fristlos, sondern zu einem bestimmten Termin, der im Zweifel der gesetzlichen Kündigungsfrist entspricht, gekündigt. Daher ist die Bezeichnung „fristlose Kündigung" für die außerordentliche Kündigung nicht korrekt.

2.4 Besonderer Kündigungsschutz

Mutterschutzgesetz

Bestimmte Gruppen von Arbeitnehmern sind nur mit besonderen Schwierigkeiten zu kündigen. So ist die Kündigung einer Frau nach dem Mutterschutzgesetz während der Schwangerschaft und bis zu vier Monaten nach der Geburt nicht zulässig. Dies gilt sowohl für die ordentliche als auch für die außerordentliche Kündigung. Die Kündigung ist nicht nur unwirksam, wenn der Arbeitgeber in Kenntnis der Schwangerschaft kündigt, sondern auch, wenn die Gekündigte innerhalb von zwei Wochen nach Zugang der Kündigung dem Arbeitgeber mitteilt, daß sie zum Zeitpunkt der Kündigung bereits schwanger gewesen sei. Beendet wird der Kündigungsschutz durch Schwangerschaftsabbruch und Fehlgeburt (zum Begriff BAG v. 12.3.1997 - 5 AZR 329/96, NZA 1997, 764), nicht aber durch eine Totgeburt. Um hieraus keinen Freibrief für vertragswidriges Verhalten werden zu lassen, kann die zuständige oberste Landesbehörde oder eine von ihr bestimmte Stelle auf Antrag des Arbeitgebers die Kündigung ausnahmsweise zulassen. Nachdem diese Zustimmung erklärt wurde, kann die Kündigung ausgesprochen werden. Eine vorherige, ohne die erforderliche Zustimmung ausgesprochene Kündigung bleibt unwirksam.

Schwerbehindertengesetz

Einen besonderen Kündigungsschutz genießen nach dem Schwerbehindertengesetz auch schwerbehinderte Arbeitnehmer. Schwerbehindert ist, wer einen Grad der Behinderung von 50 Prozent hat. Dieser Grad der Behinderung muß anerkannt sein, oder der Schwerbehinderte muß – zum Zeitpunkt der Kündigung – einen solchen Antrag bei der zuständigen Behörde gestellt haben. Diesen Arbeitnehmern darf ebenfalls weder ordentlich noch außerordentlich gekündigt werden, sofern das Arbeitsverhältnis sechs Monate besteht und der Arbeitnehmer das 58. Lebensjahr noch nicht vollendet hat. Die Zustimmung der Hauptfürsorgestelle kann jedoch diesen Kündigungsschutz aufheben.

Betriebsratsmitglieder

Sie sind ebenfalls nicht ohne weiteres kündbar, denn sie genießen während ihrer Amtszeit und bis zu einem Jahr danach einen besonderen Kündigungsschutz. Eine ordentliche Kündigung ist unzulässig, eine außerordentliche bedarf der ausdrücklichen Zustimmung durch den Betriebsrat. Diese Zustimmung kann jedoch durch das Arbeitsgericht ersetzt werden.

3. Kündigung durch den Arbeitnehmer

Auch der Arbeitnehmer kann ordentlich und außerordentlich kündigen. Kündigt er ordentlich, so hat er gemäß § 622 Abs. 1 BGB eine Frist von vier Wochen zum Fünfzehnten oder zum Ende eines Kalendermonats einzuhalten. Bei einer vereinbarten Probezeit beträgt die Kündigungsfrist zwei Wochen zum Monatsende (§ 622 Abs. 3 BGB). Werden andere Kündigungsfristen vereinbart, so darf die Frist für eine Kündigung durch den Arbeitnehmer nicht länger sein als die für die Kündigung durch den Arbeitgeber.

Auf die Zulässigkeit und die möglichen Folgen einer Kündigung vor Dienstantritt ist bereits ausführlich eingegangen worden.

Aufhebungsvertrag

4.

Arbeitsverträge müssen nicht immer nur einseitig von einer Seite durch Kündigung oder Anfechtung, sondern können auch „einvernehmlich" durch Aufhebungsvertrag aufgelöst werden.

Grundsätzlich kann der Aufhebungsvertrag formlos geschlossen werden, sogar „schlüssig", etwa indem der Arbeitnehmer seine Arbeitspapiere verlangt und der Arbeitgeber sie aushändigt.

Ein unter einer Bedingung geschlossener Aufhebungsvertrag kann unwirksam sein, wenn es an einem sachlichen Grund für diese Bedingung fehlt. Hier geht es wie bei der Befristung von Arbeitsverträgen darum, daß es keine Umgehung des Kündigungsschutzes geben darf. Aus diesem Grund sind Vereinbarungen unwirksam, wonach das Arbeitsverhältnis aufgelöst wird, wenn der Arbeitnehmer nicht rechtzeitig aus dem Urlaub zurückkehrt (BAG v. 13.12.1984 - 2 AZR 294/83, NJW 1985, 1981) oder wenn er innerhalb einer bestimmten Zeitspanne häufiger als einen bestimmten Teil der Arbeitstage krank ist.

4.1 Anfechtung von Aufhebungsverträgen

Wie jedes andere Rechtsgeschäft auch können Aufhebungsverträge angefochten werden. Oft werden Aufhebungsverträge geschlossen, weil der Arbeitgeber mit der außerordentlichen oder der ordentlichen Kündigung gedroht und dann seinem Arbeitnehmer nahegelegt hat, einen Aufhebungsvertrag zu unterschreiben. Dies kann im Einzelfall zu einer Anfechtung wegen rechtswidriger Drohung berechtigen. Ob die Drohung widerrechtlich ist oder nicht, hängt nach der Rechtsprechung davon ab, ob ein „verständiger Arbeitgeber" sich unter den gegebenen Umständen zu einem solchen Schritt entschlossen hätte (BAG AP Nrn. 8, 16, 20, 21 zu § 123 BGB), ob also die Kündigung eine nachvollziehbare und vor allen Dingen verhältnismäßige Entscheidung des Arbeitgebers wäre. Teilweise wird eine Drohung auch als rechtswidrig angesehen, wenn der Arbeitgeber den Arbeitnehmer zu einer überstürzten Entscheidung zwingt und dem Arbeitnehmer durch das Ablehnen einer jeden Überlegungsfrist die Möglichkeit der freien Entscheidung nimmt. In einem Fall, in dem zwar keine solche Überlegungsfrist eingeräumt wurde, einer Arbeitnehmerin aber „in einem längeren, ruhig und sachlich geführten Gespräch die Problematik einer Weiterbeschäftigung geschildert und der Abschluß eines Aufhebungsvertrags angeboten worden" ist, hat das Bundesarbeitsgericht jedoch keine widerrechtliche Drohung gesehen. Die Arbeitnehmerin habe ja schließlich das Angebot des Aufhebungsvertrags einfach ablehnen können (BAG v. 30.9.1993 - 2 AZR 268/93, AP Nr. 37 zu § 123 BGB = NZA 1994, 209).

Eine Anfechtung durch den Arbeitgeber kann beispielsweise in Betracht kommen, wenn der Arbeitnehmer und der Geschäftsführer, der den Aufhebungsvertrag mit ihm schließt, zusammenwirken, um den Arbeitgeber zu schädigen, indem sie eine völlig überzogene Abfindung vereinbaren (BAG v. 29.1.1997 - 2 AZR 472/96, NZA 1997, 485).

4.2 Sozialversicherungsrechtliche Folgen

Bei Abschluß eines Aufhebungsvertrags kann die Bundesanstalt für Arbeit eine Sperrzeit von derzeit bis zu zwölf Wochen verhängen (§§ 119, 119a Arbeitsförderungsgesetz - AFG). Erhält der Arbeitnehmer eine Abfindung, so wird diese ebenfalls auf das Arbeitslosengeld angerechnet. Am 30.3.1997[1] hat der Gesetzgeber die Anrechnung von Abfindungen auf das Arbeitslo-

[1] BGBl. I, S. 594.

sengeld neu geregelt, wobei diverse Übergangsvorschriften in die gesetzliche Regelung aufgenommen wurden.[1] Nach der neuen Regelung hat ein Arbeitnehmer einen Freibetrag von 25 Prozent bis 50 Prozent (je nach Alter und Beschäftigungsdauer). Die restliche Entschädigung wird auf die Hälfte des Arbeitslosengelds angerechnet – mit der Konsequenz, daß der Arbeitnehmer so lange nur die Hälfte des Arbeitslosengelds erhält, bis die Abfindung „aufgezehrt“ ist. Bei längerer Arbeitslosigkeit verbleibt ihm daher unter dem Strich nur der Freibetrag als Gewinn aus der Abfindung. Damit ist eine Abfindungsregelung nur für diejenigen attraktiv, die keiner längeren Arbeitslosigkeit entgegensehen, sondern die bereits eine neue Anstellung gefunden haben.

4.3 Aufklärungspflicht des Arbeitgebers und Schadenersatzpflicht

Über alle diese Fragen hat der Arbeitgeber den Arbeitnehmer umfassend aufzuklären, bevor der Aufhebungsvertrag unterschrieben wird. Ansonsten macht er sich schadenersatzpflichtig. Gerade bei kleineren Unternehmen ist der Arbeitgeber jedoch hierbei überfordert. Es ist dem Arbeitnehmer daher zu raten, keinen Aufhebungsvertrag spontan zu unterzeichnen, sondern sich auf jeden Fall vorher rechtlichen Rat einzuholen.

[1] Vergleiche hierzu ausführlich: Rolfs, Die Neuregelung der Anrechnung von Abfindungen auf das Arbeitslosengeld, NZA 1997, S. 793-798.

5. Die Abwicklung des Arbeitsverhältnisses

5.1 Freistellung versus Beschäftigungsanspruch

Ist eine Kündigung, egal ob von seiten des Arbeitgebers oder des Arbeitnehmers, ausgesprochen worden, so wird der Arbeitnehmer – besonders, wenn es sich um eine Führungskraft handelt – oft sofort vom Dienst freigestellt. Nicht selten ist das dem Arbeitnehmer recht, hat er doch so bezahlten Urlaub, und er kann sich entweder in Ruhe um eine neue Stelle kümmern oder, wenn er schon eine neue Anstellung gefunden hat, sich hierauf vorbereiten.

Rechtlich sieht es aber so aus, daß zwischen Ausspruch der Kündigung und Ende der Kündigungsfrist das Arbeitsverhältnis mit allen Rechten und Pflichten der Vertragsparteien fortbesteht. Der Arbeitnehmer hat aber nicht nur die Pflicht zu arbeiten, sondern auch das Recht, vertragsgemäß beschäftigt zu werden. Dies bedeutet konkret, daß der Arbeitgeber seinem Arbeitnehmer die Ausübung seiner Tätigkeit wie zuvor ermöglichen muß. Er darf also nicht einfach seine Sekretärin versetzen, das Büro ausräumen etc. Er muß ihm auch weiter Arbeit zuweisen.

Ausnahmsweise kann der Arbeitgeber den Arbeitnehmer jedoch suspendieren. Hier wird der Arbeitnehmer nicht nur von seiner Tätigkeit freigestellt, ihm wird also keine Arbeit mehr zugewiesen, sondern dem Arbeitnehmer wird die Ausübung seiner Tätigkeit, möglicherweise auch das Betreten des Betriebs untersagt. Hierfür bedarf es eines „billigenswerten Grundes". Ein solcher ist z.B. anzunehmen, wenn der Arbeitnehmer in den Verdacht einer strafbaren Handlung oder einer anderen gravierenden Vertragsverletzung geraten ist (BAG AP Nr. 7 zu § 628 BGB;

AP Nrn. 4, 14 zu § 611 BGB - Beschäftigungspflicht; BAG, AP Nr. 13 zu § 626 BGB - Verdacht strafbarer Handlungen).

Beschäftigt der Arbeitgeber den Arbeitnehmer nicht, gerät er in Annahmeverzug und ist daher weiterhin zur Zahlung der Vergütung verpflichtet. Erhält der Arbeitnehmer Provisionen, so muß der Arbeitgeber ihm die entgangenen Provisionen ebenfalls ersetzen. Darüber hinaus kann der Arbeitnehmer auch den eigentlichen Beschäftigungsanspruch gerichtlich durchsetzen, was zumindest in den Fällen, in denen das Arbeitsverhältnis ohnehin bald endet, nur im Wege einer einstweiligen Verfügung möglich ist und wegen der Schwierigkeiten bei der Vollstreckung eines solchen Anspruchs in der Regel nicht allzu häufig vorkommen wird.

Der Arbeitnehmer kann in einem solchen Fall seinerseits außerordentlich kündigen, was für ihn interessant sein kann, wenn er möglichst bald bei seinem neuen Arbeitgeber anfangen möchte.

5.2 Herausgabe der Arbeitspapiere

Wird das Arbeitsverhältnis – aus welchem Grund auch immer – außerordentlich beendet, so hat der Arbeitnehmer einen Anspruch auf Herausgabe der Arbeitspapiere.

Neben der Lohnsteuerkarte, eventuell dem Sozialversicherungsausweis, steht für den Arbeitnehmer vornehmlich das ausführlich erwähnte Zeugnis im Vordergrund. Ferner hat ihm der Arbeitgeber eine Bescheinigung über den bereits gewährten Erholungsurlaub auszustellen, damit der neue Arbeitgeber den Urlaubsanspruch des Arbeitnehmers berechnen kann. Ferner muß der Arbeitgeber ihm eine Bescheinigung für das Arbeitsamt ausstellen, damit er dort seine Ansprüche geltend machen kann. Händigt der Arbeitgeber diese Unterlagen nicht oder nicht rechtzeitig aus oder unterlaufen ihm Fehler bei dieser Bescheinigung, so macht er sich schadenersatzpflichtig, wenn beispielsweise der

Arbeitnehmer deshalb bestehende Ansprüche gegen das Arbeitsamt nicht geltend machen kann oder der Arbeitnehmer finanzielle Nachteile durch die Nichtherausgabe der Lohnsteuerkarte erleidet (BAG v. 20.1.1997 - 8 AZR 121/95, NZA 1997, 880).

Bereits angesprochen wurde die Möglichkeit der Rückzahlung von Gratifikationen und Ausbildungskosten (siehe S. 149 ff.) sowie das Schicksal der Urlaubsansprüche (siehe S. 137 f.).

5.3 Ausgleichsquittung

Um in all diesen Fragen Klarheit zu erhalten, läßt sich der Arbeitgeber gerne eine sogenannte Ausgleichsquittung unterschreiben, aus der in der Regel hervorgeht, daß weder Arbeitnehmer noch Arbeitgeber weitere Ansprüche aus dem bestehenden Arbeitsverhältnis haben.

Welche rechtlichen Wirkungen solche Ausgleichsquittungen haben, hängt stark von der genauen Formulierung und der Vorstellung der Parteien und den Umständen des Zustandekommens der Ausgleichsquittung ab.

Es kann eine Vergleich vorliegen (§ 779 BGB), wenn die Parteien zuvor über das Bestehen bestimmter Ansprüche gestritten haben und der Streit durch die Ausgleichsquittung im Wege gegenseitigen Nachgebens bereinigt wurde. Ferner kann die Ausgleichsquittung einen Erlaßvertrag beinhalten (§ 397 BGB), wenn die Parteien von dem Bestand einer Forderung ausgehen, diese aber nicht mehr erfüllt werden soll. Etwa wenn der Arbeitgeber einen Anspruch auf Rückzahlung von Fortbildungskosten hat und diese dem Arbeitnehmer erläßt.

Ferner kann eine deklaratorische negative Schuldanerkenntnis vorliegen, wenn die Parteien lediglich zum Ausdruck bringen wollen, daß ihrer Ansicht nach keine gegenseitigen Forderungen mehr bestehen, oder ein konstitutives negatives Schuldanerkenntnis, wenn die Parteien durch die Ausgleichsquittung alle bekannten oder unbekannten Ansprüche zum Erlöschen bringen wollen. Letzteres ist für die Parteien natürlich besonders gefährlich.

Stellt sich nach Unterzeichnung der Ausgleichsquittung heraus, daß noch Forderungen bestehen, so richtet es sich nach der Rechtsnatur der Ausgleichsquittung, ob diese Forderung noch erhoben werden kann. Im Fall eines deklaratorischen negativen Schuldanerkenntnisses kann die Forderung noch erhoben werden, bei einem konstitutiven dagegen nicht.

Eine Sache der Auslegung ist immer auch der Umfang der Ausgleichsklausel. Ein arbeitsrechtlicher Vergleich mit einer allgemeinen, umfassenden Ausgleichsklausel, die ihrem Wortlaut nach „sämtliche wechselseitigen Ansprüche der Parteien aus dem Arbeitsverhältnis erledigt", erfaßt nicht Rückzahlungsansprüche des Arbeitgebers gegen den Arbeitnehmer aus einem neben dem Arbeitsverhältnis rechtlich selbständigen Darlehensvertrag, denn dies sind eben keine „Ansprüche aus dem Arbeitsverhältnis" (LAG Hamm v. 28.4.1995 - 10 Sa 1386/94, WiB 1005, 1995 = NZA-RR 1996, 286).

Im Rahmen der Ausgleichsquittung kann der Arbeitnehmer auch auf Kündigungsschutz verzichten. Dies muß aber explizit zum Ausdruck kommen. Der übliche Wortlaut „Die Parteien sind sich darüber einig, daß Ansprüche aus dem Arbeitsverhältnis nicht mehr bestehen" genügt insoweit nicht.

Gegenstand solcher Ausgleichsquittungen können z.B. die Urlaubsansprüche (vgl. S. 137 f.), Aus- und Fortbildungskosten sowie Gratifikationen (S. 149 ff.) sein. Beachtung verdienen jedoch auch die folgenden Sonderfälle:

6. Sonderfälle

6.1 Dienstwohnung

Für den Arbeitnehmer, der in einer Wohnung des Arbeitgebers wohnt, stellt sich die Frage, ob er bei einem Arbeitsplatzwechsel nunmehr diese Wohnung aufgeben muß oder nicht.

Zu unterscheiden ist hierbei grundsätzlich zwischen Werkmietwohnungen (§ 556b BGB) und Werkdienstwohnungen (§ 565e BGB).

Bei Werkmietwohnungen besteht neben dem Arbeitsvertrag noch ein Mietvertrag. Hier verfügt der Arbeitgeber/Vermieter über ein Sonderkündigungsrecht nach § 565c BGB. Das Mietverhältnis endet also nicht automatisch, und gegen die Kündigung kann sich der Mieter wenden, wenn eine soziale Härte vorliegt (§ 565d BGB).

Bei einer Werkdienstwohnung ist das Mietverhältnis Bestandteil des Arbeitsvertrages, und damit endet das Mietverhältnis mit dem Dienstverhältnis. Hier sieht jedoch schon das Gesetz eine Ausnahme vor, wenn nämlich der Arbeitnehmer in dem Wohnraum einen Hausstand mit Familie führt (§ 565e BGB) oder er die Wohnung überwiegend oder vollständig eingerichtet hat. Abgesehen davon werden in den Arbeitsverträgen häufig Regelungen darüber getroffen, wie bei einem Ausscheiden des Arbeitnehmers zu verfahren ist. Nicht selten wird dem Arbeitnehmer die Benutzung der Wohnung bis zum Tod zugesagt. Ob dies auch bei arbeitnehmerseitiger Kündigung gilt, kann abstrakt jedoch nicht beantwortet werden, da es auf den genauen Wortlaut der Vereinbarung ankommt. Kommt es hier zum Streit, ist es in jedem Fall empfehlenswert, anwaltlichen Rat einzuholen.

6.2 Firmenwagen

Ist dem Arbeitnehmer ein Fahrzeug auch zur privaten Nutzung zur Verfügung gestellt worden, so hat er bis zur Beendigung des Arbeitsverhältnisses einen Anspruch auf das Fahrzeug, es ist Teil seiner Vergütung. Somit kann er es auch weiterhin benutzen, wenn er bei Fortzahlung der Bezüge freigestellt worden ist.

Das Verfahren vor dem Arbeitsgericht

Überblick über das Kündigungsschutzverfahren[1]

1.

Viele Menschen sind stolz darauf, sagen zu können: „Mit dem Gericht habe ich nie etwas zu tun gehabt.“ Sie meinen damit, daß mit „dem Gericht“ nur Straftäter, Streithansel und Querulanten „zu tun“ haben. Insoweit ist es verwunderlich, daß von Jahr zu Jahr mehr Prozesse geführt werden, so daß die Justiz den Berg von Prozessen kaum noch schafft. Der Deutsche ist global betrachtet überaus streitlustig.

Nach der Verwaltungsgerichtsbarkeit dürfte wohl die Arbeitsgerichtsbarkeit derjenige Zweig der Justiz sein, der am stärksten überlastet ist. Die daraus resultierenden langen Verfahrensdauern fördern die Vergleichsbereitschaft in diesem Verfahren besonders. Deutlich über 40 Prozent der Verfahren werden durch Vergleich beendet. Eine Vielzahl der Verfahren wird durch Klagerücknahmen oder Anerkenntnis erledigt. Nur ein kleiner Teil der Verfahren endet durch ein Urteil. Etwa ein

---

[1] Die statistischen Angaben in diesem Abschnitt entstammen Grotmann-Höffling, Arbeitsgerichtsbarkeit im Lichte der Justiz, Arbeit und Recht 1997, 270 ff sowie dem Statistischen Jahrbuch 1997.

Drittel der Verfahren vor den Arbeitsgerichten sind Verfahren über den Bestand von Arbeitsverhältnissen, also meistens Kündigungsschutzverfahren.

Trotzdem werden wohl die meisten Arbeitnehmer, wenn sie ihre Kündigung erhalten, nicht gleich vor den „Kadi“ ziehen. Dennoch ist das Wissen um den Ablauf eines Kündigungsschutzverfahrens von Vorteil, wenn es darum geht, sich mit dem Arbeitgeber außergerichtlich sinnvoll zu einigen. Die hohe Zahl von Klagerücknahmen bei arbeitsgerichtlichen Prozessen dürfte im übrigen auch auf eine Vielzahl außergerichtlicher Vergleiche hindeuten, nachdem der Arbeitnehmer sicherheitshalber zur Fristwahrung eine Klage eingereicht hat. In aller Regel hat der Arbeitnehmer im Kündigungsschutzverfahren mehr zu gewinnen als zu verlieren.

Erhebung der Kündigungsschutzklage

Das Verfahren beginnt mit Erhebung der Kündigungsschutzklage durch den Arbeitnehmer. Hierzu braucht der Arbeitnehmer nicht unbedingt einen Anwalt, sondern er kann sich auch vor dem Arbeitsgericht erster Instanz selbst vertreten oder, sofern er Gewerkschaftsmitglied ist, von einem gewerkschaftlichen Rechtsbeistand vertreten lassen. Wichtig ist zu wissen, daß im arbeitsgerichtlichen Verfahren erster Instanz – unabhängig vom Ausgang des Verfahrens – jede Partei ihre außergerichtlichen Kosten selbst zu tragen hat. Der Kläger muß daher, selbst wenn er obsiegt, seine Anwaltskosten tragen. Trotzdem sollte man es sich gut überlegen, ob man das Risiko auf sich nimmt, ohne fachkundigen Beistand einen Prozeß zu führen. Die Tücken des Prozeßrechts sind mannigfaltig. Auf die Hilfe des Gerichts kann man hierbei nicht zählen, da es zur Neutralität verpflichtet ist.

Auf das Recht zur Klage kann der Arbeitnehmer auch nicht verzichten. Ein solcher Verzicht macht eine entsprechende Klage nicht unzulässig (BAG, 7 AZR 156/96, FAZ vom 22.11.1997).

Stellen wir uns nunmehr vor, der in einer Frankfurter Bank beschäftigte kaufmännische Angestellte Anton Müller hätte am Montag den 16.6.1999 eine Kündigung wegen häufiger Kurzerkrankung zum 31.7. erhalten. Er richtet nun folgende Klageschrift an das Gericht:

Beispiel

An das
Arbeitsgericht Frankfurt (**1**)
Adickesallee 36
60322 Frankfurt am Main

Frankfurt am Main,
den 3.7.1999

Klage

des Anton Müller, Hauptstraße 5, 12345 Klein Kleckersdorf,
Klägers,

gegen die

X-Bank GmbH und Co. KG, Taunusallee 5, 60311 Frankfurt, gesetzlich vertreten durch die X-Bank GmbH, diese gesetzlich vertreten durch den Geschäftsführer, Friedrich Frech, ebd., (2)
Beklagte.

Hiermit erhebe ich

Klage

mit dem Antrag

1. festzustellen, daß das zwischen mir und der Beklagten bestehende Arbeitsverhältnis durch die Kündigung vom 16.6.1999 nicht aufgelöst wird, sondern über diesen Zeitraum fortbesteht. (**3**)

2. die Beklagte zu verurteilen, mich zu den bisherigen Bedingungen als kaufmännischer Angestellter über den Ablauf der Kündigungsfrist hinaus weiter zu beschäftigen und (**4**)

3. mir ein Zwischenzeugnis zu erteilen, das sich auf Art und Dauer des Arbeitsverhältnisses sowie Führung und Leistung erstreckt.

Gründe:

Ich bin 45 Jahre alt, verheiratet und habe drei Kinder im Alter von zehn, dreizehn und fünfzehn Jahren. Ich bin seit dem 1.1.1980 bei der Beklagten mit einem Gehalt von monatlich DM 6.300,- brutto beschäftigt. Die Beklagte beschäftigt insgesamt zwanzig Arbeitnehmer. (**5**)
Die Beklagte hat mich mit Schreiben vom 16.6.1999, welches sie persönlich aushändigte, wegen krankheitsbedingter Fehlzeiten gekündigt. Diese Kündigung ist sozial ungerechtfertigt. (**6**)
Die Beklagte ist bereits jetzt zur Weiterbeschäftigung zu verurteilen. Sie hat angekündigt, sie werde mich auf keinen Fall mehr beschäftigen.
Ich biete ihr jedoch meine Arbeitsleistung weiterhin an. Um meiner Schadensminderungspflicht nach § 615 BGB zu genügen, bedarf ich eines Zwischenzeugnisses, um mich bei anderen Arbeitgebern bewerben zu können. (**7**)

Anton Müller (**8**)

Zu (1): Örtlich zuständig ist entweder das Gericht, in dessen Bezirk die Niederlassung des Arbeitgebers liegt, von der aus die Arbeitsverträge abgeschlossen werden, oder der Ort, an dem die Arbeitsleistung zu erbringen ist (Erfüllungsort). Der Arbeitnehmer hat somit ein Wahlrecht.
Zu (2): Der Kläger muß den Beklagten genau bezeichnen. Bei einer Kapitalgesellschaft (GmbH, Aktiengesellschaft) muß zudem der volle Name desjenigen angegeben werden, der die Gesellschaft vertritt. Bei einer Personengesellschaft (OHG, Gesellschaft bürgerlichen Rechts, KG) müssen dagegen die persönlich haftenden Gesellschafter angegeben werden.
Zu (3): Der Antrag richtet sich normalerweise nur gegen eine bestimmte Kündigung, die auch in der Klage genannt sein muß. Bei der Formulierung „sondern darüber hinaus fortbesteht“ stellt sich immer die Frage, ob es sich hier nur um eine Floskel han-

delt oder ob auch weitere Kündigungen, die möglicherweise erst nach der Klage ausgesprochen werden, ebenfalls erfaßt sein sollen. Um klarzustellen, daß das Letztere gemeint ist, sollte man auf jeden Fall in den Gründen darlegen, daß man mit weiteren Kündigungen rechne, die vorsorglich ebenfalls angegriffen werden.

Zu (4): Der Arbeitnehmer hat auch über den Zeitpunkt der Kündigung hinaus einen Anspruch, während des Prozesses weiterbeschäftigt zu werden, wenn die Kündigung offensichtlich unwirksam war. Bekommt er in der ersten Instanz Recht, dann muß er auf jeden Fall während des Verfahrens zweiter Instanz beschäftigt werden.

Zu (5): Der Arbeitnehmer muß in seiner Klage die Tatsachen darlegen, die für die Anwendung des Kündigungsschutzgesetzes wichtig sind, d.h. also Arbeitnehmerzahl und Beschäftigungsdauer. Von der Beschäftigungsdauer hängt zudem die Kündigungsfrist ab (§ 622 BGB).

Sie ist neben Familienstand und Alter auch für die vom Gericht zu treffende Interessenabwägung wichtig. Eine Kündigung ist auch bei Vorliegen eines Kündigungsgrunds – etwa Krankheit – nur „sozial gerechtfertigt“, wenn eine solche Interessenabwägung zu ungunsten des Arbeitnehmers ausfällt (§ 1 KSchG).

Damit das Gericht den Streitwert berechnen kann – in der Regel drei Monatsgehälter – muß in der Klageschrift das Gehalt angegeben werden.

Zu (6): „Sozial ungerechtfertigt“ bzw. „sozialwidrig“ ist eine Kündigung, die gegen das Kündigungsschutzgesetz verstößt. Dieser Terminus sollte in der Klageschrift erwähnt werden, um klarzustellen, daß man gerade den Verstoß gegen das Kündigungsschutzgesetz geltend macht.

Zu (7): Stellt sich im nachhinein heraus, daß die Kündigung unwirksam war, so ist der kündigende Arbeitgeber im Annahmeverzug, wenn der Arbeitnehmer seine Arbeitskraft angeboten hat. In diesem Fall muß der Arbeitgeber das Gehalt nachzahlen. Der Arbeitnehmer muß sich anderweitig erworbenen Verdienst anrechnen lassen. Er muß sich auch das anrechnen lassen, was er

„böswillig" nicht verdient. Dabei muß er aber nur zumutbare Arbeit annehmen. Unzumutbar wäre nicht nur eine geringerwertige Arbeit, sondern auch, wenn er durch die Eingehung des neuen Arbeitsverhältnisses gezwungen wäre, sein altes Arbeitsverhältnis zu kündigen (BAG, AP Nr. 2 zu § 615 BGB - Böswilligkeit). Um dessen Fortbestand streitet er ja gerade. Es ist aber auch nicht böswillig, wenn er statt dessen nunmehr ein Studium aufnimmt oder eine Ausbildung beginnt, sofern dies eine einigermaßen nachvollziehbare Entscheidung ist (BAG, AP Nr. 2 zu § 284 BGB; AP Nrn. 4, 5 zu § 74c HGB).

Hat der Arbeitnehmer Arbeitslosengeld oder Sozialhilfe bezogen, so sind diese Leistungen ebenfalls anrechenbar. Der Entgeltanspruch geht insoweit auf den Kraft Gesetzes jeweiligen Leistungsträger über.

Diese Klage ist entweder „schriftlich oder zu Protokoll der Geschäftsstelle" zu erheben. Wer sich somit einerseits die Formulierung eines Klageantrags nicht selbst zutraut, andererseits aber auch keinen Anwalt beauftragen möchte, kann seine Klage auch bei der Geschäftsstelle des Gerichts protokollieren lassen. Der Beamte oder die Beamtin dort dürfen aber nur bei der Formulierung helfen, den Kläger dürfen sie wegen der Neutralitätspflicht nicht beraten. Sinnvoller ist es allemal, einen Anwalt mit der Klageerhebung zu beauftragen. Zum einen erfordert es Geduld, einem nicht anwaltlich vertretenen Kläger die Einzelheiten des Verfahrensrechts zu erklären, zum anderen muß sich das Gericht in diesem Punkt auch bedeckt halten, da es zu Neutralität verpflichtet ist. Kein Richter möchte gerne einen Befangenheitsantrag in Kauf nehmen, nur weil eine Partei, die sich keinen Anwalt genommen hat, über die Fallstricke der Arbeitsgerichtsordnung stolpert. Wenn dies allerdings einem Anwalt passiert, haftet er seinem Mandanten für die daraus entstehenden Schäden, wofür seine Berufshaftpflichtversicherung aufkommt.

Zu (8): Eine Klageschrift ist zu unterschreiben. Wird die Unterschrift vergessen, so gibt es keine Klage. Aufgrund der kurzen Frist zur Klageerhebung ist das ein Versehen, das teuer werden kann.

3. Frist für die Kündigungsschutzklage

Der Arbeitnehmer hat eigentlich keine bestimmte Frist einzuhalten. Findet allerdings das Kündigungsschutzgesetz auf das Arbeitsverhältnis Anwendung (siehe S. 164), dann kann die Klage auf dieses Gesetz nur gestützt werden, wenn die Klageschrift eine Woche ab Zugang der Kündigung bei Gericht eingeht. Da er die Kündigung am Montag, den 16.6. erhalten hat, muß Herr Müller dafür sorgen, daß seine Klage spätestens am Montag, den 7.7. bei Gericht eingegangen ist. Um sicherzugehen, fährt Herr Müller direkt zum Arbeitsgericht und wirft seine Klageschrift in den dortigen Fristenkasten. Anders als bei einem Verfahren vor den ordentlichen Gerichten wird hier kein Gerichtskostenvorschuß fällig. Die Kosten werden erst bei Beendigung des Verfahrens bei der unterliegenden Partei angefordert.

Güteverhandlung

Nach Eingang der Klage wird der zuständige Kammervorsitzende so schnell wie möglich einen Termin zur Güteverhandlung bestimmen. Da dieser kurzfristig anberaumt wird, hat der Arbeitgeber bis dahin über seine Angaben im Kündigungsschreiben hinaus meist nicht die Zeit gehabt, zur Klage ausreichend Stellung zu nehmen. Deswegen kann in der Güteverhandlung der Vorsitzende in der Regel auch keine Entscheidung treffen. Das ist auch nicht der Sinn einer Güteverhandlung. In diesem Termin soll versucht werden, den Streit zu schlichten. Ziel ist oft ein gerichtlicher Vergleich. Der Richter nennt zuweilen vorsorglich den nächsten möglichen Kammertermin, an dem dann eventuell eine Entscheidung ergehen könne. Hierdurch wird, wie bereits gesagt, die Vergleichsbereitschaft der Parteien gelegentlich erhöht.

Der Gütetermin ist für Herrn Müller am 5.8.1999. Der Gütetermin sollte an sich zwei Wochen nach Eingang der Klage erfolgen. Daß dies etwa wegen Urlaubs oder ungewöhnlich hohem Geschäftsanfall nicht immer möglich ist, liegt auf der Hand. Mit einem Kammertermin ist frühestens im Februar 2000 zu rechnen. Auch diese Aussicht bewegt den Geschäftsführer der X-Bank nicht dazu, Herrn Müller entgegenzukommen. Der Kammertermin wird somit auf den 10.2.2000 bestimmt. Dem Arbeitgeber wird Zeit eingeräumt, sich zu der Klage zu äußern. Er legt nun dar, daß er Grund habe anzunehmen, daß die häufigen Erkrankungen des Herrn Müller auf ein Grundleiden zurückzuführen seien und nicht abzusehen sei, wann Herr Müller je wieder voll einsatzfähig sein wird. Herr Müller wird jetzt aufgefordert, diese Behauptung zu entkräften. Er trägt nun die Beweislast dafür, daß er tatsächlich kein solches Grundleiden hat. Er muß also seinen Arzt von der Schweigepflicht entbinden. Wegen des Beschleunigungsgrundsatzes im arbeitsgerichtlichen Verfahren (§ 9 Abs. 1 Arbeitsgerichtsgesetz - ArbGG) sollten die Parteien auch darauf achten, daß sie rechtzeitig alles vortragen, was sie für richtig halten. Sie riskieren sonst, daß sie mit bestimmten Argumenten nicht mehr gehört werden, sollte sich dadurch das Verfahren verzögern.

Das streitige Verfahren

Es findet nun das streitige Verfahren vor der Kammer statt. Diese besteht aus dem Vorsitzenden und zwei ehrenamtlichen Richtern, von denen einer aus den Kreisen der Arbeitgeber und der andere aus den Kreisen der Arbeitnehmer bestimmt wird. Es wäre aber verfehlt anzunehmen, daß nun der Arbeitgebervertreter im Zweifel immer dem Beklagten und der Arbeitnehmervertreter immer dem Kläger recht geben will.

Auch in dieser streitigen Verhandlung ist es stets das Ziel, das Verfahren gütlich zu beenden. Der Vorsitzende versucht mithin, einen Vergleich zu erzielen.

Mittlerweile hat Herr Müller eine neue Arbeitsstelle gefunden. Hier verdient er zwar weniger als bei der X-Bank, kann sich aber nach diesem Verfahren nicht mehr vorstellen, weiterhin dort zu arbeiten. Daher ändert er nun seinen Antrag.

6. Auflösungsantrag

Er stellt einen Antrag auf Feststellung, daß das Arbeitsverhältnis nicht durch die Kündigung aufgelöst worden sei, sondern fortbesteht, sowie das Arbeitsverhältnis gegen Zahlung einer Abfindung aufzulösen. Das Arbeitsverhältnis wird dann durch das Urteil zu dem Zeitpunkt aufgelöst, zu dem es auch durch die Kündigung geendet hätte. Das ist in diesem Fall der 31.12.1999. Zum Zeitpunkt der Kündigung hatte das Arbeitsverhältnis über 17 Jahre bestanden. Die Kündigungsfrist beträgt somit sechs Monate zum Ende des Kalendermonats (§ 622 Abs. 2 Nr. 6 BGB).

Für die Höhe der Abfindung gibt es zum einen gesetzliche Regelungen, zum anderen gewisse „Faustregeln". Nach dem Gesetz (§ 10 KSchG) beträgt die Abfindung in der Regel maximal zwölf Monatsgehälter. Ist der Arbeitnehmer wenigstens 50 Jahre alt und hat er bereits 15 Jahre in dem fraglichen Unternehmen gearbeitet, so kann er bis zu 15 Monatsverdiensten erhalten. Bei einem Alter von mindestens 55 Jahren und 20 Jahren Betriebszugehörigkeit darf die Abfindung 18 Monatsverdienste nicht überschreiten. Die „Faustregel" besagt, daß der Arbeitnehmer einen halben Monatsverdienst je Beschäftigungsjahr erhält. Neben Lebensalter und Betriebszugehörigkeit können aber auch noch die wirtschaftliche Lage des Arbeitnehmers, Familienstand, Verlust betrieblicher Anwartschaftsrechte (z.B. betriebliche Altersversorgung), Chancen, eine neue Stelle zu finden, das Maß der Sozialwidrigkeit der Kündigung etc. eine Rolle spielen. Herr Müller rechnet somit mit einer Abfindung in Höhe von DM 50.000,-.

Für die steuer- und sozialversicherungsrechtliche Behandlung dieser Abfindungen gilt das für den Auflösungsvertrag Gesagte (Seite 172).

Das Urteil

7.

Beispiel

Arbeitsgericht Frankfurt am Main
5 Ca 3354/97

Verkündet am
31.1.2000

Urteil
Im Namen des Volkes!

In dem Rechtsstreit

des Anton Müller, Hauptstraße 5, 12345 Klein Kleckersdorf,
Klägers,

gegen die

X-Bank GmbH und Co KG, Taunusallee 5, 60311 Frankfurt, gesetzlich vertreten durch die X-Bank GmbH, diese gesetzlich vertreten durch den Geschäftsführer, Friedrich Frech, ebd.,
Beklagte

- Prozeßbevollmächtigter: Rechtsanwalt Walter Fuchtig, Frankfurt -

hat das Arbeitsgericht Frankfurt - 5. Kammer -

durch den Richter am Arbeitsgericht Schmidt als Vorsitzenden und die ehrenamtlichen Richter Schulze und Meyer

aufgrund der mündlichen Verhandlung vom 10.2.2000

für Recht erkannt:

1. Es wird festgestellt, daß das Arbeitsverhältnis durch die Kündigung vom 16.6.1999 nicht aufgelöst wurde.

2. Das Arbeitsverhältnis wird mit dem 31.12.1999 aufgelöst. Die Beklagte wird gemäß §§ 9, 10 KSchG zur Zahlung einer Abfindung in Höhe von DM 30.000,- verurteilt.

3. Die Beklagte hat die Kosten des Rechtsstreits zu tragen.

4. Der Streitwert wird auf DM 25.200,- festgesetzt.

Schmidt, Richter am Arbeitsgericht

Augenscheinlich hat sich das Gericht hier nicht an die Faustregel gehalten. Das kann natürlich jederzeit vorkommen. Das Gericht hat möglicherweise berücksichtigt, daß Herr Müller mittlerweile wieder eine Arbeit gefunden hat.

Die Gerichtsgebühren, die das Gericht nunmehr von der X-Bank anfordert, betragen DM 1.000,-. Das ist die höchste Gebühr, die in Arbeitsgerichtsverfahren erhoben wird. Der Anwalt der X-Bank bekommt nach der Bundesrechtsanwaltsgebührenordnung (BRAGO) DM 3.355,- zzgl. Mehrwertsteuer. Diesen Betrag hätte auch Herr Müller bezahlen müssen, wenn er sich einen Anwalt genommen hätte.

Beschäftigungsanspruch während des Kündigungsschutzverfahrens

8.1 Allgemeines

Aufgrund der langen Prozeßdauer wird es nicht selten so sein, daß die Kündigungsfrist bereits abgelaufen ist, bevor das Gericht über die Wirksamkeit der Kündigung entschieden hat. Dieser Schwebezustand ist für beide Parteien nicht besonders angenehm.

Der Arbeitnehmer hat nunmehr ein Interesse daran, trotz schwebendem Kündigungsschutzverfahren weiterbeschäftigt zu werden. Der zuvor (S. 174) angesprochene Beschäftigungsanspruch setzt ja einen Arbeitsvertrag voraus, so daß sich hieraus kein Beschäftigungsanspruch ergeben kann. Dennoch hat er in drei Fällen einen Anspruch auf Weiterbeschäftigung, den er notfalls gerichtlich durch eine einstweilige Verfügung durchsetzen kann:

- Nach § 102 Abs. 5 BetrVG hat der Arbeitnehmer im Fall einer ordentlichen Kündigung durch den Arbeitgeber, wenn der Betriebsrat der Kündigung frist- und ordnungsgemäß widersprochen und der Arbeitnehmer eine Kündigungsschutzklage erhoben hat, Anspruch auf Weiterbeschäftigung.
- Unabhängig davon hat der Arbeitnehmer einen Weiterbeschäftigungsanspruch, wenn die Kündigung offensichtlich unwirksam ist oder
- wenn bereits eine erste Instanz entschieden hat, daß die Kündigung rechtsunwirksam ist (BAG GS v. 27.2.1985 - GS 1/84, AP Nr. 14 zu § 611 BGB - Beschäftigungspflicht).

8.2 Vergütungsanspruch

Gewinnt der Arbeitnehmer später den Prozeß, so hat das Arbeitsverhältnis nie geendet, es besteht also noch und hat auch während des Prozesses bestanden. Grundsätzlich gilt aber: „Ohne Arbeit kein Lohn!“ Hat der Arbeitnehmer also in dem betreffenden Zeitraum nicht gearbeitet, so hat er keinen Entgeltanspruch, es sei denn, er setzt seinen Arbeitgeber in „Annahmeverzug“. Das bedeutet, daß er seine Arbeitskraft anbietet, der Arbeitgeber diese aber nicht annimmt.

Hat der Betriebsrat nicht widersprochen und liegt auch keine offensichtlich unwirksame Kündigung vor (da Juristen im Zweifel über alles streiten, ist für sie selten etwas „offensichtlich“), so ist für den Arbeitnehmer wichtig, daß er ungeachtet des fehlenden Weiterbeschäftigungsanspruchs während des Prozesses seine Arbeitskraft weiterhin anbietet.

Wie sollte sich demnach ein Arbeitnehmer nun im Kündigungsschutzprozeß verhalten? Hat der Arbeitnehmer bis zum Kündigungstermin gearbeitet und zu diesem Zeitpunkt Kündigungsschutzklage erhoben, so muß er nichts weiter unternehmen. In der Erhebung der Klage liegt bereits das Angebot, man wolle arbeiten. Ansonsten muß der Arbeitnehmer seine Arbeitsleistung ausdrücklich anbieten. Meldet sich der Arbeitnehmer krank, so tritt der Annahmeverzug nur ein, wenn der Arbeitnehmer dem Arbeitgeber die Wiederherstellung der Arbeitsfähigkeit mitteilt und ihn auffordert, ihm Arbeit zuzuweisen.

Der Arbeitnehmer muß sich nach § 11 KSchG dasjenige Arbeitsentgelt anrechnen lassen, „1. was er durch anderweitige Arbeit verdient hat, 2. was er hätte verdienen können, wenn er es nicht böswillig unterlassen hätte, eine ihm zumutbare Arbeit anzunehmen, 3. was ihm an öffentlich-rechtlichen Leistungen infolge Arbeitslosigkeit ... für die Zwischenzeit gezahlt worden ist ...“ Wie bereits ausgeführt, muß der Arbeitnehmer keine Arbeit annehmen, die ihn dazu zwingen würde, seinerseits das Arbeitsverhältnis, um dessen Bestand er streitet, zu kündigen.

Anhang

Auszüge aus Gesetzestexten

1.

1.1 Bürgerliches Gesetzbuch (BGB)

Sechster Titel: Dienstvertrag

§ 611.

(1) Durch den Dienstvertrag wird derjenige, welcher Dienste zusagt, zur Leistung der versprochenen Dienste, der andere Teil zur Gewährung der vereinbarten Vergütung verpflichtet.

(2) Gegenstand des Dienstvertrags können Dienste jeder Art sein.

§ 611 a.

(1) Der Arbeitgeber darf einen Arbeitnehmer bei einer Vereinbarung oder einer Maßnahme, insbesondere bei der Begründung des Arbeitsverhältnisses, beim beruflichen Aufstieg, bei einer Weisung oder einer Kündigung, nicht wegen seines Geschlechtes benachteiligen. Eine unterschiedliche Behandlung wegen des Geschlechtes ist jedoch zulässig, soweit eine Vereinbarung oder eine Maßnahme die Art der vom Arbeitnehmer auszuübenden Tätigkeit zum Gegenstand hat und ein bestimmtes Geschlecht unverzichtbare Voraussetzung für diese Tätigkeit ist. Wenn im Streitfall der Arbeitnehmer Tatsachen glaubhaft macht, die eine Benach-

teiligung wegen des Geschlechtes vermuten lassen, trägt der Arbeitgeber die Beweislast dafür, daß nicht auf das Geschlecht bezogene, sachliche Gründe eine unterschiedliche Behandlung rechtfertigen oder das Geschlecht unverzichtbare Voraussetzung für die auszuübende Tätigkeit ist.

(2) Hat der Arbeitgeber bei der Begründung eines Arbeitsverhältnisses einen Verstoß gegen das Benachteiligungsverbot des Absatzes 1 zu vertreten, so kann der hierdurch benachteiligte Bewerber eine angemessene Entschädigung in Geld in Höhe von höchstens drei Monatsverdiensten verlangen. Als Monatsverdienst gilt, was dem Bewerber bei regelmäßiger Arbeitszeit in dem Monat, in dem das Arbeitsverhältnis hätte begründet werden sollen, an Geld- und Sachbezügen zugestanden hätte.

(3) Ist ein Arbeitsverhältnis wegen eines vom Arbeitgeber zu vertretenden Verstoßes gegen das Benachteiligungsverbot des Absatzes 1 nicht begründet worden, so besteht kein Anspruch auf Begründung eines Arbeitsverhältnisses.

(4) Ein Anspruch auf Entschädigung nach Absatz 2 muß innerhalb von zwei Monaten nach Zugang der Ablehnung der Bewerbung schriftlich geltend gemacht werden.

(5) Die Absätze 2 und 4 gelten beim beruflichen Aufstieg entsprechend, wenn auf den Aufstieg kein Anspruch besteht.

§ **§ 611 b.**

Der Arbeitgeber darf einen Arbeitsplatz weder öffentlich noch innerhalb des Betriebes nur für Männer oder nur für Frauen ausschreiben, es sei denn, daß der Fall des § 611 a Abs. 1 Satz 2 vorliegt.

§ **§ 612.**

(1) Eine Vergütung gilt als stillschweigend vereinbart, wenn die Dienstleistung den Umständen nach nur gegen eine Vergütung zu erwarten ist.

(2) Ist die Höhe der Vergütung nicht bestimmt, so ist bei dem Bestehen einer Taxe die taxmäßige Vergütung in Ermangelung einer Taxe die übliche Vergütung als vereinbart anzusehen.

(3) Bei einem Arbeitsverhältnis darf für gleiche oder für gleichwertige Arbeit nicht wegen des Geschlechts des Arbeitnehmers eine geringere Vergütung vereinbart werden als bei einem Arbeitnehmer des anderen Geschlechts. Die Vereinbarung einer geringeren Vergütung wird nicht dadurch gerechtfertigt, daß wegen des Geschlechts des Arbeitnehmers besondere Schutzvorschriften gelten. § 611 a Abs. 1 Satz 3 ist entsprechend anzuwenden.

§ 612 a.

Der Arbeitgeber darf einen Arbeitnehmer bei einer Vereinbarung oder einer Maßnahme nicht benachteiligen, weil der Arbeitnehmer in zulässiger Weise seine Rechte ausübt.

§ 613.

Der zur Dienstleistung Verpflichtete hat die Dienste im Zweifel in Person zu leisten. Der Anspruch auf die Dienste ist im Zweifel nicht übertragbar.

§ 613 a.

(1) Geht ein Betrieb oder Betriebsteil durch Rechtsgeschäft auf einen anderen Inhaber über, so tritt dieser in die Rechte und Pflichten aus den im Zeitpunkt des Übergangs bestehenden Arbeitsverhältnissen ein. Sind die Rechte und Pflichten durch Rechtsnormen eines Tarifvertrags oder durch eine Betriebsvereinbarung geregelt, so werden sie Inhalt des Arbeitsverhältnisses zwischen dem neuen Inhaber und dem Arbeitnehmer und dürfen nicht vor Ablauf eines Jahres nach dem Zeitpunkt des Übergangs zum Nachteil des Arbeitnehmers geändert werden. Satz 2 gilt nicht, wenn die Rechte und Pflichten bei dem neuen Inhaber durch Rechtsnormen eines anderen Tarifvertrags oder durch eine andere Betriebsvereinbarung geregelt werden. Vor Ablauf der Frist nach Satz 2 können die Rechte und Pflichten geändert werden, wenn der Tarifvertrag oder die Betriebsvereinbarung nicht mehr gilt oder bei fehlender beidseitiger Tarifgebundenheit im Geltungsbereich eines anderen Tarifvertrags des-

sen Anwendung zwischen dem neuen Inhaber und dem Arbeitnehmer vereinbart wird.

(2) Der bisherige Arbeitgeber haftet neben dem neuen Inhaber für Verpflichtungen nach Absatz 1, soweit sie vor dem Zeitpunkt des Übergangs entstanden sind und vor Ablauf von einem Jahr nach diesem Zeitpunkt fällig werden, als Gesamtschuldner. Werden solche Verpflichtungen nach dem Zeitpunkt des Übergangs fällig, so haftet der bisherige Arbeitgeber für sie jedoch nur in dem Umfang, der dem im Zeitpunkt des Übergangs abgelaufenen Teil ihres Bemessungszeitraums entspricht.

(3) Absatz 2 gilt nicht, wenn eine juristische Person oder eine Personenhandelsgesellschaft durch Umwandlung erlischt.

(4) Die Kündigung des Arbeitsverhältnisses eines Arbeitnehmers durch den bisherigen Arbeitgeber oder durch den neuen Inhaber wegen des Übergangs eines Betriebs oder eines Betriebsteils ist unwirksam. Das Recht zur Kündigung des Arbeitsverhältnisses aus anderen Gründen bleibt unberührt.

§ 614.

Die Vergütung ist nach der Leistung der Dienste zu entrichten. Ist die Vergütung nach Zeitabschnitten bemessen, so ist nach dem Ablaufe der einzelnen Zeitabschnitte zu entrichten.

§ 615.

Kommt der Dienstberechtigte mit der Annahme der Dienste in Verzug, so kann der Verpflichtete für die infolge des Verzugs nicht geleisteten Dienste die vereinbarte Vergütung verlangen, ohne zur Nachleistung verpflichtet zu sein. Er muß sich jedoch den Wert desjenigen anrechnen lassen, was er infolge des Unterbleibens der Dienstleistung erspart oder durch anderwertige Verwendung seiner Dienste erwirbt oder zu erwerben böswillig unterläßt.

§ 616.

Der zur Dienstleistung Verpflichtete wird des Anspruchs auf die Vergütung nicht dadurch verlustig, daß er für eine verhältnismäßig nicht erhebliche Zeit durch einen in seiner Person liegenden

Grund ohne sein Verschulden an der Dienstleistung verhindert wird. Er muß sich jedoch den Betrag anrechnen lassen, welcher ihm für die Zeit der Verhinderung aus einer auf Grund gesetzlicher Verpflichtung bestehenden Kranken- oder Unfallversicherung zukommt.

§ 617.

(1) Ist bei einem dauernden Dienstverhältnisse, welches die Erwerbstätigkeit des Verpflichteten vollständig oder hauptsächlich in Anspruch nimmt, der Verpflichtete in die häusliche Gemeinschaft aufgenommen, so hat der Dienstberechtigte ihm im Falle der Erkrankung die erforderliche Verpflegung und ärztliche Behandlung bis zur Dauer von sechs Wochen, jedoch nicht über die Beendigung des Dienstverhältnisses hinaus, zu gewähren, sofern nicht die Erkrankung von dem Verpflichteten vorsätzlich oder durch grobe Fahrlässigkeit herbeigeführt worden ist. Die Verpflegung und ärztliche Behandlung kann durch Aufnahme des Verpflichteten in eine Krankenanstalt gewährt werden. Die Kosten können auf die für die Zeit der Erkrankung geschuldete Vergütung angerechnet werden. Wird das Dienstverhältnis wegen der Erkrankung von dem Dienstberechtigten nach § 626 gekündigt, so bleibt die dadurch herbeigeführte Beendigung des Dienstverhältnisses außer Betracht.

(2) Die Verpflichtung des Dienstberechtigten tritt nicht ein, wenn für die Verpflegung und ärztliche Behandlung durch eine Versicherung oder durch eine Einrichtung der öffentlichen Krankenpflege Vorsorge getroffen ist.

§ 618.

(1) Der Dienstberechtigte hat Räume, Vorrichtungen oder Gerätschaften, die er zur Verrichtung der Dienste zu beschaffen hat, so einzurichten und zu unterhalten, und Dienstleistungen, die unter seiner Anordnung oder seiner Leitung vorzunehmen sind, so zu regeln, daß der Verpflichtete gegen Gefahr für Leben und Gesundheit soweit geschützt ist, als die Natur der Dienstleistung es gestattet.

(2) Ist der Verpflichtete in die häusliche Gemeinschaft aufgenommen, so hat der Dienstberechtigte in Ansehung des Wohn- und Schlafraums, der Verpflegung sowie der Arbeits- und Erholungszeit diejenigen Einrichtungen und Anforderungen zu treffen, welche mit Rücksicht auf die Gesundheit, die Sittlichkeit und die Religion des Verpflichteten erforderlich sind.

(3) Erfüllt der Dienstberechtigte die ihm in Ansehung des Lebens und der Gesundheit des Verpflichteten obliegenden Verpflichtungen nicht, so finden auf seine Verpflichtung zum Schadensersatz die für unerlaubte Handlungen geltenden Vorschriften der §§ 842 bis 846 entsprechende Anwendung.

§ 619.

Die dem Dienstberechtigten nach den §§ 617, 618 obliegenden Verpflichtungen können nicht im voraus durch Vertrag aufgehoben oder beschränkt werden.

§ 620.

(1) Das Dienstverhältnis endigt mit dem Ablaufe der Zeit, für die es eingegangen ist.

(2) Ist die Dauer des Dienstverhältnisses weder bestimmt noch aus der Beschaffenheit oder dem Zwecke der Dienste zu entnehmen, so kann jeder Teil das Dienstverhältnis nach Maßgabe der §§ 621, 622 kündigen.

§ 621.

Bei einem Dienstverhältnis, das kein Arbeitsverhältnis im Sinne des § 622 ist, ist die Kündigung zulässig,

1. wenn die Vergütung nach Tagen bemessen ist, an jedem Tag für den Ablauf des folgenden Tages;
2. wenn die Vergütung nach Wochen bemessen ist, spätestens am ersten Werktag einer Woche für den Ablauf des folgenden Sonnabends;
3. wenn die Vergütung nach Monaten bemessen ist, spätestens am Fünfzehnten eines Monats für den Schluß des Kalendermonats;

4. wenn die Vergütung nach Vierteljahren oder längeren Zeitabschnitten bemessen ist, unter Einhaltung einer Kündigungsfrist von sechs Wochen für den Schluß des Kalendervierteljahres;
5. wenn die Vergütung nicht nach Zeitabschnitten bemessen ist, jederzeit; bei einem, die Erwerbstätigkeit des Verpflichteten vollständig oder hauptsächlich in Anspruch nehmenden Dienstverhältnis, ist jedoch eine Kündigungsfrist von 2 Wochen einzuhalten.

§ 622.

(1) Das Arbeitsverhältnis eines Arbeiters oder eines Angestellten (Arbeitnehmers) kann mit einer Frist von vier Wochen zum Fünfzehnten oder zum Ende eines Kalendermonats gekündigt werden.

(2) Für eine Kündigung durch den Arbeitgeber beträgt die Kündigungsfrist, wenn das Arbeitsverhältnis in dem Betrieb oder Unternehmen

1. zwei Jahre bestanden hat, einen Monat zum Ende eines Kalendermonats,
2. fünf Jahre bestanden hat, zwei Monate zum Ende eines Kalendermonats,
3. acht Jahre bestanden hat, drei Monate zum Ende eines Kalendermonats,
4. zehn Jahre bestanden hat, vier Monate zum Ende eines Kalendermonats,
5. zwölf Jahre bestanden hat, fünf Monate zum Ende eines Kalendermonats,
6. fünfzehn Jahre bestanden hat, sechs Monate zum Ende eines Kalendermonats,
7. zwanzig Jahre bestanden hat, sieben Monate zum Ende eines Kalendermonats.

Bei der Berechnung der Beschäftigungsdauer werden Zeiten, die vor der Vollendung des fünfundzwanzigsten Lebensjahres des Arbeitnehmers liegen, nicht berücksichtigt.

(3) Während einer vereinbarten Probezeit, längstens für die Dauer von sechs Monaten, kann das Arbeitsverhältnis mit einer Frist von zwei Wochen gekündigt werden.

(4) Von den Absätzen 1 bis 3 abweichende Regelungen können durch Tarifvertrag vereinbart werden. Im Geltungsbereich eines solchen Tarifvertrags gelten die abweichenden tarifvertraglichen Bestimmungen zwischen nichttarifgebundenen Arbeitgebern und Arbeitnehmern, wenn ihre Anwendung zwischen ihnen vereinbart ist.

(5) Einzelvertraglich kann eine kürzere als die in Absatz 1 genannte Kündigungsfrist nur vereinbart werden,

1. wenn ein Arbeitnehmer zur vorübergehenden Aushilfe eingestellt ist; dies gilt nicht, wenn das Arbeitsverhältnis über die Zeit von drei Monaten hinaus fortgesetzt wird;
2. wenn der Arbeitgeber in der Regel nicht mehr als zwanzig Arbeitnehmer ausschließlich der zu ihrer Berufsbildung Beschäftigten beschäftigt und die Kündigungsfrist vier Wochen nicht unterschreitet. Bei der Feststellung der Zahl der beschäftigten Arbeitnehmer sind nur Arbeitnehmer zu berücksichtigen, deren regelmäßige Arbeitszeit wöchentlich zehn Stunden oder monatlich fünfundvierzig Stunden übersteigt. Die einzelvertragliche Vereinbarung längerer als der in den Absätzen 1 bis 3 genannten Kündigungsfristen bleibt hiervon unberührt.

(6) Für die Kündigung des Arbeitsverhältnisses durch den Arbeitnehmer darf keine längere Frist vereinbart werden als für die Kündigung durch den Arbeitgeber.

§ **623.** (aufgehoben)

§ § **624.**

Ist das Dienstverhältnis für die Lebenszeit einer Person oder für längere Zeit als fünf Jahre eingegangen, so kann es von dem Verpflichteten nach dem Ablaufe von fünf Jahren gekündigt werden. Die Kündigungsfrist beträgt sechs Monate.

§ 625.
Wird das Dienstverhältnis nach dem Ablaufe der Dienstzeit von dem Verpflichteten mit Wissen des anderen Teiles fortgesetzt, so gilt es als auf unbestimmte Zeit verlängert, sofern nicht der andere Teil unverzüglich widerspricht.

§ 626.
(1) Das Dienstverhältnis kann von jedem Vertragsteil aus wichtigem Grund ohne Einhaltung einer Kündigungsfrist gekündigt werden, wenn Tatsachen vorliegen, auf Grund derer dem Kündigenden unter Berücksichtigung aller Umstände des Einzelfalles und unter Abwägung der Interessen beider Vertragsteile die Fortsetzung des Dienstverhältnisses bis zum Ablauf der Kündigungsfrist oder bis zu der vereinbarten Beendigung des Dienstverhältnisses nicht zugemutet werden kann.
(2) Die Kündigung kann nur innerhalb von zwei Wochen erfolgen. Die Frist beginnt mit dem Zeitpunkt, an dem der Kündigungsberechtigte von den für die Kündigung maßgebenden Tatsachen Kenntnis erlangt. Der Kündigende muß dem anderen Teil auf Verlangen den Kündigungsgrund unverzüglich schriftlich mitteilen.

§ 627.
(1) Bei einem Dienstverhältnis, das kein Arbeitsverhältnis im Sinne des § 622 ist, ist die Kündigung auch ohne die im § 626 bezeichnete Voraussetzung zulässig, wenn der zur Dienstleistung Verpflichtete, ohne in einem dauernden Dienstverhältnis mit festen Bezügen zu stehen, Dienste höherer Art zu leisten hat, die auf Grund besonderen Vertrauens übertragen zu werden pflegen.
(2) Der Verpflichtete darf nur in der Art kündigen, daß sich der Dienstberechtigte die Dienste anderweitig beschaffen kann, es sei denn, daß ein wichtiger Grund für die unzeitige Kündigung vorliegt. Kündigt er ohne solchen Grund zur Unzeit, so hat er dem Dienstberechtigten den daraus entstehenden Schaden zu ersetzen.

§ 628.

(1) Wird nach dem Beginne der Dienstleistung das Dienstverhältnis auf Grund des § 626 oder des § 627 gekündigt, so kann der Verpflichtete einen seinen bisherigen Leistungen entsprechenden Teil der Vergütung verlangen. Kündigt er, ohne durch vertragswidriges Verhalten des anderen Teiles dazu veranlaßt zu sein, oder veranlaßt er durch sein vertragswidriges Verhalten die Kündigung des anderen Teiles, so steht ihm ein Anspruch auf die Vergütung insoweit nicht zu, als seine bisherigen Leistungen infolge der Kündigung für den anderen Teil kein Interesse haben. Ist die Vergütung für eine spätere Zeit im voraus entrichtet, so hat der Verpflichtete sie nach Maßgabe des § 347 oder, wenn die Kündigung wegen eines Umstandes erfolgt, den er nicht zu vertreten hat, nach den Vorschriften über die Herausgabe einer ungerechtfertigten Bereicherung zurückzuerstatten.

(2) Wird die Kündigung durch vertragswidriges Verhalten des anderen Teiles veranlaßt, so ist dieser zum Ersatze des durch die Aufhebung des Dienstverhältnisses entstehenden Schadens verpflichtet.

§ 629.

Nach der Kündigung eines dauernden Dienstverhältnisses hat der Dienstberechtigte dem Verpflichteten auf Verlangen angemessene Zeit zum Aufsuchen eines anderen Dienstverhältnisses zu gewähren.

§ 630.

Bei der Beendigung eines dauernden Dienstverhältnisses kann der Verpflichtete von dem anderen Teile ein schriftliches Zeugnis über das Dienstverhältnis und dessen Dauer fordern. Das Zeugnis ist auf Verlangen auf die Leistungen und Führung im Dienste zu erstrecken.

Dritter Abschnitt: Rechtsgeschäfte
Zweiter Titel: Willenserklärungen

§ 119.

(1) Wer bei der Abgabe einer Willenserklärung über deren Inhalt im Irrtume war oder eine Erklärung dieses Inhalts überhaupt nicht abgeben wollte, kann die Erklärung anfechten, wenn anzunehmen ist, daß er sie bei Kenntnis der Sachlage und bei verständiger Würdigung des Falles nicht abgegeben haben würde.

(2) Als Irrtum über den Inhalt der Erklärung gilt auch der Irrtum über solche Eigenschaften der Person oder der Sache, die im Verkehr als wesentlich angesehen werden.

§ 120.

Eine Willenserklärung, welche durch die zur Übermittlung verwendete Person oder Anstalt unrichtig übermittelt worden ist, kann unter der gleichen Voraussetzung angefochten werden wie nach § 119 eine irrtümlich abgegebene Willenserklärung.

§ 121.

(1) Die Anfechtung muß in den Fällen der §§ 119, 120 ohne schuldhaftes Zögern (unverzüglich) erfolgen, nachdem der Anfechtungberechtigte von dem Anfechtungsgrunde Kenntnis erlangt hat. Die einem Abwesenden gegenüber erfolgte Anfechtung gilt als rechtzeitig erfolgt, wenn die Anfechtungserklärung unverzüglich abgesendet worden ist.

(2) Die Anfechtung ist ausgeschlossen, wenn seit der Abgabe der Willenserklärung dreißig Jahre verstrichen sind.

§ 122.

(1) Ist eine Willenserklärung nach § 118 nichtig oder auf Grund der §§ 119, 120 angefochten, so hat der Erklärende, wenn die Erklärung einem anderen gegenüber abzugeben war, diesem, andernfalls jedem Dritten den Schaden zu ersetzen, den der andere oder der Dritte dadurch erleidet, daß er auf die Gültigkeit der Erklärung vertraut, jedoch nicht über den

Betrag des Interesses hinaus, welches der andere oder der Dritte an der Gültigkeit der Erklärung hat.

(2) Die Schadensersatzpflicht tritt nicht ein, wenn der Beschädigte den Grund der Nichtigkeit oder der Anfechtbarkeit kannte oder infolge von Fahrlässigkeit nicht kannte (kennen mußte).

§ 123.

(1) Wer zur Abgabe einer Willenserklärung durch arglistige Täuschung oder widerrechtlich durch Drohung bestimmt worden ist, kann die Erklärung anfechten.

(2) Hat ein Dritter die Täuschung verübt, so ist eine Erklärung, die einem anderen gegenüber abzugeben war, nur dann anfechtbar, wenn dieser die Täuschung kannte oder kennen mußte. Soweit ein anderer als derjenige, welchem gegenüber die Erklärung abzugeben war, aus der Erklärung unmittelbar ein Recht erworben hat, ist die Erklärung ihm gegenüber anfechtbar, wenn er die Täuschung kannte oder kennen mußte.

§ 124.

(1) Die Anfechtung einer nach § 123 anfechtbaren Willenserklärung kann nur binnen Jahresfrist erfolgen.

(2) Die Frist beginnt im Falle der arglistigen Täuschung, mit dem Zeitpunkt, in welchem der Anfechtungsberechtigte die Täuschung entdeckt, im Falle der Drohung mit dem Zeitpunkt, in welchem die Zwangslage aufhört. Auf den Lauf der Frist finden die für die Verjährung geltenden Vorschriften des § 203 Abs. 2 und der §§ 206, 207 entsprechende Anwendung.

(3) Die Anfechtung ist ausgeschlossen, wenn seit der Abgabe der Willenserklärung dreißig Jahre verstrichen sind.

Vierter Abschnitt - Fristen - Termine

§ 186.

Für die in Gesetzen, gerichtlichen Verfügungen und Rechtsgeschäften enthaltenen Frist- und Terminbestimmungen gelten die Auslegungsvorschriften der §§ 187 bis 193.

§ 187.

(1) Ist für den Anfang einer Frist ein Ereignis oder ein in den Lauf eines Tages fallender Zeitpunkt maßgebend, so wird bei der Berechnung der Frist der Tag nicht mitgerechnet, in welchen das Ereignis oder der Zeitpunkt fällt.

(2) Ist der Beginn eines Tages der für den Anfang einer Frist maßgebende Zeitpunkt, so wird dieser Tag bei der Berechnung der Frist mitgerechnet. Das gleiche gilt von dem Tage der Geburt bei der Berechnung des Lebensalters.

§ 188.

(1) Eine nach Tagen bestimmte Frist endigt mit dem Ablaufe des letzten Tages der Frist.

(2) Eine Frist, die nach Wochen, nach Monaten oder nach einem mehrere Monate umfassenden Zeitraume - Jahr, halbes Jahr, Vierteljahr - bestimmt ist, endigt im Falle des § 187 Abs. 1 mit dem Ablaufe desjenigen Tages der letzten Woche oder des letzten Monats, welcher durch seine Benennung oder seine Zahl dem Tage entspricht, in den das Ereignis oder der Zeitpunkt fällt, im Falle des § 187 Abs. 2 mit dem Ablaufe desjenigen Tages der letzten Woche oder des letzten Monats, welcher dem Tage vorhergeht, der durch seine Benennung oder seine Zahl dem Anfangstage der Frist entspricht.

(3) Fehlt bei einer nach Monaten bestimmten Frist in dem letzten Monate der für ihren Ablauf maßgebende Tag, so endigt die Frist mit dem Ablaufe des letzten Tages dieses Monats.

§ 189.

(1) Unter einem halben Jahre wird eine Frist von sechs Monaten, unter einem Vierteljahre eine Frist von drei Monaten, unter einem halben Monat eine Frist von fünfzehn Tagen verstanden.

(2) Ist eine Frist auf einen oder mehrere ganze Monate und einem halben Monat gestellt, so sind die fünfzehn Tage zuletzt zu zählen.

§ 190.

Im Falle der Verlängerung einer Frist wird die neue Frist von dem Ablaufe der vorigen Frist anberechnet.

§ 191.

Ist ein Zeitraum nach Monaten oder nach Jahren in dem Sinne bestimmt, daß er nicht zusammenhängend zu verlaufen braucht, so wird der Monat zu dreißig, das Jahr zu dreihundertfünfundsechzig Tagen gerechnet.

§ 192.

Unter Anfang des Monats wird der erste, unter Mitte des Monats der fünfzehnte, unter Ende des Monats der letzte Tag des Monats verstanden.

§ 193.

Ist an einem bestimmten Tag oder innerhalb einer Frist eine Willenserklärung abzugeben oder eine Leistung zu bewirken und fällt der bestimmte Tag oder der letzte Tag der Frist auf einen Sonntag, einen am Erklärungs- oder Leistungsorte staatlich anerkannten allgemeinen Feiertag oder einen Sonnabend, so tritt an die Stelle eines solchen Tages der nächste Werktag.

Fünfter Abschnitt – Verjährung

§ 194.

(1) Das Recht, von einem anderen ein Tun oder ein Unterlassen zu verlangen (Anspruch), unterliegt der Verjährung.

(2) Der Anspruch aus einem familienrechtlichen Verhältnis unterliegt der Verjährung nicht, soweit er auf die Herstellung des dem Verhältnis entsprechenden Zustandes für die Zukunft gerichtet ist.

§ 195.

(1) Die regelmäßige Verjährungsfrist beträgt dreißig Jahre.

§ 196.

(1) In zwei Jahren verjähren die Ansprüche:

1. – 7. ...

8. derjenigen, welche im Privatdienste stehen, wegen des Gehalts, Lohnes oder anderer Dienstbezüge, mit Einschluß der Auslagen, sowie der Dienstberechtigten wegen der auf solche Ansprüche gewährten Vorschüsse;
9. der gewerblichen Arbeiter - Gesellen, Gehilfen, Lehrlinge, Fabrikarbeiter -, der Tagelöhner und Handarbeiter wegen des Lohnes und anderer anstelle oder als Teil des Lohnes vereinbarter Leistungen, mit Einschluß der Auslagen, sowie der Arbeitgeber wegen der auf solche Ansprüche gewährten Vorschüsse;
10. der Lehrherren und Lehrmeister wegen des Lehrgeldes und anderer im Lehrvertrage vereinbarter Leistungen sowie wegen der für Lehrlinge bestrittenen Auslagen;

11. – 17. ...

(2) ...

1.2 Nachweisgesetz (NachwG)

Gesetz über den Nachweis der für ein Arbeitsverhältnis geltenden wesentlichen Bedingungen
Vom 20. Juli 1995 (BGBI. I S. 946)

§ **§ 1** Anwendungsbereich.
Dieses Gesetz gilt für Arbeitnehmer, die nicht
1. zu vorübergehender Aushilfe oder einer anderen gelegentlichen Tätigkeit, deren Gesamtdauer 400 Stunden innerhalb eines Jahres nicht übersteigt, eingestellt werden oder
2. hauswirtschaftliche, erzieherische oder pflegerische Tätigkeiten in einem Familienhaushalt ausüben, wenn die Tätigkeit die Grenzen des § 8 Abs. 1 des vierten Buches Sozialgesetzbuch nicht überschreitet.

§ **§ 2** Nachweispflicht.
(1) Der Arbeitgeber hat spätestens einen Monat nach dem vereinbarten Beginn des Arbeitsverhältnisses die wesentlichen Vertragsbedingungen schriftlich niederzulegen, die Niederschrift zu unterzeichnen und dem Arbeitnehmer auszuhändigen. In die Niederschrift sind mindestens aufzunehmen:
   1. der Name und die Anschrift der Vertragsparteien,
   2. der Zeitpunkt des Beginns des Arbeitsverhältnisses,
   3. bei befristeten Arbeitsverhältnissen: die vorhersehbare Dauer des Arbeitsverhältnisses,
   4. der Arbeitsort oder, falls der Arbeitnehmer nicht nur an einem bestimmten Arbeitsort tätig sein soll, ein Hinweis darauf, daß der Arbeitnehmer an verschiedenen Orten beschäftigt werden kann,
   5. die Bezeichnung oder allgemeine Beschreibung der vom Arbeitnehmer zu leistenden Tätigkeit,
   6. die Zusammensetzung und die Höhe des Arbeitsentgelts einschließlich der Zuschläge, der Zulagen, Prämien und Sonderzahlungen sowie anderer Bestandteile des Arbeitsentgelts und deren Fälligkeit,

7. die vereinbarte Arbeitszeit,
8. die Dauer des jährlichen Erholungsurlaubs,
9. die Fristen für die Kündigung des Arbeitsverhältnisses,
10. ein in allgemeiner Form gehaltener Hinweis auf die Tarifverträge, Betriebs- und Dienstvereinbarungen, die auf das Arbeitsverhältnis anzuwenden sind.

(2) Hat der Arbeitnehmer seine Arbeitsleistung länger als einen Monat außerhalb der Bundesrepublik Deutschland zu erbringen, so muß die Niederschrift dem Arbeitnehmer vor seiner Abreise ausgehändigt werden und folgende zusätzliche Angaben erhalten:
1. die Dauer der im Ausland auszuübenden Tätigkeit,
2. die Währung, in der das Arbeitsentgelt ausgezahlt wird,
3. ein zusätzliches mit dem Auslandaufenthalt verbundenes Arbeitsentgelt und damit verbundene zusätzliche Sachleistungen,
4. die vereinbarten Bedingungen für die Rückkehr des Arbeitnehmers.

(3) Die Angaben nach Absatz 1 Satz 2 Nr. 6 bis 9 und Absatz 2 Nr. 2 und 3 können ersetzt werden durch einen Hinweis auf die einschlägigen Tarifverträge, Betriebs- und Dienstvereinbarungen und ähnlichen Regelungen, die für das Arbeitsverhältnis gelten. Ist in den Fällen des Absatzes 1 Satz 2 Nr. 8 und 9 die jeweilige gesetzliche Regelung maßgebend, so kann hierauf verwiesen werden.

(4) Wenn dem Arbeitnehmer ein schriftlicher Arbeitsvertrag ausgehändigt worden ist, entfällt die Verpflichtung nach den Absätzen 1 und 2, soweit der Vertrag die in den Absätzen 1 bis 3 geforderten Angaben enthält.

§ 3 Änderung der Angaben.

§

Eine Änderung der wesentlichen Vertragsbedingungen ist dem Arbeitnehmer spätestens einen Monat nach der Änderung schriftlich mitzuteilen. Satz 1 gilt nicht bei einer Änderung der gesetzlichen Vorschriften, Tarifverträge, Betriebs- oder Dienstvereinbarungen und ähnlichen Regelungen, die für das Arbeitsverhältnis gelten.

§ **§ 4** Übergangsvorschrift.
Hat das Arbeitsverhältnis bereits bei Inkrafttreten dieses Gesetzes bestanden, so ist dem Arbeitnehmer auf sein Verlangen innerhalb von zwei Monaten eine Niederschrift im Sinne des § 2 auszuhändigen. Soweit eine früher ausgestellte Niederschrift oder ein schriftlicher Arbeitsvertrag die nach diesem Gesetz erforderlichen Angaben enthält, entfällt diese Verpflichtung.

§ **§ 5** Unabdingbarkeit.
Von den Vorschriften dieses Gesetzes kann nicht zuungunsten des Arbeitnehmers abgewichen werden.

1.3 Bundesurlaubsgesetz (BUrlG)

Vom 8. Januar 1963 (BGBl. I S. 2)
Zuletzt geändert durch das Gesetz vom 25. September 1996 (BGBl. I S. 1476)

§ **§ 1** Urlaubsanspruch.
Jeder Arbeitnehmer hat in jedem Kalenderjahr Anspruch auf bezahlten Erholungsurlaub.

§ **§ 2** Geltungsbereich.
Arbeitnehmer im Sinne des Gesetzes sind Arbeiter und Angestellte sowie die zu ihrer Berufsausbildung Beschäftigten. Als Arbeitnehmer gelten auch Personen, die wegen ihrer wirtschaftlichen Unselbständigkeit als arbeitnehmerähnliche Personen anzusehen sind; für den Bereich der Heimarbeit gilt § 12.

§ **§ 3** Dauer des Urlaubs.
(1) Der Urlaub beträgt jährlich mindestens 24 Werktage.
(2) Als Werktage gelten alle Kalendertage, die nicht Sonn- oder gesetzliche Feiertage sind.

§ 4 Wartezeit.
Der volle Urlaubsanspruch wird erstmalig nach sechsmonatigem Bestehen des Arbeitsverhältnisses erworben.

§ 5 Teilurlaub.
(1) Anspruch auf ein Zwölftel des Jahresurlaubs für jeden vollen Monat des Bestehens des Arbeitsverhältnisses hat der Arbeitnehmer
  a) für Zeiten eines Kalenderjahres, für die er wegen Nichterfüllung der Wartezeit in diesem Kalenderjahr keinen vollen Urlaubsanspruch erwirbt;
  b) wenn er vor erfüllter Wartezeit aus dem Arbeitsverhältnis ausscheidet;
  c) wenn er nach erfüllter Wartezeit in der ersten Hälfte eines Kalenderjahres aus dem Arbeitsverhältnis ausscheidet.
(2) Bruchteile von Urlaubstagen, die mindestens einen halben Tag ergeben, sind auf volle Urlaubstage aufzurunden.
(3) Hat der Arbeitnehmer im Falle des Absatzes 1 Buchstabe c bereits Urlaub über den ihm zustehenden Umfang hinaus erhalten, so kann das dafür gezahlte Urlaubsentgelt nicht zurückgefordert werden.

§ 6 Ausschluß von Doppelansprüchen.
(1) Der Anspruch auf Urlaub besteht nicht, soweit dem Arbeitnehmer für das laufende Kalenderjahr bereits von einem früheren Arbeitgeber Urlaub gewährt worden ist.
(2) Der Arbeitgeber ist verpflichtet, bei Beendigung des Arbeitsverhältnisses dem Arbeitnehmer eine Bescheinigung über den im laufenden Kalenderjahr gewährten oder abgegoltenen Urlaub auszuhändigen.

§ 7 Zeitpunkt, Übertragbarkeit und Abgeltung des Urlaubs.
(1) Bei der zeitlichen Festlegung des Urlaubs sind die Urlaubswünsche des Arbeitnehmers zu berücksichtigen, es sei denn, daß ihrer Berücksichtigung dringende betriebliche Belange oder Urlaubswünsche anderer Arbeitnehmer, die unter so-

zialen Gesichtspunkten den Vorrang verdienen, entgegenstehen. Der Urlaub ist zu gewähren, wenn der Arbeitnehmer dies im Anschluß an eine Maßnahme der medizinischen Vorsorge oder Rehabilitation verlangt.

(2) Der Urlaub ist zusammenhängend zu gewähren, es sei denn, daß dringende betriebliche oder in der Person des Arbeitnehmers liegende Gründe eine Teilung des Urlaubs erforderlich machen. Kann der Urlaub aus diesen Gründen nicht zusammenhängend gewährt werden, und hat der Arbeitnehmer Anspruch auf Urlaub von mehr als zwölf Werktagen, so muß einer der Urlaubsteile mindestens zwölf aufeinanderfolgende Werktage umfassen.

(3) Der Urlaub muß im laufenden Kalenderjahr gewährt und genommen werden. Eine Übertragung des Urlaubs auf das nächste Kalenderjahr ist nur statthaft, wenn dringende betriebliche oder in der Person des Arbeitnehmers liegende Gründe dies rechtfertigen. Im Fall der Übertragung muß der Urlaub in den ersten drei Monaten des folgenden Kalenderjahres gewährt und genommen werden. Auf Verlangen des Arbeitnehmers ist ein nach § 5 Abs. 1 Buchstabe a entstehender Teilurlaub jedoch auf das nächste Kalenderjahr zu übertragen.

(4) Kann der Urlaub wegen Beendigung des Arbeitsverhältnisses ganz oder teilweise nicht mehr gewährt werden, so ist er abzugelten.

§ **§ 8** Erwerbstätigkeit während des Urlaubs.
Während des Urlaubs darf der Arbeitnehmer keine dem Urlaubszweck widersprechende Erwerbstätigkeit leisten.

§ **§ 9** Erkrankung während des Urlaubs.
Erkrankt ein Arbeitnehmer während des Urlaubs, so werden die durch ärztliches Zeugnis nachgewiesenen Tage der Arbeitsunfähigkeit auf den Jahresurlaub nicht angerechnet.

§ **§ 11** Urlaubsentgelt.
(1) Das Urlaubsentgelt bemißt sich nach dem durchschnitt-

lichen Arbeitsverdienst, das der Arbeitnehmer in den letzten dreizehn Wochen vor dem Beginn des Urlaubs erhalten hat, mit Ausnahme des zusätzlich für Überstunden gezahlten Arbeitsverdienstes. Bei Verdiensterhöhungen nicht nur vorübergehender Natur, die während des Berechnungszeitraums oder des Urlaubs eintreten, ist von dem erhöhten Verdienst auszugehen. Verdienstkürzungen, die im Berechnungszeitraum infolge von Kurzarbeit, Arbeitsausfällen oder unverschuldeter Arbeitsversäumnis eintreten, bleiben für die Berechnung des Urlaubsentgelts außer Betracht. Zum Arbeitsentgelt gehörende Sachbezüge, die während des Urlaubs nicht weitergewährt werden, sind für die Dauer des Urlaubs angemessen in bar abzugelten.

(2) Das Urlaubsentgelt ist vor Antritt des Urlaubs auszuzahlen.

§ **13** Unabdingbarkeit.

(1) Von den vorstehenden Vorschriften mit Ausnahme der §§ 1, 2 und 3 Abs. 1 kann in Tarifverträgen abgewichen werden. Die abweichenden Bestimmungen haben zwischen nichttarifgebundenen Arbeitgebern und Arbeitnehmern Geltung, wenn zwischen diesen die Anwendung der einschlägigen tariflichen Urlaubsregelung vereinbart ist. Im übrigen kann, abgesehen von § 7 Abs. 2 Satz 2, von den Bestimmungen dieses Gesetzes nicht zuungunsten des Arbeitnehmers abgewichen werden.

(2) Für das Baugewerbe oder sonstige Wirtschaftszweige, in denen als Folge häufigen Ortswechsels der von den Betrieben zu leistenden Arbeit Arbeitsverhältnisse von kürzerer Dauer als einem Jahr in erheblichem Umfange üblich sind, kann durch Tarifvertrag von den vorstehenden Vorschriften über die in Absatz 1 Satz 1 vorgesehene Grenze hinaus abgewichen werden, soweit dies zur Sicherung eines zusammenhängenden Jahresurlaubs für alle Arbeitnehmer erforderlich ist. Absatz 1 Satz 2 findet entsprechende Anwendung.

(3) Für den Bereich der Deutsche Bahn Aktiengesellschaft sowie einer gemäß § 2 Abs. 1 und § 3 Abs. 3 des Deutsche Bahn Gründungsgesetzes vom 27. Dezember 1993 (BGBl.

I S. 2378, 2386) ausgegliederten Gesellschaft und für den Bereich der Deutschen Bundespost kann von der Vorschrift über das Kalenderjahr als Urlaubsjahr (§ 1) in Tarifverträgen abgewichen werden.

1.4 Kündigungsschutzgesetz (KSchG)

In der Fassung der Bekanntmachung vom 25. August 1969 (BGBl. I S.1317)
Zuletzt geändert durch Gesetz vom 24. März 1997 (BGBl. I S. 594)

Erster Abschnitt. Allgemeiner Kündigungsschutz

§ **§ 1** Sozial ungerechtfertigte Kündigungen.

(1) Die Kündigung des Arbeitsverhältnisses gegenüber einem Arbeitnehmer, dessen Arbeitsverhältnis in demselben Betrieb oder Unternehmen ohne Unterbrechung länger als sechs Monate bestanden hat, ist rechtsunwirksam, wenn sie sozial ungerechtfertigt ist.

(2) Sozial ungerechtfertigt ist die Kündigung, wenn sie nicht durch Gründe, die in der Person oder in dem Verhalten des Arbeitnehmers liegen, oder durch dringende betriebliche Erfordernisse, die einer Weiterbeschäftigung des Arbeitnehmers in diesem Betrieb entgegenstehen, bedingt ist. Die Kündigung ist auch sozial ungerechtfertigt, wenn

1. in Betrieben des privaten Rechts
   a) die Kündigung gegen eine Richtlinie nach § 95 des Betriebsverfassungsgesetzes verstößt,
   b) der Arbeitnehmer an einem anderen Arbeitsplatz in demselben Betrieb oder in einem anderen Betrieb des Unternehmens weiterbeschäftigt werden kann und der Betriebsrat oder eine andere nach dem Betriebsverfassungsgesetz insoweit zuständige Vertretung der Arbeitnehmer aus einem dieser Gründe der

Kündigung innerhalb der Frist des § 102 Abs. 2 Satz 1 des Betriebsverfassungsgesetzes schriftlich widersprochen hat,

2. in Betrieben und Verwaltungen des öffentlichen Rechts
   a) die Kündigung gegen eine Richtlinie über die personelle Auswahl bei Kündigungen verstößt,
   b) der Arbeitnehmer an einem anderen Arbeitsplatz in derselben Dienststelle oder in einer anderen Dienststelle desselben Verwaltungszweiges an demselben Dienstort einschließlich seines Einzugsgebietes weiterbeschäftigt werden kann

   und die zuständige Personalvertretung aus einem dieser Gründe fristgerecht gegen die Kündigung Einwendungen erhoben hat, es sei denn, daß die Stufenvertretung in der Verhandlung mit der übergeordneten Dienststelle die Einwendungen nicht aufrechterhalten hat.

   Satz 2 gilt entsprechend, wenn die Weiterbeschäftigung des Arbeitnehmers nach zumutbaren Umschulungs- oder Fortbildungsmaßnahmen oder eine Weiterbeschäftigung des Arbeitnehmers unter geänderten Arbeitsbedingungen möglich ist und der Arbeitnehmer sein Einverständnis hiermit erklärt hat. Der Arbeitgeber hat die Tatsachen zu beweisen, die die Kündigung bedingen.

(3) Ist einem Arbeitnehmer aus dringenden betrieblichen Erfordernissen im Sinne des Absatzes 2 gekündigt worden, so ist die Kündigung trotzdem sozial ungerechtfertigt, wenn der Arbeitgeber bei der Auswahl des Arbeitnehmers die Dauer der Betriebszugehörigkeit, das Lebensalter und die Unterhaltspflichten des Arbeitnehmers nicht oder nicht ausreichend berücksichtigt hat; auf Verlangen des Arbeitnehmers hat der Arbeitgeber dem Arbeitnehmer die Gründe anzugeben, die zu der getroffenen sozialen Auswahl geführt haben. In die soziale Auswahl nach Satz 1 sind Arbeitnehmer nicht einzubeziehen, deren Weiterbeschäftigung, insbesondere wegen ihrer Kenntnisse, Fähigkeiten und Leistungen oder

zur Sicherung einer ausgewogenen Personalstruktur des Betriebes, im berechtigten betrieblichen Interesse liegt. Der Arbeitnehmer hat die Tatsachen zu beweisen, die die Kündigung als sozial ungerechtfertigt im Sinne des Satzes 1 erscheinen lassen.

(4) Ist in einem Tarifvertrag, in einer Betriebsvereinbarung nach § 95 des Betriebsverfassungsgesetzes oder in einer entsprechenden Richtlinie nach den Personalvertretungsgesetzen festgelegt, wie die sozialen Gesichtspunkte nach Absatz 3 Satz 1 im Verhältnis zueinander zu bewerten sind, so kann die Bewertung nur auf grobe Fehlerhaftigkeit überprüft werden. Das gleiche gilt für eine Richtlinie mit Regelungen im Sinne des Satzes 1, die ein Arbeitgeber in Betrieben oder Verwaltungen ohne gewählte Arbeitnehmervertretung mit Zustimmung von mindestens zwei Dritteln der Arbeitnehmer des Betriebes oder der Dienststelle schriftlich erläßt. Satz 2 ist auf Kündigungen anwendbar, die nach Ablauf von sechs Monaten nach Erlaß der Richtlinie erklärt werden.

(5) Sind bei einer Kündigung auf Grund einer Betriebsänderung nach § 111 des Betriebsverfassungsgesetzes die Arbeitnehmer, denen gekündigt werden soll, in einem Interessenausgleich zwischen Arbeitgeber und Betriebsrat namentlich bezeichnet, so wird vermutet, daß die Kündigung durch dringende betriebliche Erfordernisse im Sinne des Absatzes 2 bedingt ist. Die soziale Auswahl der Arbeitnehmer kann nur auf grobe Fehlerhaftigkeit überprüft werden. Die Sätze 1 und 2 gelten nicht, soweit sich die Sachlage nach Zustandekommen des Interessenausgleichs wesentlich geändert hat. Der Interessenausgleich nach Satz 1 ersetzt die Stellungnahme des Betriebsrats nach § 17 Abs. 3 Satz 2.

§ **§ 2** Änderungskündigung.

Kündigt der Arbeitgeber das Arbeitsverhältnis und bietet er dem Arbeitnehmer im Zusammenhang mit der Kündigung die Fortsetzung des Arbeitsverhältnisses zu geänderten Arbeitsbedingungen an, so kann der Arbeitnehmer dieses Angebot unter dem Vorbehalt annehmen, daß die Änderung der Arbeitsbedingungen nicht sozial ungerechtfertigt ist (§ 1 Abs. 2 Satz 1 bis 3, Abs. 3 Satz 1 und 2). Diesen Vorbehalt muß der Arbeitnehmer dem Arbeitgeber innerhalb der Kündigungsfrist, spätestens jedoch innerhalb von drei Wochen nach Zugang der Kündigung erklären.

§ **3** Kündigungseinspruch.
Hält der Arbeitnehmer eine Kündigung für sozial ungerechtfertigt, so kann er binnen einer Woche nach der Kündigung Einspruch beim Betriebsrat einlegen. Erachtet der Betriebsrat den Einspruch für begründet, so hat er zu versuchen, eine Verständigung mit dem Arbeitgeber herbeizuführen. Er hat seine Stellungnahme zu dem Einspruch dem Arbeitnehmer und dem Arbeitgeber auf Verlangen schriftlich mitzuteilen.

§ **4** Anrufung des Arbeitsgerichtes.
Will ein Arbeitnehmer geltend machen, daß eine Kündigung sozial ungerechtfertigt ist, so muß er innerhalb von drei Wochen nach Zugang der Kündigung Klage beim Arbeitsgericht auf Feststellung erheben, daß das Arbeitsverhältnis durch die Kündigung nicht aufgelöst ist. Im Falle des § 2 ist die Klage auf Feststellung zu erheben, daß die Änderung der Arbeitsbedingungen sozial ungerechtfertigt ist. Hat der Arbeitnehmer Einspruch beim Betriebsrat eingelegt (§ 3), so soll er der Klage die Stellungnahme des Betriebsrates beifügen. Soweit die Kündigung der Zustimmung einer Behörde bedarf, läuft die Frist zur Anrufung des Arbeitsgerichtes erst von der Bekanntgabe der Entscheidung der Behörde an den Arbeitnehmer ab.

§ **5** Zulassung verspäteter Klagen.
(1) War ein Arbeitnehmer nach erfolgter Kündigung trotz Anwendung aller ihm nach Lage der Umstände zuzumutenden Sorgfalt verhindert, die Klage innerhalb von drei Wochen nach Zugang der Kündigung zu erheben, so ist auf seinen Antrag die Klage nachträglich zuzulassen.
(2) Mit dem Antrag ist die Klageerhebung zu verbinden; ist die Klage bereits eingereicht, so ist auf sie im Antrag Bezug zu

nehmen. Der Antrag muß ferner die Angabe der die nachträgliche Zulassung begründenden Tatsachen und der Mittel für deren Glaubhaftmachung enthalten.

(3) Der Antrag ist nur innerhalb von zwei Wochen nach Behebung des Hindernisses zulässig. Nach Ablauf von sechs Monaten, vom Ende der versäumten Frist an gerechnet, kann der Antrag nicht mehr gestellt werden.

(4) Über den Antrag entscheidet das Arbeitsgericht durch Beschluß. Gegen diesen ist die sofortige Beschwerde zulässig.

§ **§ 6** Verlängerte Anrufungsfrist.

Hat ein Arbeitnehmer innerhalb von drei Wochen nach Zugang der Kündigung aus anderen als den in § 1 Abs. 2 und 3 bezeichneten Gründen im Klagewege geltend gemacht, daß eine rechtswirksame Kündigung nicht vorliege, so kann er in diesem Verfahren bis zum Schluß der mündlichen Verhandlung erster Instanz auch die Unwirksamkeit der Kündigung gemäß § 1 Abs. 2 und 3 geltend machen. Das Arbeitsgericht soll ihn hierauf hinweisen.

§ **§ 7** Wirksamwerden der Kündigung.

Wird die Rechtsunwirksamkeit einer sozial ungerechtfertigten Kündigung nicht rechtzeitig geltend gemacht (§ 4 Satz 1, §§ 5 und 6), so gilt die Kündigung, wenn sie nicht aus anderem Grunde rechtsunwirksam ist, als von Anfang an rechtswirksam; ein vom Arbeitnehmer nach § 2 erklärter Vorbehalt erlischt.

§ **§ 8** Wiederherstellung der früheren Arbeitsbedingungen.

Stellt das Gericht im Falle des § 2 fest, daß die Änderung der Arbeitsbedingungen sozial ungerechtfertigt ist, so gilt die Änderungskündigung als von Anfang an rechtsunwirksam.

§ **§ 9** Auflösung des Arbeitsverhältnisses durch Urteil des Gerichts; Abfindung des Arbeitnehmers.

(1) Stellt das Gericht fest, daß das Arbeitsverhältnis durch die Kündigung nicht aufgelöst ist, ist jedoch dem Arbeitnehmer die Fortsetzung des Arbeitsverhältnisses nicht zuzumuten,

so hat das Gericht auf Antrag des Arbeitnehmers das Arbeitsverhältnis aufzulösen und den Arbeitgeber zur Zahlung einer angemessenen Abfindung zu verurteilen. Die gleiche Entscheidung hat das Gericht auf Antrag des Arbeitgebers zu treffen, wenn Gründe vorliegen, die eine den Betriebszwecken dienliche weitere Zusammenarbeit zwischen Arbeitgeber und Arbeitnehmer nicht erwarten lassen. Arbeitnehmer und Arbeitgeber können den Antrag auf Auflösung des Arbeitsverhältnisses bis zum Schluß der letzten mündlichen Verhandlung in der Berufungsinstanz stellen.

(2) Das Gericht hat für die Auflösung des Arbeitsverhältnisses den Zeitpunkt festzusetzen, an dem es bei sozial gerechtfertigter Kündigung geendet hätte.

§ 10 Höhe der Abfindung.

(1) Als Abfindung ist ein Betrag bis zu zwölf Monatsverdiensten festzusetzen.

(2) Hat der Arbeitnehmer das fünfzigste Lebensjahr vollendet und hat das Arbeitsverhältnis mindestens fünfzehn Jahre bestanden, so ist ein Betrag bis zu fünfzehn Monatsverdiensten, hat der Arbeitnehmer das fünfundfünfzigste Lebensjahr vollendet und hat das Arbeitsverhältnis mindestens zwanzig Jahre bestanden, so ist ein Betrag bis zu achtzehn Monatsverdiensten festzusetzen. Dies gilt nicht, wenn der Arbeitnehmer in dem Zeitpunkt, den das Gericht nach § 9 Abs. 2 für die Auflösung des Arbeitsverhältnisses festsetzt, das in der Vorschrift des Sechsten Buches Sozialgesetzbuch über die Regelaltersrente bezeichnete Lebensalter erreicht hat.

(3) Als Monatsverdienst gilt, was dem Arbeitnehmer bei der für ihn maßgebenden regelmäßigen Arbeitszeit in dem Monat, in dem das Arbeitsverhältnis endet (§ 9 Abs. 2), an Geld und Sachbezügen zusteht.

§ 11 Anrechnung auf entgangenen Zwischenverdienst.

Besteht nach der Entscheidung des Gerichts das Arbeitsverhältnis fort, so muß sich der Arbeitnehmer auf das Arbeitsentgelt, das ihm der Arbeitgeber für die Zeit nach der Entlassung schuldet, anrechnen lassen,

1. was er durch anderweitige Arbeit verdient hat,
2. was er hätte verdienen können, wenn er es nicht böswillig unterlassen hätte, eine ihm zumutbare Arbeit anzunehmen,
3. was ihm an öffentlich-rechtlichen Leistungen infolge Arbeitslosigkeit aus der Sozialversicherung, der Arbeitslosenversicherung, der Arbeitslosenhilfe oder der Sozialhilfe für die Zwischenzeit gezahlt worden ist. Diese Beträge hat der Arbeitgeber der Stelle zu erstatten, die sie geleistet hat.

§ **§ 12** Neues Arbeitsverhältnis des Arbeitnehmers; Auflösung des alten Arbeitsverhältnisses.

Besteht nach der Entscheidung des Gerichts das Arbeitsverhältnis fort, ist jedoch der Arbeitnehmer inzwischen ein neues Arbeitsverhältnis eingegangen, so kann er binnen einer Woche nach der Rechtskraft des Urteils durch Erklärung gegenüber dem alten Arbeitgeber die Fortsetzung des Arbeitsverhältnisses bei diesem verweigern. Die Frist wird auch durch eine vor ihrem Ablauf zur Post gegebene schriftliche Erklärung gewahrt. Mit dem Zugang der Erklärung erlischt das Arbeitsverhältnis. Macht der Arbeitnehmer von seinem Verweigerungsrecht Gebrauch, so ist ihm entgangener Verdienst nur für die Zeit zwischen der Entlassung und dem Tage des Eintritts in das neue Arbeitsverhältnis zu gewähren. § 11 findet entsprechende Anwendung.

§ **§ 13** Verhältnis zu sonstigen Kündigungen.

(1) Die Vorschriften über das Recht zur außerordentlichen Kündigung eines Arbeitsverhältnisses werden durch das vorliegende Gesetz nicht berührt. Die Rechtsunwirksamkeit einer außerordentlichen Kündigung kann jedoch nur nach Maßgabe des § 4 Satz 1 und der §§ 5 bis 7 geltend gemacht werden. Stellt das Gericht fest, daß die außerordentliche Kündigung unbegründet ist, ist jedoch dem Arbeitnehmer die Fortsetzung des Arbeitsverhältnisses nicht zuzumuten, so hat auf seinen Antrag das Gericht das Arbeitsverhältnis aufzulösen und den Arbeitgeber zur Zahlung einer ange-

messenen Abfindung zu verurteilen; die Vorschriften des § 9 Abs. 2 und der §§ 10 bis 12 gelten entsprechend.

(2) Verstößt eine Kündigung gegen die guten Sitten, so kann der Arbeitnehmer ihre Nichtigkeit unabhängig von den Vorschriften dieses Gesetzes geltend machen. Erhebt er innerhalb von drei Wochen nach Zugang der Kündigung Klage auf Feststellung, daß das Arbeitsverhältnis durch die Kündigung nicht aufgelöst ist, so finden die Vorschriften des § 9 Abs. 1 Satz 1 und Abs. 2 und der §§ 10 bis 12 entsprechende Anwendung; die Vorschriften des § 5 über Zulassung verspäteter Klagen und des § 6 über verlängerte Anrufungsfrist gelten gleichfalls entsprechend.

(3) Im übrigen finden die Vorschriften dieses Abschnitts auf eine Kündigung, die bereits aus anderen als den in § 1 Abs. 2 und 3 bezeichneten Gründen rechtsunwirksam ist, keine Anwendung.

§ **14** Angestellte in leitender Stellung.

(1) Die Vorschriften dieses Abschnitts gelten nicht
1. in Betrieben einer juristischen Person für die Mitglieder des Organs, das zur gesetzlichen Vertretung der juristischen Person berufen ist,
2. in Betrieben einer Personengesamtheit für die durch Gesetz, Satzung oder Gesellschaftsvertrag zur Vertretung der Personengesamtheit berufenen Personen.

(2) Auf Geschäftsführer, Betriebsleiter und ähnliche leitende Angestellte, soweit diese zur selbständigen Einstellung oder Entlassung von Arbeitnehmern berechtigt sind, finden die Vorschriften dieses Abschnitts mit Ausnahme des § 3 Anwendung. § 9 Abs. 1 Satz 2 findet mit der Maßgabe Anwendung, daß der Antrag des Arbeitgebers auf Auflösung des Arbeitsverhältnisses keiner Begründung bedarf.

Zweiter Abschnitt. Kündigungsschutz im Rahmen der Betriebsverfassung und Personalvertretung

§ **§ 15** Unzulässigkeit der Kündigung.

(1) Die Kündigung eines Mitglieds eines Betriebsrats, einer Jugend- und Auszubildendenvertretung, einer Bordvertretung oder eines Seebetriebsrats ist unzulässig, es sei denn, daß Tatsachen vorliegen, die den Arbeitgeber zur Kündigung aus wichtigem Grund ohne Einhaltung einer Kündigungsfrist berechtigen, und daß die nach § 103 des Betriebsverfassungsgesetzes erforderliche Zustimmung vorliegt oder durch gerichtliche Entscheidung ersetzt ist. Nach Beendigung der Amtszeit ist die Kündigung eines Mitglieds eines Betriebsrats, einer Jugend- und Auszubildendenvertretung oder eines Seebetriebsrats innerhalb eines Jahres, die Kündigung eines Mitglieds einer Bordvertretung innerhalb von sechs Monaten, jeweils vom Zeitpunkt der Beendigung der Amtszeit an gerechnet, unzulässig, es sei denn, daß Tatsachen vorliegen, die den Arbeitgeber zur Kündigung aus wichtigem Grund ohne Einhaltung einer Kündigungsfrist berechtigen; dies gilt nicht, wenn die Beendigung der Mitgliedschaft auf einer gerichtlichen Entscheidung beruht.

(2) Die Kündigung eines Mitglieds einer Personalvertretung, einer Jugend- und Auszubildendenvertretung oder einer Jugendvertretung ist unzulässig, es sei denn, daß Tatsachen vorliegen, die den Arbeitgeber zur Kündigung aus wichtigem Grund ohne Einhaltung einer Kündigungsfrist berechtigen, und daß die nach dem Personalvertretungsrecht erforderliche Zustimmung vorliegt oder durch gerichtliche Entscheidung ersetzt ist. Nach Beendigung der Amtszeit der in Satz 1 genannten Personen ist ihre Kündigung innerhalb eines Jahres, vom Zeitpunkt der Beendigung der Amtszeit an gerechnet, unzulässig, es sei denn, daß Tatsachen vorliegen, die den Arbeitgeber zur Kündigung aus wichtigem Grund ohne Einhaltung einer Kündigungsfrist berechtigen; dies gilt nicht, wenn die Beendigung der Mitgliedschaft auf einer gerichtlichen Entscheidung beruht.

(3) Die Kündigung eines Mitglieds eines Wahlvorstands ist vom Zeitpunkt seiner Bestellung an, die Kündigung eines Wahlbewerbers vom Zeitpunkt der Aufstellung des Wahlvorschlags an, jeweils bis zur Bekanntgabe des Wahlergebnisses unzulässig, es sei denn, daß Tatsachen vorliegen, die den Arbeitgeber zur Kündigung aus wichtigem Grund ohne Einhaltung einer Kündigungsfrist berechtigen, und daß die nach § 103 des Betriebsverfassungsgesetzes oder nach dem Personalvertretungsrecht erforderliche Zustimmung vorliegt oder durch eine gerichtliche Entscheidung ersetzt ist. Innerhalb von sechs Monaten nach Bekanntgabe des Wahlergebnisses ist die Kündigung unzulässig, es sei denn, daß Tatsachen vorliegen, die den Arbeitgeber zur Kündigung aus wichtigem Grund ohne Einhaltung einer Kündigungsfrist berechtigen; dies gilt nicht für Mitglieder des Wahlvorstands, wenn dieser durch gerichtliche Entscheidung durch einen anderen Wahlvorstand ersetzt worden ist.

(4) Wird der Betrieb stillgelegt, so ist die Kündigung der in den Absätzen 1 bis 3 genannten Personen frühestens zum Zeitpunkt der Stillegung zulässig, es sei denn, daß ihre Kündigung zu einem früheren Zeitpunkt durch zwingende betriebliche Erfordernisse bedingt ist.

(5) Wird eine der in den Absätzen 1 bis 3 genannten Personen in einer Betriebsabteilung beschäftigt, die stillgelegt wird, so ist sie in eine andere Betriebsabteilung zu übernehmen. Ist dies aus betrieblichen Gründen nicht möglich, so findet auf ihre Kündigung die Vorschrift des Absatzes 4 über die Kündigung bei Stillegung des Betriebs sinngemäß Anwendung.

§ **16** Neues Arbeitsverhältnis; Auflösung des alten Arbeitsverhältnisses.

Stellt das Gericht die Unwirksamkeit der Kündigung einer der in § 15 Abs. 1 bis 3 genannten Personen fest, so kann diese Person, falls sie inzwischen ein neues Arbeitsverhältnis eingegangen ist, binnen einer Woche nach Rechtskraft des Urteils durch Erklärung gegenüber dem alten Arbeitgeber die Weiterbeschäftigung bei diesem verweigern. Im übrigen finden die Vorschriften des § 11 und des § 12 Satz 2 bis 4 entsprechende Anwendung.

Vierter Abschnitt. Schlußbestimmungen

§ **§ 23** Geltungsbereich.

(1) Die Vorschriften des Ersten und Zweiten Abschnitts gelten für Betriebe und Verwaltungen des privaten und des öffentlichen Rechts, vorbehaltlich der Vorschriften des § 24 für die Seeschiffahrts-, Binnenschiffahrts- und Luftverkehrsbetriebe. Die Vorschriften des ersten Abschnitts gelten nicht für Betriebe und Verwaltungen, in denen in der Regel zehn oder weniger Arbeitnehmer ausschließlich der zu ihrer Berufsbildung Beschäftigten beschäftigt werden. Bei der Feststellung der Zahl der beschäftigen Arbeitnehmer nach Satz 2 sind teilzeitbeschäftigte Arbeitnehmer mit einer regelmäßigen wöchentlichen Arbeitszeit von nicht mehr als zehn Stunden mit 0,25, nicht mehr als 20 Stunden mit 0,5 und nicht mehr als 30 Stunden mit 0,75 zu berücksichtigen. Die Sätze 2 und 3 berühren bis zum 30. September 1999 nicht die Rechtsstellung der Arbeitnehmer, die am 30. September 1996 gegenüber ihrem Arbeitgeber Rechte aus der bis zu diesem Zeitpunkt geltenden Fassung der Sätze 2 bis 4 in Verbindung mit dem Ersten Abschnitt dieses Gesetzes hätten herleiten können; § 1 Abs. 3 bis 5 findet Anwendung.

(2) Die Vorschriften des Dritten Abschnitts gelten für Betriebe und Verwaltungen des privaten Rechts sowie für Betriebe, die von einer öffentlichen Verwaltung geführt werden, soweit sie wirtschaftliche Zwecke verfolgen. Sie gelten nicht für Seeschiffe und ihre Besatzung.

1.5 Sozialgesetzbuch. Viertes Buch (SGB IV)

Gesetzliche Rentenversicherung

vom 18. Dezember 1989 (BGBl. I S. 2261, ber. 1990 S. 1337) Zuletzt geändert durch Gesetz vom 29. April 1997 (BGBl. I S. 968)

§ **41** Stufenweise Anhebung und Flexibilisierung der Altersgrenzen von 60 und 63 Jahren.

(1) – (3) ...

(4) Der Anspruch des Versicherten auf eine Rente wegen Alters ist nicht als ein Grund anzusehen, der die Kündigung eines Arbeitsverhältnisses durch den Arbeitgeber nach dem Kündigungsschutzgesetz bedingen kann. Bei einer Kündigung aus dringenden betrieblichen Erfordernissen darf bei der sozialen Auswahl der Anspruch eines Arbeitnehmers auf eine Rente wegen Alters vor Vollendung des 65. Lebensjahres nicht berücksichtigt werden. Eine Vereinbarung, die die Beendigung des Arbeitsverhältnisses eines Arbeitnehmers ohne Kündigung zu einem Zeitpunkt vorsieht, in dem der Arbeitnehmer vor Vollendung des 65. Lebensjahres eine Rente wegen Alters beantragen kann, gilt dem Arbeitnehmer gegenüber als auf die Vollendung des 65. Lebensjahres abgeschlossen, es sei denn, daß die Vereinbarung innerhalb der letzten drei Jahre vor diesem Zeitpunkt abgeschlossen oder von dem Arbeitnehmer bestätigt worden ist.

1.6 Mutterschutzgesetz (MuSchG)

Gesetz zum Schutze der erwerbstätigen Mutter

In der Fassung der Bekanntmachung vom 17. Januar 1997 (BGBl. I S. 22, ber. S. 293)

Dritter Abschnitt – Kündigung

§ **§ 9** Kündigungsverbot.

(1) Die Kündigung gegenüber einer Frau während der Schwangerschaft und bis zum Ablauf von vier Monaten nach der Entbindung ist unzulässig, wenn dem Arbeitgeber zur Zeit der Kündigung die Schwangerschaft oder Entbindung bekannt war oder innerhalb zweier Wochen nach Zugang der Kündigung mitgeteilt wird; das Überschreiten dieser Frist ist unschädlich, wenn es auf einem von der Frau nicht zu vertretenden Grund beruht und die Mitteilung unverzüglich nachgeholt wird. Die Vorschrift des Satzes 1 gilt für Frauen, die den in Heimarbeit Beschäftigten gleichgestellt sind, nur, wenn sich die Gleichstellung auch auf den Neunten Abschnitt – Kündigung – des Heimarbeitergesetzes vom 14. März 1951 (BGBl. I S. 191) erstreckt.

(2) Kündigt eine schwangere Frau, gilt § 5 Abs. 1 Satz 3 entsprechend.

(3) Die für den Arbeitsschutz zuständige oberste Landesbehörde oder die von ihr bestimmte Stelle kann in besonderen Fällen, die nicht mit dem Zustand einer Frau während der Schwangerschaft oder ihrer Lage bis zum Ablauf von vier Monaten nach der Entbindung in Zusammenhang stehen, ausnahmsweise die Kündigung für zulässig erklären. Die Kündigung bedarf der schriftlichen Form, und sie muß den zulässigen Kündigungsgrund angeben.

(4) In Heimarbeit Beschäftigte und ihnen Gleichgestellte dürfen während der Schwangerschaft und bis zum Ablauf von

vier Monaten nach der Entbindung nicht gegen ihren Willen bei der Ausgabe von Heimarbeit ausgeschlossen werden; die Vorschriften der §§ 3, 4, 6 und 8 Abs. 5 bleiben unberührt.

§ 9 a. (weggefallen)

§ 10 Erhaltung von Rechten.

(1) Eine Frau kann während der Schwangerschaft und während der Schutzfrist nach der Entbindung (§ 6 Abs. 1) das Arbeitsverhältnis ohne Einhaltung einer Frist zum Ende der Schutzfrist nach der Entbindung kündigen.

(2) Wird das Arbeitsverhältnis nach Absatz 1 aufgelöst und wird die Frau innerhalb eines Jahres nach der Entbindung in ihrem bisherigen Betrieb wieder eingestellt, so gilt, soweit Rechte aus dem Arbeitsverhältnis von der Dauer der Betriebs- oder Berufszugehörigkeit oder von der Dauer der Beschäftigungs- oder Dienstzeit abhängen, das Arbeitsverhältnis als nicht unterbrochen. Dies gilt nicht, wenn die Frau in der Zeit von der Auflösung des Arbeitsverhältnisses bis zur Wiedereinstellung bei einem anderem Arbeitgeber beschäftigt war.

Vierter Abschnitt – Leistungen

§ 11 Arbeitsentgelt bei Beschäftigungsverboten.

(1) Den unter den Geltungsbereich des § 1 fallenden Frauen ist, soweit sie nicht Mutterschaftsgeld nach den Vorschriften der Reichsversicherungsordnung beziehen können, vom Arbeitgeber mindestens der Durchschnittsverdienst der letzten dreizehn Wochen oder der letzten drei Monate vor Beginn des Monats, in dem die Schwangerschaft eingetreten ist, weiter zu gewähren, wenn sie wegen eines Beschäftigungsverbots nach § 3 Abs. 1, §§ 4, 6 Abs. 2 oder 3 oder wegen des Mehr-, Nacht- oder Sonntagsarbeitsverbots nach § 8 Abs. 1, 3 oder 5 teilweise oder völlig mit der Arbeit

auszusetzen. Dies gilt auch, wenn wegen dieser Verbote die Beschäftigung oder die Entlohnungsart wechselt. Wird das Arbeitsverhältnis erst nach Eintritt der Schwangerschaft begonnen, so ist der Durchschnittsverdienst aus dem Arbeitsentgelt der ersten dreizehn Wochen oder drei Monate der Beschäftigung zu berechnen. Hat das Arbeitsverhältnis nach Satz 1 oder 3 kürzer gedauert, so ist der kürzere Zeitraum der Berechnung zugrunde zu legen. Zeiten, in denen kein Arbeitsentgelt erzielt wurde, bleiben außer Betracht.

(2) Bei Verdiensterhöhungen nicht nur vorübergehender Natur, die während oder nach Ablauf des Berechnungszeitraums eintreten, ist von dem erhöhten Verdienst auszugehen. Verdienstkürzungen, die im Berechnungszeitraum infolge von Kurzarbeit, Arbeitsausfällen oder unverschuldeter Arbeitsversäumnis eintreten, bleiben für die Berechnung des Durchschnittsverdienstes außer Betracht.

(3) Die Bundesregierung wird ermächtigt, durch Rechtsverordnung mit Zustimmung des Bundesrates Vorschriften über die Berechnung des Durchschnittsverdienstes im Sinne der Absätze 1 und 2 zu erlassen.

1.7 Schwerbehindertengesetz (SchwbG)

Gesetz zur Sicherung der Eingliederung Schwerbehinderter in Arbeit, Beruf und Gesellschaft
In der Fassung der Bekanntmachung vom 26. August 1986 (BGBl. I S. 1421, ber. S. 1550)
Zuletzt geändert durch Gesetz vom 24. März 1997 (BGBl. I S. 594)

Vierter Abschnitt – Kündigungsschutz

§ **15** Erfordernis der Zustimmung.
Die Kündigung des Arbeitsverhältnisses eines Schwerbehinderten durch den Arbeitgeber bedarf der vorherigen Zustimmung der Hauptfürsorgestelle.

§ **16** Kündigungsfrist.
Die Kündigungsfrist beträgt mindestens 4 Wochen.

§ **17** Antragsverfahren.
(1) Die Zustimmung zur Kündigung hat der Arbeitgeber bei der für den Sitz des Betriebes oder der Dienststelle zuständigen Hauptfürsorgestelle schriftlich, und zwar in doppelter Ausfertigung zu beantragen. Der Begriff des Betriebes und der Begriff der Dienststelle im Sinne dieses Gesetzes bestimmen sich nach dem Betriebsverfassungsgesetz und dem Personalvertretungsrecht.
(2) Die Hauptfürsorgestelle holt eine Stellungnahme des zuständigen Arbeitsamtes, des Betriebsrates oder Personalrates und der Schwerbehindertenvertretung ein. Sie hat ferner den Schwerbehinderten zu hören.
(3) Die Hauptfürsorgestelle hat in jeder Lage des Verfahrens auf eine gütliche Einigung hinzuwirken.

§ **§ 18** Entscheidung der Hauptfürsorgestelle.

(1) Die Hauptfürsorgestelle soll die Entscheidung, falls erforderlich auf Grund mündlicher Verhandlung, innerhalb eines Monats vom Tage des Eingangs des Antrages an treffen.

(2) Die Entscheidung ist dem Arbeitgeber und dem Schwerbehinderten zuzustellen. Dem Arbeitsamt ist eine Abschrift der Entscheidung zu übersenden.

(3) Erteilt die Hauptfürsorgestelle die Zustimmung zur Kündigung, kann der Arbeitgeber die Kündigung nur innerhalb eines Monats nach Zustellung erklären.

(4) Widerspruch und Anfechtungsklage gegen die Zustimmung der Hauptfürsorgestelle zur Kündigung haben keine aufschiebende Wirkung.

§ **§ 19** Einschränkungen der Ermessensentscheidung.

(1) Die Hauptfürsorgestelle hat die Zustimmung zu erteilen bei Kündigungen in Betrieben und Dienststellen, die nicht nur vorübergehend eingestellt oder aufgelöst werden, wenn zwischen dem Tage der Kündigung und dem Tage, bis zu dem Gehalt oder Lohn gezahlt wird, mindestens 3 Monate liegen. Unter der gleichen Voraussetzung soll sie die Zustimmung auch bei Kündigungen in Betrieben und Dienststellen erteilen, die nicht nur vorübergehend wesentlich eingeschränkt werden, wenn die Gesamtzahl der verbleibenden Schwerbehinderten zur Erfüllung der Verpflichtung nach § 5 ausreicht. Die Sätze 1 und 2 gelten nicht, wenn eine Weiterbeschäftigung auf einem anderen Arbeitsplatz desselben Betriebes oder derselben Dienststelle oder auf einem freien Arbeitsplatz in einem anderen Betrieb oder einer anderen Dienststelle desselben Arbeitgebers mit Einverständnis des Schwerbehinderten möglich und für den Arbeitgeber zumutbar ist.

(2) Die Hauptfürsorgestelle soll die Zustimmung erteilen, wenn dem Schwerbehinderten ein anderer angemessener und zumutbarer Arbeitsplatz gesichert ist.

§ **20** Ausnahmen.

(1) Die Vorschriften dieses Abschnitts gelten nicht für Schwerbehinderte,
deren Arbeitsverhältnis im Zeitpunkt des Zugangs der Kündigungserklärung ohne Unterbrechung noch nicht länger als 6 Monate besteht oder
die auf Stellen im Sinne des § 7 Abs. 2 Nr. 2 bis 6 beschäftigt werden oder
deren Arbeitsverhältnis durch Kündigung beendet wird, sofern sie nicht das 58. Lebensjahr vollendet haben und Anspruch auf eine Abfindung, Entschädigung oder ähnliche Leistung auf Grund eines Sozialplanes haben oder
Anspruch auf Knappschaftsausgleichsleistung nach dem Sechsten Buch Sozialgesetzbuch oder auf Anpassungsgeld für entlassene Arbeitnehmer des Bergbaus haben,
wenn der Arbeitgeber ihnen die Kündigungsabsicht rechtzeitig mitgeteilt hat und sie der beabsichtigten Kündigung bis zu deren Ausspruch nicht widersprechen.

(2) Die Vorschriften dieses Abschnitts finden ferner bei Entlassungen die aus Witterungsgründen vorgenommen werden, keine Anwendung, sofern die Wiedereinstellung der Schwerbehinderten bei Wiederaufnahme der Arbeit gewährleistet ist.

(3) Der Arbeitgeber hat Einstellungen auf Probe und die Beendigung von Arbeitsverhältnissen Schwerbehinderter in den Fällen des Absatzes 1 Nr. 1 unabhängig von der Anzeigepflicht nach anderen Gesetzen der Hauptfürsorgestelle innerhalb von 4 Tagen anzuzeigen.

§ **21** Außerordentliche Kündigung.

(1) Die Vorschriften dieses Abschnitts gelten mit Ausnahme von § 16 auch bei außerordentlicher Kündigung, soweit sich aus den folgenden Bestimmungen nichts Abweichendes ergibt.

(2) Die Zustimmung zur Kündigung kann nur innerhalb von 2 Wochen beantragt werden; maßgebend ist der Eingang des Antrages bei der Hauptfürsorgestelle. Die Frist beginnt mit

dem Zeitpunkt, indem der Arbeitgeber von den für die Kündigung maßgebenden Tatsachen Kenntnis erlangt.

(3) Die Hauptfürsorgestelle hat die Entscheidung innerhalb von 2 Wochen vom Tage des Eingangs des Antrages an zu treffen. Wird innerhalb dieser Frist eine Entscheidung nicht getroffen, gilt die Zustimmung als erteilt.

(4) Die Hauptfürsorgestelle soll die Zustimmung erteilen, wenn die Kündigung aus einem Grunde erfolgt, der nicht im Zusammenhang mit der Behinderung steht.

(5) Die Kündigung kann auch nach Ablauf der Frist des § 626 Abs. 2 Satz 1 des Bürgerlichen Gesetzbuchs erfolgen, wenn sie unverzüglich nach Erteilung der Zustimmung erklärt wird.

(6) Schwerbehinderte, denen lediglich aus Anlaß eines Streiks oder einer Aussperrung fristlos gekündigt worden ist, sind nach Beendigung des Streiks oder der Aussperrung wieder einzustellen.

§ **§ 22** Erweiterter Beendigungsschutz.

Die Beendigung des Arbeitsverhältnisses eines Schwerbehinderten bedarf auch dann der vorherigen Zustimmung der Hauptfürsorgestelle, wenn sie im Falle des Eintritts der Berufsunfähigkeit oder der Erwerbsunfähigkeit auf Zeit ohne Kündigung erfolgt. Die Vorschriften dieses Abschnitts über die Zustimmung zur ordentlichen Kündigung gelten entsprechend.

1.8 Betriebsverfassungsgesetz (BetrVG)

In der Fassung der Bekanntmachung vom 23. Dezember 1988 (BGBl. 1989 S. 1, ber. S. 902)
Zuletzt geändert durch Gesetz vom 24. März 1997 (BGBl. I S. 594)

Fünfter Abschnitt - Personelle Angelegenheiten

Erster Unterabschnitt

Allgemeine personelle Angelegenheiten

§ 92 Personalplanung.

(1) Der Arbeitgeber hat den Betriebsrat über die Personalplanung, insbesondere über den gegenwärtigen und künftigen Personalbedarf sowie über die sich daraus ergebenden personellen Maßnahmen und Maßnahmen der Berufsbildung an Hand von Unterlagen rechtzeitig und umfassend zu unterrichten. Er hat mit dem Betriebsrat über Art und Umfang der erforderlichen Maßnahmen und über die Vermeidung von Härten zu beraten.

(2) Der Betriebsrat kann dem Arbeitgeber Vorschläge für die Ausführung einer Personalplanung einschließlich Maßnahmen im Sinne des § 80 Abs. 1 Nr. 2a und ihre Durchführung machen.

§ 93 Ausschreibung von Arbeitsplätzen.

Der Betriebsrat kann verlangen, daß Arbeitsplätze, die besetzt werden sollen, allgemein oder für bestimmte Arten von Tätigkeiten vor ihrer Besetzung innerhalb des Betriebs ausgeschrieben werden. Er kann anregen, daß sie auch als Teilzeitarbeitsplätze ausgeschrieben werden. Ist der Arbeitgeber bereit, Arbeitsplätze auch mit Teilzeitbeschäftigten zu besetzen, ist hierauf in der Ausschreibung hinzuweisen.

§ **§ 94** Personalfragebogen, Beurteilungsgrundsätze.

(1) Personalfragebogen bedürfen der Zustimmung des Betriebsrats. Kommt eine Einigung über ihren Inhalt nicht zustande, so entscheidet die Einigungsstelle. Der Spruch der Einigungsstelle ersetzt die Einigung zwischen Arbeitgeber und Betriebsrat.

(2) Absatz 1 gilt entsprechend für persönliche Angaben in solchen Arbeitsverträgen, die allgemein für den Betrieb verwendet werden sollen, sowie für die Aufstellung allgemeiner Beurteilungsgrundsätze.

§ **§ 95** Auswahlrichtlinien.

(1) Richtlinien über die personelle Auswahl bei Einstellungen, Versetzungen, Umgruppierungen und Kündigungen bedürfen der Zustimmung des Betriebsrats. Kommt eine Einigung über die Richtlinien oder ihren Inhalt nicht zustande, so entscheidet auf Antrag des Arbeitgebers die Einigungsstelle. Der Spruch der Einigungsstelle ersetzt die Einigung zwischen Arbeitgeber und Betriebsrat.

(2) In Betrieben mit mehr als 1000 Arbeitnehmern kann der Betriebsrat die Aufstellung von Richtlinien über die bei Maßnahmen des Absatzes 1 Satz 1 zu beachtenden fachlichen und persönlichen Voraussetzungen und sozialen Gesichtspunkte verlangen. Kommt eine Einigung über die Richtlinien oder ihren Inhalt nicht zustande, so entscheidet die Einigungsstelle. Der Spruch der Einigungsstelle ersetzt die Einigung zwischen Arbeitgeber und Betriebsrat.

(3) Versetzung im Sinne des Gesetzes ist die Zuweisung eines anderen Arbeitsbereichs, die voraussichtlich die Dauer von einem Monat überschreitet, oder die mit einer erheblichen Änderung der Umstände verbunden ist, unter denen die Arbeit zu leisten ist. Werden Arbeitnehmer nach der Eigenart ihres Arbeitsverhältnisses üblicherweise nicht ständig an einem bestimmten Arbeitsplatz beschäftigt, so gilt die Bestimmung des jeweiligen Arbeitsplatzes nicht als Versetzung.

Dritter Unterabschnitt – Personelle Einzelmaßnahmen

§ 99 Mitbestimmung bei personellen Einzelmaßnahmen

(1) In Betrieben mit in der Regel mehr als zwanzig wahlberechtigten Arbeitnehmern hat der Arbeitgeber den Betriebsrat vor jeder Einstellung, Eingruppierung, Umgruppierung und Versetzung zu unterrichten, ihm die erforderlichen Bewerbungsunterlagen vorzulegen und Auskunft über die Person der Beteiligten zu geben; er hat dem Betriebsrat unter Vorlage der erforderlichen Unterlagen Auskunft über die Auswirkungen der geplanten Maßnahme zu geben und die Zustimmung des Betriebsrats zu der geplanten Maßnahme einzuholen. Bei Einstellungen und Versetzungen hat der Arbeitgeber insbesondere den in Aussicht genommen Arbeitsplatz und die vorgesehene Eingruppierung mitzuteilen. Die Mitglieder des Betriebsrats sind verpflichtet, über die ihnen im Rahmen der personellen Maßnahmen nach den Sätzen 1 und 2 bekanntgewordenen persönlichen Verhältnisse und Angelegenheiten der Arbeitnehmer, die ihrer Bedeutung oder ihrem Inhalt nach einer vertraulichen Behandlung bedürfen, Stillschweigen zu bewahren; § 79 Abs. 1 Satz 2 bis 4 gelten entsprechend.

(2) Der Betriebsrat kann die Zustimmung verweigern, wenn

1. die personelle Maßnahme gegen ein Gesetz, eine Verordnung, eine Unfallverhütungsvorschrift oder gegen eine Bestimmung in dem Tarifvertrag oder in einer Betriebsvereinbarung oder gegen eine gerichtliche Entscheidung oder eine behördliche Anordnung verstoßen würde,
2. die personelle Maßnahme gegen eine Richtlinie nach § 95 verstoßen würde,
3. eine durch Tatsachen begründete Besorgnis besteht, daß infolge der personellen Maßnahme im Betrieb beschäftigte Arbeitnehmer gekündigt werden oder sonstige Nachteile erleiden, ohne daß dies aus betrieblichen oder persönlichen Gründen gerechtfertigt ist,
4. der betroffene Arbeitnehmer durch die personelle Maßnahme benachteiligt wird, ohne daß dies aus be-

trieblichen oder in der Person des Arbeitnehmers liegenden Gründen gerechtfertigt ist,

5. eine nach § 93 erforderliche Ausschreibung im Betrieb unterblieben ist oder
6. eine durch Tatsachen begründete Besorgnis besteht, daß der für die personelle Maßnahme in Aussicht genommene Bewerber oder der Arbeitnehmer den Betriebsfrieden durch gesetzwidriges Verhalten oder durch grobe Verletzung der in § 75 Abs. 1 enthaltenen Grundsätze stören werde.

(3) Verweigert der Betriebsrat seine Zustimmung, so hat er dies unter Angabe von Gründen innerhalb einer Woche nach Unterrichtung durch den Arbeitgeber diesem schriftlich mitzuteilen. Teilt der Betriebsrat dem Arbeitgeber die Verweigerung seiner Zustimmung nicht innerhalb der Frist schriftlich mit, so gilt die Zustimmung als erteilt.

(4) Verweigert der Betriebsrat seine Zustimmung, so kann der Arbeitgeber beim Arbeitsgericht beantragen, die Zustimmung zu ersetzen.

§ **§ 100** Vorläufige personelle Maßnahmen.

(1) Der Arbeitgeber kann, wenn dies aus sachlichen Gründen dringend erforderlich ist, die personelle Maßnahme im Sinne des § 99 Abs. 1 Satz 1 vorläufig durchführen, bevor der Betriebsrat sich geäußert oder wenn er die Zustimmung verweigert hat. Der Arbeitgeber hat den Arbeitnehmer über die Sach- und Rechtslage aufzuklären.

(2) Der Arbeitgeber hat den Betriebsrat unverzüglich von der vorläufigen personellen Maßnahme zu unterrichten. Bestreitet der Betriebsrat, daß die Maßnahme aus sachlichen Gründen dringend erforderlich ist, so hat er dies dem Arbeitgeber unverzüglich mitzuteilen. In diesem Fall darf der Arbeitgeber die vorläufige personelle Maßnahme nur aufrechterhalten, wenn er innerhalb von drei Tagen beim Arbeitsgericht die Ersetzung der Zustimmung des Betriebsrats und die Feststellung beantragt, daß die Maßnahme aus sachlichen Gründen dringend erforderlich war.

(3) Lehnt das Gericht durch rechtskräftige Entscheidung die Ersetzung der Zustimmung des Betriebsrats ab oder stellt es rechtskräftig fest, daß offensichtlich die Maßnahme aus sachlichen Gründen nicht dringend erforderlich war, so endet die vorläufige personelle Maßnahme mit Ablauf von zwei Wochen nach Rechtskraft der Entscheidung. Von diesem Zeitpunkt an darf die personelle Maßnahme nicht aufrechterhalten werden.

§ 101 Zwangsgeld.
Führt der Arbeitgeber eine personelle Maßnahme im Sinne des § 99 Abs. 1 Satz 1 ohne Zustimmung des Betriebsrats durch oder hält er eine vorläufige personelle Maßnahme entgegen § 100 Abs. 2 Satz 3 oder Abs. 3 aufrecht, so kann der Betriebsrat beim Arbeitsgericht beantragen, dem Arbeitgeber aufzugeben, die personelle Maßnahme aufzuheben. Hebt der Arbeitgeber entgegen einer rechtskräftigen gerichtlichen Entscheidung die personelle Maßnahme nicht auf, so ist auf Antrag des Betriebsrats vom Arbeitsgericht zu erkennen, daß der Arbeitgeber zur Aufhebung der Maßnahme durch Zwangsgeld anzuhalten sei. Das Höchstmaß des Zwangsgeldes beträgt für jeden Tag der Zuwiderhandlung 500 Deutsche Mark.

§ 102 Mitbestimmung bei Kündigungen.
(1) Der Betriebsrat ist vor jeder Kündigung zu hören. Der Arbeitgeber hat ihm die Gründe für die Kündigung mitzuteilen. Eine ohne Anhörung des Betriebsrats ausgesprochene Kündigung ist unwirksam.
(2) Hat der Betriebsrat gegen eine ordentliche Kündigung Bedenken, so hat er diese unter Angabe der Gründe dem Arbeitgeber spätestens innerhalb einer Woche schriftlich mitzuteilen. Äußert er sich innerhalb dieser Frist nicht, gilt seine Zustimmung zur Kündigung als erteilt. Hat der Betriebsrat gegen eine außerordentliche Kündigung Bedenken, so hat er diese unter Angabe der Gründe dem Arbeitgeber unverzüglich, spätestens jedoch innerhalb von drei Tagen schriftlich mitzuteilen. Der Betriebsrat soll, soweit dies erforderlich er-

scheint, vor seiner Stellungnahme den betroffenen Arbeitnehmer hören. § 99 Abs. 1 Satz 3 gilt entsprechend.

(3) Der Betriebsrat kann innerhalb der Frist des Absatzes 2 Satz 1 der ordentlichen Kündigung widersprechen, wenn

1. der Arbeitgeber bei der Auswahl des zu kündigenden Arbeitnehmers soziale Gesichtspunkte nicht oder nicht ausreichend berücksichtigt hat,
2. die Kündigung gegen eine Richtlinie nach § 95 verstößt,
3. der zu kündigende Arbeitnehmer an einem anderen Arbeitsplatz im selben Betrieb oder in einem anderen Betrieb des Unternehmens weiterbeschäftigt werden kann,
4. die Weiterbeschäftigung des Arbeitnehmers nach zumutbaren Umschulungs- oder Fortbildungsmaßnahmen möglich ist oder
5. eine Weiterbeschäftigung des Arbeitnehmers unter geänderten Vertragsbedingungen möglich ist und der Arbeitnehmer sein Einverständnis hiermit erklärt hat.

(4) Kündigt der Arbeitgeber, obwohl der Betriebsrat nach Absatz 3 der Kündigung widersprochen hat, so hat er dem Arbeitnehmer mit der Kündigung eine Abschrift der Stellungnahme des Betriebsrats zuzuleiten.

(5) Hat der Betriebsrat einer ordentlichen Kündigung frist- und ordnungsgemäß widersprochen und hat der Arbeitnehmer nach dem Kündigungsschutzgesetz Klage auf Feststellung erhoben, daß das Arbeitsverhältnis durch die Kündigung nicht aufgelöst ist, so muß der Arbeitgeber auf Verlangen des Arbeitnehmers diesen nach Ablauf der Kündigungsfrist bis zum rechtskräftigen Abschluß des Rechtsstreits bei unveränderten Arbeitsbedingungen weiterbeschäftigen. Auf Antrag des Arbeitgebers kann das Gericht ihn durch einstweilige Verfügung von der Verpflichtung zur Weiterbeschäftigung nach Satz 1 entbinden, wenn

1. die Klage des Arbeitnehmers keine hinreichende Aussicht auf Erfolg bietet oder mutwillig erscheint oder
2. die Weiterbeschäftigung des Arbeitnehmers zu einer unzumutbaren wirtschaftlichen Belastung des Arbeitgebers führen würde oder

3. der Widerspruch des Betriebsrats offensichtlich unbegründet war.

(6) Arbeitgeber und Betriebsrat können vereinbaren, daß Kündigungen, die der Zustimmung des Betriebsrats bedürfen und daß bei Meinungsverschiedenheiten über die Berechtigung der Nichterteilung der Zustimmung die Einigungsstelle entscheidet.

(7) Die Vorschriften über die Beteiligung des Betriebsrats nach Kündigungsschutzgesetz bleiben unberührt.

§ **103** Außerordentliche Kündigung in besonderen Fällen.

(1) Die außerordentliche Kündigung von Mitgliedern des Betriebsrats, der Jugend- und Auszubildendenvertretung, der Bordvertretung und des Seebetriebsrats, des Wahlvorstands sowie von Wahlbewerbern bedarf der Zustimmung des Betriebsrats.

(2) Verweigert der Betriebsrat seine Zustimmung, so kann das Arbeitsgericht sie auf Antrag des Arbeitgebers ersetzen, wenn die außerordentliche Kündigung unter Berücksichtigung aller Umstände gerechtfertigt ist. In dem Verfahren vor dem Arbeitsgericht ist der betroffene Arbeitnehmer Beteiligter.

1.9 Arbeitsgerichtsgesetz (ArbGG)

In der Fassung der Bekanntmachung vom 2. Juli 1979 (BGBl. I. S. 853, ber. S. 1036).
Zuletzt geändert durch Gesetz vom 18. Juni 1997 (BGBl. I S. 1340)

§ **8** Gang des Verfahrens.

(1) Im ersten Rechtszug sind die Arbeitsgerichte zuständig.

(2) Gegen die Urteile der Arbeitsgerichte findet die Berufung der Landesarbeitsgerichte nach Maßgabe des § 64 Abs. 1 statt.

(3) Gegen die Urteile der Landesarbeitsgerichte findet die Revision an das Bundesarbeitsgericht nach Maßgabe des § 72 Abs. 1 statt.

(4) Gegen die Beschlüsse der Arbeitsgerichte und ihrer Vorsitzenden im Beschlußverfahren findet die Beschwerde an das Landesarbeitsgericht nach Maßgabe des § 87 statt.

(5) Gegen die Beschlüsse der Landesarbeitsgerichte im Beschwerdeverfahren findet die Rechtsbeschwerde an das Bundesarbeitsgericht nach Maßgabe des § 92 statt.

§ **§ 9** Allgemeine Verfahrensvorschriften.

(1) Das Verfahren ist in allen Rechtszügen zu beschleunigen.

§ **§ 11** Prozeßvertretung.

(1) Die Parteien können vor den Arbeitsgerichten den Rechtsstreit selbst führen oder sich vertreten lassen. Eine Vertretung durch Vertreter von Gewerkschaften oder von Vereinigungen von Arbeitgebern oder von Zusammenschlüssen solcher Verbände ist zulässig, wenn diese Personen kraft Satzung oder Vollmacht zur Vertretung befugt sind und der Zusammenschluß, der Verband oder deren Mitglieder Partei sind. Das gleiche gilt für die Prozeßvertretung durch Vertreter von selbständigen Vereinigungen von Arbeitnehmern mit sozial- oder berufspolitischer Zwecksetzung.

(2) Vor den Landesarbeitsgerichten und vor dem Bundesarbeitsgericht müssen die Parteien sich durch Rechtsanwälte als Prozeßbevollmächtigte vertreten lassen; zur Vertretung berechtigt ist jeder bei einem deutschen Gericht zugelassene Rechtsanwalt. An ihre Stelle können vor den Landesarbeitsgerichten Vertreter von Gewerkschaften oder von Vereinigungen von Arbeitgebern oder von Zusammenschlüssen solcher Verbände treten, wenn sie kraft Satzung oder Vollmacht zur Vertretung befugt sind und der Zusammenschluß, der Verband oder deren Mitglieder Partei sind.

§ **§ 12** Kosten.

(1) Im Urteilsverfahren (§ 2 Abs. 5) werden Gebühren nach dem Verzeichnis der Anlage 1 zu diesem Gesetz erhoben.

(2) Im Verfahren vor dem Arbeitsgericht wird eine einmalige Gebühr bis zu höchstens tausend Deutsche Mark erhoben. Die einmalige Gebühr bestimmt sich nach der Tabelle der Anlage 2 zu diesem Gesetz. Der Mindestbetrag einer Gebühr ist zwanzig Deutsche Mark. Absatz 2 der Vorbemerkung zu Teil 9 des Kostenverzeichnisses der Anlage 1 zum Gerichtskostengesetz ist im Verfahren vor dem Arbeitsgericht nicht anzuwenden.

§ **13a** Kostentragungspflicht.

(1) In Urteilsverfahren des ersten Rechtszugs besteht kein Anspruch der obsiegenden Partei auf Entschädigung wegen Zeitversäumnis und auf Erstattung der Kosten für die Zuziehung eines Prozeßbevollmächtigten oder Beistandes.

§ **54** Güteverfahren.

(1) Die mündliche Verhandlung beginnt mit einer Verhandlung vor dem Vorsitzenden zum Zwecke der gütlichen Einigung der Parteien (Güteverhandlung). Der Vorsitzende hat zu diesem Zwecke das gesamte Streitverhältnis mit den Parteien unter freier Würdigung aller Umstände zu erörtern. Zur Aufklärung des Sachverhalts kann er alle Handlungen vornehmen, die sofort erfolgen können. Eidliche Vernehmungen sind jedoch ausgeschlossen.

(2) Die Klage kann bis zum Stellen der Anträge ohne Einwilligung des Beklagten zurückgenommen werden. In der Güteverhandlung erklärte gerichtliche Geständnisse nach § 288 der Zivilprozeßordnung haben nur dann bindende Wirkung, wenn sie zu Protokoll erklärt worden sind. § 39 Satz 1 und § 282 Abs. 3 Satz 1 der Zivilprozeßordnung sind nicht anzuwenden.

(3) Das Ergebnis der Güteverhandlung, insbesondere der Abschluß eines Vergleichs, ist in die Niederschrift aufzunehmen.

(4) Erscheint eine Partei in der Güteverhandlung nicht oder ist die Güteverhandlung erfolglos, schließt sich die weitere Verhandlung unmittelbar an oder es ist, falls der weiteren Verhandlung Hinderungsgründe entgegenstehen, Termin

zur streitigen Verhandlung zu bestimmen; diese hat alsbald stattzufinden.

(5) Erscheinen oder verhandeln beide Parteien in der Güteverhandlung nicht, ist das Ruhen des Verfahrens anzuordnen. Auf Antrag einer Partei ist ein Termin zur streitigen Verhandlung zu bestimmen. Dieser Antrag kann nur innerhalb von sechs Monaten nach der Güteverhandlung gestellt werden; § 252 Abs. 2 der Zivilprozeßordnung ist nicht anzuwenden. Nach Ablauf der Frist ist § 269 Abs. 3 der Zivilprozeßordnung entsprechend anzuwenden.

§ **§ 61a** Besondere Prozeßförderung in Kündigungsverfahren.

(1) Verfahren in Rechtsstreitigkeiten über das Bestehen, das Nichtbestehen oder die Kündigung eines Arbeitsverhältnisses sind nach Maßgabe der folgenden Vorschriften vorrangig zu erledigen.

(2) Die Güteverhandlung soll innerhalb von zwei Wochen nach Klageerhebung stattfinden.

(3) Ist die Güteverhandlung erfolglos oder wird das Verfahren nicht in einer sich unmittelbar anschließenden weiteren Verhandlung abgeschlossen, fordert der Vorsitzende den Beklagten auf, binnen einer angemessenen Frist, die mindestens zwei Wochen betragen muß, im einzelnen unter Beweisantritt schriftlich die Klage zu erwidern, wenn der Beklagte noch nicht oder nicht ausreichend auf die Klage erwidert hat.

(4) Der Vorsitzende kann dem Kläger eine angemessene Frist, die mindestens zwei Wochen betragen muß, zur schriftlichen Stellungnahme auf die Klageerwiderung setzen.

(5) Angriffs- und Verteidigungsmittel, die erst nach Ablauf der nach Absatz 3 oder 4 gesetzten Fristen vorgebracht werden, sind nur zuzulassen, wenn nach der freien Überzeugung des Gerichts ihre Zulassung die Erledigung des Rechtsstreits nicht verzögert oder wenn die Partei die Verspätung genügend entschuldigt.

(6) Die Parteien sind über die Folgen der Versäumung der nach Absatz 3 oder 4 gesetzten Fristen zu belehren.

Literaturhinweise

2.

Däubler: Das Arbeitsrecht, Leitfaden für Arbeitnehmer, Bd.I, 14. Aufl., 1995; Bd. 2, 10. Aufl., 1995

Dütz: Arbeitsrecht, 2. Aufl., 1994

Eberbach/Brauweiler: Arbeitsrecht, 3. Aufl., 1993

Gaul: Das Arbeitsrecht im Betrieb, Bd. I u. II, 8. Aufl., 1986

Gitter: Arbeitsrecht, 3. Aufl., 1994

Götz: Grundzüge des Arbeitsrechts, Bd. I, 2. Aufl., 1991; Bd. II, 1989

Gross: Arbeitsrecht, Bd. I, 2. Aufl., 1992; Bd. II, 2. Aufl., 1992

Großmann/Schneider: Arbeitsrecht, 9. Aufl., 1995

Haberkorn: Arbeitsrecht, 8. Aufl., 1995

Halbach/Mertens/Schwedes/Wlotzke: Übersicht über das Recht der Arbeit, 1997

Hanau/Adomeit: Arbeitsrecht, 2. Aufl., 1994

Krimphove: Europäisches Arbeitsrecht, 1996

Large: Anthropologische Grenzbereiche zwischen Psychiatrie, Psychologie und Recht, NJW 1980, 2729

Leinemann (Hrsg.): Handbuch zum Arbeitsrecht (HzA) (Loseblattwerk)

Lieb: Arbeitsrecht, 5. Aufl., 1994

Linnenkobl: Arbeitsrecht mit Hinweisen auf das Sozial- und Ausbildungsrecht, 3. Aufl., 1992

Löwisch: Arbeitsrecht, 4. Aufl., 1996

Matthey: Arbeitsvertragsrecht, 1981

B. Müller: Arbeitsrecht im öffentlichen Dienst, 3. Aufl., 1995

Münchener Handbuch zum Arbeitsrecht, Bd. I, Individualarbeitsrecht I, 1992; Bd. II, Individualarbeitsrecht II, 1993; Bd. III, Kollektives Arbeitsrecht I, 1994

Rüthers: Allgemeiner Teil des BGB, 10. Aufl., 1997

Schaub: Arbeitsrechts-Handbuch, 8. Aufl., 1996

Schaub: Arbeitsrecht von A - Z, 15. Aufl., 1998

Schaub: Meine Rechte und Pflichten als Arbeitnehmer, 7. Aufl., 1997

Schmid: Rechtsprobleme bei der Anwendung psychologischer Testverfahren zur Personalauslese, BB 1981, 1646

Schmid/Trenk/Hinterberger: Grundzüge des Arbeitsrechts, 2. Aufl., 1994

Schulz: Alles über Arbeitszeugnisse, 5. Aufl., 1997
Schwerdtner: Arbeitsrecht I - Individualarbeitsrecht, 2. Aufl., 1997
Siewert: Einführung in das Arbeitsrecht, 6. Aufl., 1993
Söllner: Grundriß des Arbeitsrechts, 2. Aufl., 1994
Staudinger/Richardi/Neumann: BGB, 12. Aufl., 1993, 13. Aufl., 1995, §§ 611 - 630
Thurnburg: Arbeitsrecht, 1982
Wörlen: Grundbegriffe des Arbeitsrechts, 2. Aufl., 1996
Zöllner/Loritz: Arbeitsrecht, 4. Aufl., 1992
Zöllner/Mikosch: Einführung in das Arbeitsrecht, Bd. I u. II, 1979

Zum Arbeitnehmerschutzrecht

Dobberahn: Das neue Arbeitszeitrechtsgesetz, 1994
Bolch/Röhsler: Bundesurlaubsgesetz, 2. Aufl., 1968; Nachtrag 1971
Dersch/Neumann: Bundesurlaubsgesetz, 7. Aufl., 1990
Natzel: Bundesurlaubsrecht, 4. Aufl., 1988
Neumann: Urlaubsrecht, 2. Aufl., 1995

Ascheid: Kündigungsschutzrecht, 1993
Bleistein: Kündigung und Kündigungsschutz im Arbeitsverhältnis, 2. Aufl., 1978
Herschel/Steinmann/Löwisch: Kommentar zum Kündigungsschutzgesetz, 6. Aufl.,1984
Hueck/v. Hoyningen-Huene/Linck: Kündigungsschutzgesetz, 12. Aufl., 1996
Kittner/Trittin: Kündigungsschutzrecht, 2. Aufl., 1995
Knorr/Bichlmeier/Krenthelmer: Handbuch des Kündigungsrechts, 4. Aufl., 1997
Stahlhacke/Preis: Kündigung und Kündigungsschutz im Arbeitsverhältnis, 6. Aufl., 1995
Wenzel: Kündigung und Kündigungsschutz, 6. Aufl., 1994

Doelsch/Schnabel/Paulsdorff: Lohnfortzahlungsgesetz, 6. Aufl., 1983
Gola: Kommentar zum Entgeltfortzahlungsgesetz, 1994
Kaiser: Die Entgeltfortzahlung an Feiertagen und im Krankheitsfall, 15. Aufl., 1995
Schmitt: Entgeltfortzahlungsgesetz, 1995
Aye/Heinke/Marburger: Mutterschutzrecht und Mutterschaftshilfe (Loseblattsammlung)

Bulla/Buchner: Mutterschutzgesetz, 6. Aufl., 1990
Heilmann: Mutterschutzgesetz, 2. Aufl., 1991
Meisel/Sowka: Mutterschutz und Erziehungsurlaub, 4. Aufl., 1995
Zmarzlik/Zipperer/Viethen: Mutterschutzgesetz, 7. Aufl., 1994

Neubert/Becke: Schwerbehindertengesetz, 2. Aufl., 1986
Neumann/Pahlen: Schwerbehindertengesetz, 8. Aufl., 1992
Thieler: Das Schwerbehindertengesetz, 1987

Zum Recht der betrieblichen Altersversorgung

Ahrend/Förster: Gesetz zur Verbesserung der betrieblichen Altersversorgung, 6. Aufl., 1996
Bischoff/Heubeck (Hrsg.): Handbuch der betrieblichen Altersversorgung (Loseblattsammlung)
Blomeyer/Otto: Gesetz zur Verbesserung der betrieblichen Altersversorgung, 1984
Schoden: Betriebliche Altersversorgung, 3. Aufl., 1994

Zum Betriebsverfassungs- und Personalvertretungsrecht

Däubler/Kittner/Klehe (Hrsg.): Betriebsverfassungsgesetz, 5. Aufl., 1996
Dietz/Richardi: Betriebsverfassungsgesetz, 6. Aufl., Bd. I, 1981; Bd. II, 1982
Dietz/Richardi: Bundespersonalvertretungsgesetz, Bd. I u. II, 2. Aufl., 1978
Etzel: Betriebsverfassungsrecht, 4. Aufl., 1990
Fitting/Kniser/Heither/Engels: Betriebsverfassungsgesetz, 18. Aufl., 1996
Frauenkron: Betriebsverfassungsrecht, 1980
Galperin/Löwisch: Kommentar zum Betriebsverfassungsgesetz, Bd. I u. II, 6. Aufl., 1982
Gnade/Kehrmann/Schneider/Blanke/Klebe: Betriebsverfassungsgesetz, 6. Aufl., 1995
Grabendorff/Windscheid/Ilbertz/Widmaier: Bundespersonalvertretungsgesetz, 8. Aufl., 1995

Hess/Schlochauer/Glaubitz: Betriebsverfassungsgesetz, 4. Aufl., 1993
v. Hoyningen-Huene: Betriebsverfassungsrecht, 3. Aufl., 1993
Hroinadka: Die Betriebsverfassung, 1991
Ilbertz: Personalvertretungsrecht des Bundes und der Länder, 4. Aufl., 1996
Löwisch: Betriebsverfassungsgesetz, 4. Aufl., 1996
Meurer: Bundespersonalvertretungsrecht, 2. Aufl., 1992
Neef/Tschöpe: Betriebsverfassungsrecht, 1988
Stege/Weinspach: Betriebsverfassungsgesetz, 7. Aufl., 1994
Weiss/Weyand: Betriebsverfassungsgesetz, 3. Aufl., 1994
Wester/Schlüpers-Oehmen: Betriebsverfassungs-, Personalvertretungs- und Mitbestimmungsecht, 2. Aufl., 1984
Wlotzke: Betriebsverfassungsgesetz, 2. Aufl., 1992
Zachert: Betriebliche Mitbestimmung, 1979

Zur Anrechnung von Abfindungen auf das Arbeitslosengeld

Bader: Anrechnung von Abfindung auf Arbeitslosengeld geändert, AuR, 1998, 56
Bauer: Arbeitsrechtliche Aufhebungsverträge, 5. Aufl., 1997
Rolfs: Die Neuregelung der Anrechnung von Abfindungen auf das Arbeitslosengeld, NZA 1997, 793 ff.
Sauer: Die Beendigung von Arbeitsverhältnissen mit Blick auf die Sperrzeit nach dem Arbeitsförderungsgesetz, NZA 1997, 1997
test: Noch lohnt der Deal mit dem Arbeitgeber, test 1997, 21 ff.

Textsammlungen

Birk: Europäisches Arbeitsrecht, 1990
Däubler/Kittner/Lörcher: Internationale Arbeits- und Sozialordnung, 2. Aufl., 1994
Kittner: Arbeits- und Sozialordnung, 21. Aufl., 1996
Nipperdey: Arbeitsrecht (Loseblattsammlung)
Textausgaben bei dtv, Goldmann, Luchterhand

Muster einer Reisekostenordnung

3.

Auf den folgenden Seiten drucken wir mit freundlicher Genehmigung der B. Braun Melsungen AG, 34209 Melsungen, den Wortlaut einer detaillierten Reisekostenordnung ab.

I. Allgemeiner Grundsatz

Dienstreisen sind unter Beachtung der betrieblichen Zweckmäßigkeit und Notwendigkeit zu planen und durchzuführen. Die Dauer der Reise und die entstehenden Kosten sind auf das geschäftsdienliche Mindestmaß zu beschränken.

II. Allgemeine Bestimmungen

§ 1 Geltungsbereich

Die Reisekostenordnung gilt für alle Arbeitnehhmer der B. BRAUN MELSUNGEN AG einschließlich der Auszubildenden, soweit nicht tarifliche oder sonstige Vereinbarungen (z.B. für Außendienstmitarbeiter) gelten.

§ 2 Begriffsbestimmung

1. Eine Dienstreise liegt vor, wenn ein Mitarbeiter aus dienstlichen Gründen außerhalb seiner regelmäßigen Arbeitsstätte (= Betrieb) vorübergehend tätig ist.
2. Für die Berechnung der Reisedauer ist die Abreise von und die Ankunft an der regelmäßigen Arbeitsstätte bzw. der Wohnung des Mitarbeiters maßgebend.
3. Als Reisetag gilt der Kalendertag von 0 - 24 Uhr.
4. Regelmäßige Arbeitsstätte ist der Mittelpunkt der auf Dauer abgestellten Tätigkeit des Mitarbeiters.
   Nach Ablauf der ersten drei Monate einer Tätigkeit am selben Ort ist davon auszugehen, daß diese Tätigkeitsstätte zur regelmäßigen Arbeitsstätte geworden ist und somit eine Dienstreise nicht mehr vorliegt.
5. Bei der Berechnung des Jahresarbeitsentgelts im Sinne des § 7 (Fahrtkosten) sowie des § 19 (Vorstellungskosten) ist das voraussichtliche Bruttoarbeitsentgelt im Kalenderjahr zugrunde zu legen. Zum Jahresarbeitsentgelt gehören das feste Monatsentgelt einschließlich der Zulagen, Prämien, Provisionen und Jahresabschlußleistungen, nicht aber Mehrarbeitsvergütungen und einmalige Sonderzahlungen.
6. Soweit sich aus dieser Reisekostenordnung nichts anderes ergibt, werden die Zahlungen steuer- und sozialversicherungsfrei geleistet.

§ 3 Reisebearbeitungsstellen

1. Reisestelle
   Die Reisestelle ist für die Reservierung und Buchung von Fahrkarten, Flugtickets, Mietwagen (Ausland) und Übernachtungen im Rahmen der jeweils gültigen Reisekostenordnung zuständig. Fahrkarten, Flugtickets und Übernachtungen (Hotels) sind **ausschließlich** über die Reisestelle zu bestellen und von dort zu buchen. Reisebuchungen sind möglichst frühzeitig vorzunehmen, um eine Nutzung der günstigen Konditionen zu erreichen.
2. Reisekosten-Abrechnungsstelle
   Die Reisekosten-Abrechnungsstelle ist grundsätzlich für die Abrechnung von Dienstreisen im Rahmen der jeweils gültigen Reisekostenordnung zuständig. Mit der Reiseabrechnung sind dieser Stelle alle Unterlagen, die zur ordnungsgemäßen Prüfung, Abrechnung und Bearbeitung einer Dienstreise notwendig sind, von dem Reisenden vorzulegen.

§ 4 Anmeldung der Dienstreise

1. Reisegenehmigung
   a) Jede Dienstreise muß rechtzeitig vor Reisebeginn beantragt und vom Vorgesetzten genehmigt werden.
   Die Form der Genehmigung für Inlandsreisen regelt der Bereich selbst. Zum Genehmigungs- und Abrechnungsverfahren. Die Reiseplangenehmigung durch den Vorgesetzten bezieht sich in der Regel nur auf die Durchführung der Dienstreise selbst.
   b) Bei Fernreisen – außerhalb Europas – erfolgt die schriftliche Genehmigung durch das jeweils zuständige Vorstandsmitglied. Innereuropäische Auslandsreisen bedürfen der schriftlichen Genehmigung durch die zuständige Spartendirektion bzw. Zentralbereichsleitung.
   c) Reisepläne von Direktoren, Mitgliedern der Zentralbereichsleitung sowie Hauptabteilungsleitern bedürfen ebenfalls der Unterschrift des Vorgesetzten.
   d) Planung und Abwicklung einer Auslandsdienstreise
   Kostenoptimale Lösungen werden realisiert, wenn Sondertarife genutzt werden können, wenn Reisen miteinander kombiniert werden, wenn frühzeitig geplant wird und der Reisende alle Reiseziele und relevanten Daten der Reisestelle bekannt gibt.

Die Kosten einer Reise müssen vor Reiseantritt bekannt sein.

aa) Reiseplanung
Der Reisende teilt der Reisestelle die gesamte Reiseplanung (Datum, Reiseziel und Häufigkeit, mit der dieses Ziel voraussichtlich frequentiert wird) mit, auch solche Daten, die terminlich noch nicht feststehen. Die Termine sind vom Reisenden kosten- und zeitoptimal festzulegen.

bb) Die Reisestelle erstellt aufgrund der vorliegenden Daten und gemäß der Richtlinien einen Kostenvoranschlag und ggf. ein Alternativangebot und bucht gleichzeitig die Reise. Der Kostenvoranschlag wird dem Reisenden übermittelt. Die Reisestelle ist **angewiesen**, das kostengünstigste Angebot im Rahmen des B. BRAUN MELSUNGEN AG-Standards zu buchen.

cc) Der Reisende hat dem Vorgesetzten den Reiseplan und Kostenvoranschlag einschließlich evtl. erstellter Alternativangebote zur Genehmigung vorzulegen.
Genehmigt der Vorgesetzte die Reise nicht oder ändert sich der Reiseplan, so ist die bereits gebuchte Reise bei der Reisestelle sofort zu stornieren. Stornogebühren gehen zu lasten der Kostenstelle des Mitarbeiters (bei frühzeitiger Stornierung fallen in der Regel keine Gebühren an).

dd) Ungenutzte Dokumente (Tickets etc.) sind der Reisestelle zurückzugeben.

2. Unterkunft

a) Hotelbuchungen sind ausschließlich über die Reisestelle abzuwickeln. Spezielle Firmenraten sind der Reisestelle bei der Buchung mitzuteilen, u.a. spezielle Konditionen von Konzernunternehmen im In- und Ausland bei ortsansässigen Hotels. Durch die Konzentration der Hotelbuchungen auf die Reisestelle können Rabattstaffeln voll genutzt werden.
Buchungen für die Unterbringung von Gästen am Ort erfolgen ebenfalls über die Reisestelle.

b) Die Kosten für die Unterkunft werden in tatsächlicher Höhe erstattet, wenn
- die Hotelrechnung auf die Firma ausgestellt ist und die Formvorschriften erfüllt sind.
- ein Hotel gewählt wurde, mit dem Vereinbarungen bestehen bzw. das vom Reisebüro angeboten wurde.
- die Übernachtung im Inland nicht mehr als DM 200,00 ko-

stet. In bestimmten Situationen (z.B. Messezeiten) sind Ausnahmen möglich. Sind höhere Kosten vom Reisenden verursacht worden (z.B. durch die Hotelwahl abweichend vom Angebot der Reisestelle), so wird die entstandene Differenz vom Reisenden getragen.

- die Übernachtung im Ausland dem B. Braun Melsungen-Standard entspricht.

c) Bei Messen/Fachausstellungen/Kongressen mit BBM-Standbeteiligung übernimmt die Reisestelle die Organisationsfunktion hinsichtlich der Hotelauswahl und -reservierung.
Messetermine sind in der Regel 1 bis 2 Jahre vorher bekannt und müssen entsprechend frühzeitig gebucht werden, da nur so günstige Hoteltarife während der Messezeit zu erreichen sind.

3. Teilnahme an bzw. Besuch von Messen, Ausstellungen, Kongressen im In- und Ausland (Organisationsrichtlinie 140/84).
Die diesbezüglichen Reisepläne bedürfen der vorherigen schriftlichen Zustimmung des zuständigen Spartenleiters bzw. des betreuenden Vorstandsmitglieds.
4. Reisekostenvorschuß

a) Vor Antritt einer Dienstreise können über Mail/Edit mit Baustein „REISE“ angemessene Geldmittel als Vorschuß für die Fahrtkosten, Spesen, Nebenkosten und Sonderaufwendungen bei der „Reisekosten-Abrechnungsstelle“ beantragt werden, wenn die Dienstreise mindestens eine Übernachtung beinhaltet und die voraussichtlichen Auslagen DM 100,00 überschreiten. Die Erstattung der Kreditkarten-Jahresgebühr durch die B. Braun Melsungen AG schließt die Gewährung eines Reisekostenvorschusses grundsätzlich aus.

b) Sämtliche Reisezahlungsmittel für Auslandsreisen sind 7 Tage vor Reisebeginn bei der „Abteilung Finanzen“ schriftlich zu beantragen, damit eine rechtzeitige Beschaffung erfolgen kann.

§ 5 Verkehrsmittel

Für Dienstreisen ist grundsätzlich ein öffentliches Beförderungsmittel (Bahn, Bus, Flugzeug) zu benutzen.

1. Öffentliches Beförderungsmittel
Die Buchung der Reise erfolgt ausschließlich über die Reisestelle.
2. Flug

Die Buchung von Flügen und von Flugkategorien obliegt der Reisestelle entsprechend der für die B. Braun Melsungen AG geltenden Standards.

3. Eigenes Kraftfahrzeug
   a) Für Fahrten im engeren Dienstbereich der Betriebsstätte Melsungen gilt der innerbetriebliche Busverkehr. Für Fahrten in diesem Dienstbereich, die durch den Busfahrplan nicht abgedeckt sind, können Firmenfahrzeuge angefordert werden; dies gilt insbesondere auch für die in der Nähe gelegenen Betriebsstätten, wie z.B. Spangenberg sowie für Fahrten nach Kassel und Arolsen.
   b) Darüber hinaus dürfen eigene Kraftfahrzeuge nur nach Genehmigung über den Reiseplan benutzt werden, sofern dies in zeitlicher und/oder kostenmäßiger Hinsicht wirtschaftlich ist.
4. Firmenfahrzeuge (Fuhrpark PKW)
   a) Bei Reisen über mehrere Tage soll kein Firmenfahrzeug benutzt werden, wenn der Wagen durch Stand am Reiseort blockiert wird.
   b) Bei Dienstreisen mehrerer Mitarbeiter an gleiche Zielorte ist unter Abwägung von separaten Reisekosten für Flugzeug oder Bahn die kostengünstigere Benutzung eines Firmenfahrzeuges zu prüfen.
   c) Die Disposition und Bereitstellung der Firmenfahrzeuge erfolgt durch den „Fuhrpark“.
5. Mietwagen
   Mietwagen für Fahrten innerhalb der Bundesrepublik (speziell mit Abfahrtsort Melsungen) werden durch den Fuhrpark gebucht. Dagegen sind Buchungen von Mietwagen im Ausland über die Reisestelle vorzunehmen.

§ 6 Abrechnung der Dienstreise

1. Reisekostenabrechnung
   a) Die vom Reisenden persönlich unterschriebene und vom Vorgesetzten abgezeichnete Reisekostenabrechnung ist vom Mitarbeiter innerhalb von drei Tagen, bei Auslandsreisen innerhalb von 14 Tagen, nach Beendigung der Reise mit dem Beleg unter Beifügung der entsprechenden Belege (Fahrkarten, Quittungen über Nebenkosten etc. sind auf einem A 4-Blatt aufzukleben) bei der „Reisekosten-Abrechnungsstelle“ einzureichen.

b) Sofern einzelne Reisekostenabrechnungen DM 150,00 nicht überschreiten, sind diese in einer Sammelabrechnung mit dem Beleg „Monatsreisekosten-Abrechnung", Form 81 nach Ablauf eines Monats zur Abrechnung zu geben.
c) Mitarbeiter im Außendienst und Mitarbeiter mit häufigen Dienstreisen rechnen ihre Reisekosten mit dem Beleg „Monatsreisekosten-Abrechnung", Form 81, ab. Die Abrechnung ist im Folgemonat zur Abrechnung zu geben.

2. Durchlaufende Gelder
   Durchlaufende Gelder, wie z.B. Reparaturaufwendungen, die der Mitarbeiter während der Reise für die Rechnung der Firma ausgegeben hat, sind **keine** Reisekosten. Die Abrechnung erfolgt hierfür gesondert unter Beifügung der Belege per Zahlungsanweisung.
3. Abteilungsfremde Kostenstelle
   Erfolgt die Belastung der Reisekosten auf eine abteilungsfremde Kostenstelle, so ist die Reisekostenabrechnung auch von dem für diesen Kostenbereich Verantwortlichen mit abzuzeichnen.
4. Nicht verbrauchte Zahlungsmittel
   Nicht verbrauchte Zahlungsmittel sind innerhalb von 3 Tagen nach Rückkehr in Abstimmung mit der Reisekostenabrechnungsstelle an die „Abteilung Finanzwesen" abzugeben.
   Bei sonstigen Rückzahlungsbeträgen erfolgt Verrechnung bzw. Bankeinzug, wobei das Einverständnis des Reisenden vorausgesetzt wird. Sind die Reisedevisen selbst beschafft worden, so ist die von der Bank erteilte Ablieferungsquittung der Reiseabrechnung beizufügen.
5. Prüfung
   Die Prüfung der Reisekostenabrechnung erfolgt durch die „Reisekosten-Abrechnungsstelle".
   Reisekostenabrechnungen, bei denen Angaben fehlen, unvollständig oder falsch sind, sind von der prüfenden Stelle zurückzuweisen.

III. Reisekostenvergütung

Reiskosten sind alle Aufwendungen, die durch eine Dienstreise unmittelbar verursacht werden. Die Reiskostenvergütung umfaßt:

1. Fahrtkosten (§ 7)
2. Tagegeld (§ 8)

3. Übernachtungsgeld (§ 9)
4. Nebenkosten (§ 10)

Die Erstattung der Auslagen für Verpflegung, Übernachtung und Fahrtkosten erfolgt gemäß dieser Reisekostenordnung.

§ 7 Fahrtkosten

§

1. Öffentliche Verkehrsmittel
   a) Bei Benutzung der Bahn
   (möglichst mit der BahnCard) werden die notwendigen Fahrtkosten – Buchung jeweils über die Reisestelle – erstattet, und zwar bei einem

Jahresarbeitsentgelt * DM		Reisekosten-gruppe	Bahn (einfache	Entfernung)
			bis 400 km	über 400 km
bis	80.000,00	I	2. Klasse	1. Klasse
mehr als	80.000,00	II	1. Klasse	1. Klasse

* Errechnung Jahresarbeitsentgelt siehe § 2 Ziff. 5

Kostenerstattung BahnCard
Eine steuerfreie Erstattung der Anschaffungskosten der BahnCard kann erfolgen, wenn durch den Einsatz der BahnCard die Dienstreise-Fahrtkosten eines Mitarbeiters im Jahresverlauf um mehr als die BahnCard-Kosten gemindert werden.
Dabei erwirbt der Mitarbeiter eine BahnCard oder BahnCard First auf seine Kosten und Namen, setzt diese für seine Dienstreisen ein und nutzt so die Ermäßigung von 50 Prozent des regulären Fahrpreises zugunsten des Unternehmens.
Beim Erreichen von dienstlich veranlaßten Bahnreiseumsätzen, die sich im Laufe eines Jahres durch den Einsatz der BahnCard auf mindestens DM 500,00 (BahnCard First) bzw. DM 250,00 (BahnCard 2. Klasse) belaufen, wird dem Reisenden auf Antrag der BahnCard-Preis im nachhinein durch die Firma erstattet.
Voraussetzung ist, daß die erforderlichen Nachweise dem Erstattungsantrag zusammen mit der BahnCard-Rechnung beigefügt werden (Fahrkarten-Kopie in Verbindung mit den entsprechenden Reisekostenabrechnungen). Die Erstattung des BahnCard-Preises erfolgt per Zahlungsanweisung über die Reisekostenabrechnungsstelle.

b) Bei Benutzung eines Flugzeuges
(grundsätzlich keine Kosten-Erstattung der 1. Klasse)
Es sollen die Sondertarife der unterschiedlichen Airlines genutzt werden. Die Reisestelle bestimmt die zu wählende Fluggesellschaft (nur renommierte Airlines).

2. Eigenes Kraftfahrzeug
   a) Bei genehmigter Benutzung des eigenen Fahrzeuges werden als Auslagenersatz

DM 0,52 pro km

erstattet. Durch dieses km-Geld sind alle mit dem Gebrauch des Fahrzeuges verbundenen Aufwendungen abgegolten.
   b) Bei nicht genehmigter Benutzung des eigenen Kraftfahrzeuges werden nur die Kosten für eine Fahrkarte der Bundesbahn abzüglich eines durch die Bundesbahn gewährten Preisnachlasses erstattet.
3. Für die Entfernungsberechnung ist bei Benutzung öffentlicher Verkehrsmittel die Tarifentfernung, bei Benutzung eines eigenen Kraftfahrzeuges die kürzeste benutzbare Straßenverbindung zugrunde zu legen.

§ 8 Tagegeld

Maßgebend für die Höhe des Tagegeldes ist die Dauer der Abwesenheit an einem Kalendertag in der Zeit von 0 Uhr bis 24 Uhr.

A. Dienstreise im Inland

1. Bei einer Dienstreise im Inland ergeben sich folgende Tagegeldpauschalen (steuerliche Höchstsätze aufgrund Jahressteuergesetz 1996):

Dauer der Dienstreise je Kalendertag	Tagegeldpauschale
von mindestens 8 Stunden	DM 10,00
von mindestens 14 Stunden	DM 20,00
von 24 Stunden	DM 46,00

2. Mehrere Dienstreisen an einem Kalendertag
Werden an einem Kalendertag mehrere Dienstreisen durchgeführt, so sind die Abwesenheitszeiten für die Dienstreisen zusammenzurechnen.

3. Dienstreise ohne Übernachtung
   Beginnt eine Dienstreise nach 16.00 Uhr und endet sie vor 08.00 Uhr des darauffolgenden Kalendertages, ohne daß eine Übernachtung stattfindet (z.B. Serviceeinsatz), so ist die Tätigkeit mit der gesamten Abwesenheitsdauer dem Kalendertag der überwiegenden Abwesenheit zuzurechnen.

B. Dienstreise in das Ausland

1. Länderweise gezahltes Tagegeld
   Bei einer Dienstreise in das Ausland werden für jeden vollen Aufenthaltstag (ununterbrochene Abwesenheit ab 24 Stunden) im Ausland für die länderweise gemäß Anlage 1 im einzelnen aufgeführten, ggfs. anteiligen Tagegeldsätze gezahlt. Höhere Beträge – auch mit Einzelnachweis – können aus steuerlichen Gründen nicht erstattet werden.
   Für die in der Anlage 1 nicht erfaßten Länder ist der für Luxemburg geltende Pauschalbetrag maßgebend. Für die in der Anlage 1 nicht erfaßten Übersee- und Außengebiete eines Landes ist der für das Mutterland geltende Pauschalbetrag maßgebend.
2. Eintägige Auslandsreisen
   Für eintätige Auslandsreisen, die am selben Kalendertag angetreten und beendet werden, ist das Auslandstagegeld des letzten Tätigkeitsorts im Ausland maßgebend.
3. Mehrtägige Auslandsreise
   Das Auslandstagegeld richtet sich nach dem Ort, den der Reisende vor 24 Uhr Ortszeit zuletzt erreicht.
   Ein Tagegeld wird für den Rückreisetag dann gewährt, wenn die Auslandsreise nach 8 Uhr endet. Maßgeblich für das Tagegeld ist der letzte Tätigkeitsort im Ausland.
4. Flugreisen
   Bei Flugreisen gilt ein Land in dem Zeitpunkt als erreicht, in dem das Flugzeug dort landet; Zwischenlandungen bleiben unberücksichtigt. Erstreckt sich eine Flugreise über mehr als zwei Kalendertage, so ist für die Tage, die zwischen dem Tag des Abflugs und dem Tag der Landung liegen, das für Österreich geltende Tagegeld maßgebend.

C. Kürzung der Tagegeldpauschale

Unentgeltliche Verpflegung

Die Pauschalbeträge für Verpflegungsmehraufwand können dann

nicht voll geltend gemacht werden, wenn der Mitarbeiter während der Dienstreise einzelne Mahlzeiten unentgeltlich erhält.
Erhält der Mitarbeiter durch das Unternehmen oder auf Veranlassung des Unternehmens unentgeltliche Verpflegung (z.B. Bewirtung durch Dritte, Beteiligungsunternehmen, in einer anderen Betriebsstätte oder bei Seminaren etc.), so wird der in Betracht kommende Pauschalbetrag oder Teilpauschalbetrag bei unentgeltlicher Gewährung eines Mittag- oder Abendessens um **DM 4,60** gekürzt.
Bei Veranstaltungen, die von der Firma ausgerichtet werden und die Verpflegung beinhalten, wird kein Tagegeld gezahlt.

§ 9 Übernachtungsgeld

Übernachtungsgeld wird gezahlt, wenn sich die Dienstreise über mehrere Kalendertage erstreckt und eine Übernachtung stattgefunden hat. Die Höhe der Übernachtungskosten (exklusive Frühstück) hat sich im angemessenen Rahmen zu halten und sollte im Inland pro Übernachtung DM 200,00 nicht überschreiten.
Aus steuerlichen Gründen (zugleich als Nachweis für die Reise) sind die Hotelbelege, die auf den Namen des Reisenden ausgestellt sein müssen, der Abrechnung beizufügen.

1. Inlandsreise
   Sofern ein Hotelbeleg nicht vorgelegt, eine Übernachtung aber dargelegt werden kann, beträgt der Pauschalbetrag pro Übernachtung DM 39,00.
2. Auslandsreise
   Bei Auslandsdienstreisen werden die Übernachtungskosten gegen Vorlage der Belege in entstandener Höhe vergütet. Die Ausgaben haben sich im angemessenen Rahmen zu halten.
3. Übernachtungskosten mit Frühstück
   Weist die Hotelrechnung nur einen Gesamtpreis für Übernachtung und Frühstück aus und läßt sich der Preis für das Frühstück nicht feststellen, so ist der Gesamtpreis zur Ermittlung der Übernachtungskosten wie folgt zu kürzen:
   a) Bei einer Übernachtung im Inland um DM 9,00
   b) Bei einer Übernachtung im Ausland um 20 Prozent des für den Unterkunftsort bei einer Abwesenheit von 24 Stunden maßgebenden Pauschalbetrages (s. Anlage 1).

Der verbleibende Betrag der Hotelrechnung stellt die Kosten der Unterbringung dar.
Wird demgegenüber geltend gemacht, daß in der nicht spezifizierten Hotelrechnung Kosten für ein Frühstück nicht enthalten sind, so ist dies durch eine entsprechende schriftliche Erklärung des Reisenden glaubhaft zu machen.

4. Die Zahlung eines Übernachtungsgeldes entfällt, wenn der Mitarbeiter während einer Dienstreise auf Kosten der B. BRAUN MELSUNGEN AG untergebracht wird.

§ 10 Nebenkosten

Zur Erledigung des Dienstgeschäftes notwendige Auslagen (z.B. geschäftlich bedingte Telefonkosten, Parkplatzgebühren, Aufbewahrungskosten für Gepäck u.a.) werden in tatsächlicher Höhe, soweit Quittungen üblich, in nachgewiesener Höhe erstattet.
Trinkgelder können als Nebenkosten nicht geltend gemacht werden.

§ 11 Auslandsreisen

1. Fahrtkosten
   Die Fahrtkosten werden entsprechend der Regelung in § 7 erstattet.
2. Tagegeld
   Die Mehraufwendungen für Verpflegung werden durch Pauschalsätze gem. § 8 Tagegeld, Abschnitt B abgegolten.
3. Übernachtungsgeld
   Die Übernachtungskosten werden gegen Vorlage der Belege in entstandener Höhe vergütet. Die Ausgaben haben sich im angemessenen Rahmen zu halten (§ 9, Ziffer 2 und 3 b).
4. Sonstiges
   Im übrigen gelten, soweit für Auslandsreisen keine Sonderregelungen getroffen wurden, die für das Inland geltenden Bestimmungen.

§ 12 Versicherungsschutz - Personenschadensrisiko

1. Geltungsbereich der gesetzlichen Unfallversicherung
   Jeder Mitarbeiter unterliegt auch dann der gesetzlichen Unfallversicherung, wenn er vorübergehend (bis zur Dauer von einem Jahr) zu einer bestimmten Tätigkeit in das Ausland entsandt wird, die sich als Teil, Fortsetzung oder Ausstrahlung des inländischen Betriebes darstellt.

2. Umfang der gesetzlichen Unfallversicherung
   Für Personenschäden von Arbeitnehmern anläßlich einer Dienstfahrt sowohl mit dem firmeneigenen Kraftfahrzeug als auch mit dem privaten Kraftfahrzeug besteht die berufsgenossenschaftliche Unfallversicherung. Die berufsgenossenschaftliche Unfallversicherung ist eine gesetzliche Arbeitsunfallversicherung, für die der Arbeitgeber die Versicherungsprämie für jeden Mitarbeiter aufgrund gesetzlicher Verpflichtung zu zahlen hat. Dafür ist er kraft Gesetzes grundsätzlich von der Haftung gegenüber Mitarbeitern, gegebenenfalls deren Angehörigen und Hinterbliebenen für Personenschäden aus Arbeitsunfällen befreit.
   Anspruch auf Leistungen aus dieser Versicherung besteht bei Arbeitsunfällen.
   Arbeitsunfall ist ein Unfall, der im Rahmen eines Arbeitsverhältnisses eintritt, wobei auch das sogenannte Wegeunfallrisiko, z. B. bei einer Dienstfahrt, mit eingeschlossen ist.
   Dienstfahrten sind solche Fahrten, die der Mitarbeiter im Zusammenhang mit seinen betrieblichen Aufgaben und damit im betrieblichen Interesse im Auftrag oder mit Billigung des Arbeitgebers unternimmt, z.B. die Fahrten der Außendienstmitarbeiter zum Zwecke des Kundenbesuches sind stets Dienstfahrten.
   Unter Versicherungsschutz steht aber hierbei nicht der sogenannte eigenwirtschaftliche Bereich. Danach liegt kein Arbeitsunfall vor, wenn der Mitarbeiter auf einer Dienstreise privaten Dingen nachgeht und hierbei einen Schaden erleidet. Dazu gehört beispielsweise auch der nächtliche Aufenthalt in einem Hotel.
   Der Versicherungsschutz für einen Arbeitsunfall entfällt, wenn als Unfallursache ein in der persönlichen Sphäre des Mitarbeiters liegender Umstand dominiert, z.B. Alkoholeinwirkung, unvernünftiger Leichtsinn, mit Einschränkung auch Übermüdung.
   Es ist daher im Einzelfall zu prüfen, welchem Zweck die konkrete Tätigkeit diente, während sich der Unfall ereignete. Im übrigen aber kommt es auf ein Verschulden des Mitarbeiters nicht an. Die Leistungen der Berufsgenossenschaft werden allerdings nur bei Personenschaden des Mitarbeiters gewährt.
   Es handelt sich insbesondere um folgende Leistung:

   - Heilbehandlung
   - Verletztengeld
   - Verletztenrente

- Sterbegeld
- Rente an Hinterbliebene

Ein Schmerzensgeldanspruch besteht nicht.
Die Einzelheiten sind gesetzlich geregelt in den §§ 539 ff. der Reichsversicherungsordnung (RVO).

3. Gruppen-Unfallversicherung der Firma für Mitarbeiter
   a) Zusätzlich zu der gesetzlichen (berufsgenossenschaftlichen) Unfallversicherung besteht eine von der Firma auf freiwilliger Basis abgeschlossene Pauschal-Gruppenunfallversicherung, durch die jeder Mitarbeiter bei Dienstreisen

      - für den Todesfall
      - bei Invalidität und
      - mit einem Krankenhaustagegeld/Genesungsgeld

      versichert ist.
   b) Soweit bestimmte Mitarbeiter eine aufgabenbezogene schriftliche Versicherungszusage erhalten haben, z.B. Außendienstmitarbeiter oder Servicetechniker usw., gilt der in dieser Mitteilung jeweils zugesagte Versicherungsschutz.
4. Unfallversicherung der Firma für betriebsfremde Personen
   Die Firma hat eine Unfallversicherung für betriebsfremde Personen abgeschlossen, die im Auftrag oder Interesse unserer Firmengruppe von Mitarbeitern in firmeneigenen, gemieteten bzw. geleasten oder mitarbeitereigenen Kraftfahrzeugen aus geschäftlichen Gründen mitgenommen werden.
   Die Versicherung umfaßt alle Unfälle, die sich innerhalb der Bundesrepublik Deutschland ereignen.
   Im übrigen besteht Versicherungsschutz im Rahmen der Allgemeinen Unfallversicherungsbedingungen vom Antritt bis zur Beendigung der Fahrt, d.h. vom Besteigen bis zum Verlassen des Fahrzeuges.
5. KFZ-Haftpflichtversicherung
   Im mitarbeitereigenen Kraftfahrzeug mitgenommene Dritte, also betriebsfremde Personen und andere Mitarbeiter, gegebenenfalls deren Angehörige bzw. Hinterbliebene haben bei Verkehrunfällen u.U. auch Ansprüche gegen den Fahrer und Halter des Fahrzeuges, der den Unfall verursacht hat.
   Dafür tritt dann bis zur Höhe der Deckungssumme die KFZ-Haftpflichtversicherung – entweder des Unfallgegners oder des mitarbeitereigenen Fahrzeuges – ein.

§ 13 Versicherungsschutz – Sachschadensrisiko

1. Mitarbeitereigenes Fahrzeug
   a) Bei Sachschäden am mitarbeitereigenen Fahrzeug haftet die gesetzliche (berufsgenossenschaftliche) Unfallversicherung nicht.
   b) Um den Arbeitnehmer das Haftungsrisiko für selbstverschuldete Sachschäden am eigenen Kraftfahrzeug, die aus Anlaß einer Dienstreise entstehen, abzunehmen, hat die Firma eine Dienstreise-Vollkaskoversicherung mit Selbstbeteiligung in der Form eines Gruppenvertrags abgeschlossen. Die Selbstbeteiligung wird von der Firma getragen, wenn der Sachverhalt dies rechtfertigt. Die Entscheidung über die Übernahme der Selbstbeteiligung trifft im Einzelfall die Hauptabteilung „Personalwirtschaft und Sozialwesen". Voraussetzung ist jedoch, daß bei einem Unfallschaden – unabhängig von der Schuldfrage – die Polizei einzuschalten ist. Im übrigen gelten die dem Vertrag zugrundeliegenden Versicherungsbedingungen, die in der Hauptabteilung „Personalwirtschaft und Sozialwesen" eingesehen werden können.
   c) Ist ein Schaden am Kraftfahrzeug des Arbeitnehmers durch einen Dritten (z.B. einen anderen Verkehrsteilnehmer) schuldhaft verursacht worden, so ist dieser in Anspruch zu nehmen.
   d) Die Abwicklung von Sachschäden ist über die Abteilung „Finanzwesen" (FB/A), unter Einschaltung der Hauptabteilung „Personalwirtschaft und Sozialwesen", vorzunehmen.
2. Reisegepäckversicherung
   Die Firma hat eine Kollektiv-Reisegepäckversicherung nach den geltenden Versicherungsbedingungen (AVB Reisegepäck) zugunsten der Mitarbeiter abgeschlossen. Diese umfaßt das gesamte, auf der Dienstreise mitgeführte Reisegepäck bis zu einem Wert von DM 10.000 (zehntausend).
   Für Reisegepäck im Fahrgastraum eines Kraftfahrzeuges gilt ein teilweise eingeschränkter Versicherungsschutz, der in den „Allgemeinen Bedingungen für Reisegepäck" im Einzelfall geregelt ist.
   Maßgebend für den Umfang der Reisegepäckversicherung sind die jeweils gültigen „Allgemeinen Versicherungsbedingungen Reisegepäck 1980".
   Nicht unter die Versicherung fallen z.B. Wertpapiere, Bargeld und Fahrausweise.

Schäden sind unmittelbar der Polizei oder der sonst zuständigen Behörde und außerdem nach Rückkehr unter Darlegung des Sachverhalts sofort der Abteilung „Finanzwesen“ (FB/A) zu melden.

§ 14 Ersatz der Mehraufwendungen bei doppelter Haushaltsführung (Trennungsentschädigung)

1. Voraussetzung
   Ist eine Dienstreise nicht oder nicht mehr gegeben, so kann eine Trennungsentschädigung für jeden Tag der Abwesenheit vom Wohnort gezahlt werden. Voraussetzung ist, daß eine doppelte Haushaltsführung vorliegt und der Mitarbeiter am Beschäftigungsort wohnt und nicht täglich an den Ort des eigenen Hausstandes zurückkehrt.
2. Trennungsentschädigung
   Mitarbeiter mit eigenem Hausstand, die aus dienstlichen Gründen vorübergehend von ihrem Wohnort getrennt leben, erhalten eine Trennungsentschädigung.
   Die Trennungsentschädigung setzt sich zusammen aus:
   a) Mehraufwendungen für Verpflegung DM 24,00 täglich bis zur Dauer von längstens 3 Monaten.
      Bei Familienheimfahrten werden für die Tage der Abwesenheit vom Beschäftigungsort keine Mehraufwendungen für Verpflegung gezahlt. Dies gilt auch für den jeweiligen Tag der An- und Abreise.
      Tagegelder im Zusammenhang mit Dienstreisen sind mit der Erstattung von Mehraufwendungen für Verpflegung zu verrechnen.
   b) Übernahme der Kosten der Unterkunft bis zur Dauer von 3 Monaten gegen Vorlage der Mietquittung für die Wohnung am Arbeitsort.
      Im Einzelfall können die Kosten bis zu weiteren 3 Monaten im Durchschnitt bis zu DM 8,00 pro Übernachtung erstattet werden.
3. Familienheimfahrten
   Für die Dauer der Gewährung von Trennungsentschädigung erhält der Mitarbeiter monatlich zwei Familienheimfahrten zu seinem Wohnort und zurück. Für die Erstattung der Fahrtkosten bei Heimfahrten gelten die für Bahnfahrten gem § 7 Ziff. 1 a) aufgeführten Sätze.
4. Darüber hinaus gehende Regelungen sind mit dem Zentralbereich Personalwirtschft und Sozialwesen abzustimmen.

§ 15 Reisekosten bei Schulung der Außendienstmitarbeiter

A. Grundschulung der Außendienstmitarbeiter

(Erstschulung während der Einarbeitung/Probezeit)
Fahrtkosten

1. An- und Abreise
   a) Für die An- und Abreise werden die Kosten der Bundesbahn (siehe § 7, Ziff. 1a) erstattet.
   Bei Benutzung des eigenen Kraftfahrzeuges werden als Auslagenersatz

   DM 0,52 pro km

   gezahlt. Durch dieses km-Geld sind alle mit dem Gebrauch des Fahrzeugs verbundenen Aufwendungen abgegolten.
   b) Unterbringung außerhalb des Schulungsortes
   Ist eine Unterbringung außerhalb des Schulungsortes notwendig, so wird für die tägliche An- und Abreise zum Schulungsort, bei Benutzung des eigenen Kraftfahrzeuges, ebenfalls km-Geld gezahlt, wenn der Unterbringungsort mehr als 5 km (Entfernungskilometer) vom Schulungsort entfernt liegt.
   c) Einarbeitung
   Bis zur selbständigen Bearbeitung eines Verkaufsbezirkes begleitet der neue Mitarbeiter einen Außendienstmitarbeiter. Grundsätzlich ist bei diesen gemeinsamen Fahrten das Kraftfahrzeug des Mitarbeiters zu benutzen, dessen Reisekosten pauschaliert sind.
2. Tagegeld
   Der durch die Dienstreise verursachte Mehraufwand an Verpflegungskosten wird – gerechnet vom Tage des Antritts der Dienstreise – mit einem Tagegeld vergütet.
   Am Schulungsort übernimmt die B. BRAUN MELSUNGEN AG unter Anrechnung auf das Tagegeld die Kosten für Frühstück und Mittagessen. Beim Mittagessen ist ein Getränk nach Wahl enthalten.

Diese Regelung gilt jeweils von Montag bis Freitag. Samstags und sonntags wird das volle Tagegeld gezahlt.

Tagegeld bei einer Abwesenheit			Tagegeld gekürzt um
ab 24 Std.	ab 14 Std.	ab 8 Std.	Frühstück DM 2,60 Mtg.-Essen DM 4,60
DM 46,00	DM 20,00	DM 10,00	

3. Übernachtungskosten
   Am Schulungsort werden die Schulungsteilnehmer auf Kosten der B. BRAUN MELSUNGEN AG untergebracht.
4. Familienheimfahrten
   Die Schulungsteilnehmer erhalten monatlich zwei Familienheimfahrten zu ihrem Wohnort und zurück auf der Grundlage des Bundesbahntarifes gem. § 7, Ziff. 1a erstattet.
   Bei diesen Familienheimfahrten wird für die Tage der Abwesenheit vom Schulungsort kein Tagegeld gezahlt.
5. Urlaub während der Schulungsdauer
   Werden während der Schulungsdauer ausnahmsweise einzelne Urlaubstage im Zusammenhang mit arbeitsfreien Tagen (z.B. Samstag, Sonn- und Feiertag) gewährt und genommen, entfällt für alle zusammenhängenden arbeitsfreien Tage der Anspruch auf Tagegeld.
6. Abrechnung der Reisekosten bei Erstschulung
   a) Reisekosten-Abrechnungsstelle
      Für die Reisekostenabrechnung ist die „Reisekostenabrechnungsstelle“ (AV/A) im Gebäude der Hauptverwaltung Melsungen, Carl-Braun-Straße 1, zuständig.
   b) Reisekostenvorschuß
      Zu Beginn der Erstschulung kann ein Reisekostenvorschuß in Höhe von DM 1.000,00 beantragt werden. Der Ausgebebeleg ist vom Schulungsleiter abzuzeichnen. Der Reisekostenvorschuß ist mit der letzten Reisekostenabrechnung der Schulung zu verrechnen.
   c) Abrechnung
      Die Reisekosten sind mit dem Reiseksotenabrechnungsbeleg (s. Anlage 2) unter Beifügung der entsprechenden Belege monatlich abzurechnen. Die Abrechnung ist vom Schulungsleiter abzuzeichnen.

B. Sonstige Schulung der Außendienstmitarbeiter
(mit einer monatlichen Reisespesenpauschale)

Für die An- und Abreise werden die Kosten der Bundesbahn (siehe § 7, Ziff. 1a) ersetzt.
Soweit im Ausnahmefall eine Kostenübernahme der Verpflegung am Schulungsort erfolgt, wird keine Kürzung der Reisespesenpauschale vorgenommen.
Die Schulungsteilnehmer werden auf Kosten der B. BRAUN MELSUNGEN AG untergebracht.

C. Kongresse, Ausstellungen und Symposien

1. Fahrtkosten
   a) Bei Veranstaltungen innerhalb des Verkaufsgebietes
   Sofern eine Reisespesenpauschale besteht und die Veranstaltung innerhalb des eigenen Verkaufsgebietes stattfindet, werden keine Fahrtkosten erstattet.
   b) Bei Veranstaltungen außerhalb des Verkaufsgebietes
   Findet die Veranstaltung außerhalb des eigenen Verkaufsgebietes statt, so werden für die An- und Abreise die Kosten der Bundesbahn (siehe § 7, Ziff. 1a) erstattet.
   Bei gemeinsamer An- und Abreise mehrerer Mitarbeiter mit eigenem Kraftfahrzeug eines Mitarbeiters wird als Auslagenersatz km-Geld gezahlt.
2. Tagegeld
   Sofern eine Reisespesenpauschale besteht, ist der durch die Dienstreise verursachte Mehraufwand an Verpflegungskosten durch die Reisespesenpauschale abgedeckt.
3. Übernachtungskosten
   Die Mitarbeiter werden auf Kosten der B. BRAUN MELSUNGEN AG einschließlich Frühstück untergebracht.
   Diese Regelungen gelten auch dann, wenn eine Veranstaltung an Samstagen, Sonn- und Feiertagen stattfindet.

D. Delegation

Bei genehmigten Dienstreisen außerhalb des eigenen Verkaufsbezirkes (z.B. Sonderaufgaben, zusätzliche Betreuung eines anderen Bezirkes) werden km-Geld ab Bezirksgrenze und Übernachtung mit

Frühstück vergütet. Von dieser Regelung sind Fahrten zur Vertriebrepräsentanz ausgenommen.

E. Sonstige Bestimmungen

Die vorgenannten Regelungen B - D gelten auch bei vergleichbaren Arbeitstagungen (z.B. WL- oder VL-Tagungen sowie IDL-Tagungen).

IV. Sonstige erstattungsfähige Kosten

§ 16 Bewirtungskosten

§

1. Die Aufwendungen für die Bewirtung von Personen, die nicht Arbeitnehmer der B. BRAUN MELSUNGEN AG sind, können grundsätzlich als Bewirtungskosten geltend gemacht werden, es sei denn, daß sie nach der allgemeinen Verkehrsauffassung als unangemessen anzusehen sind oder ihre Höhe und ihre betriebliche Veranlassung nicht nachgewiesen werden kann.
   Aus steuerlichen Gründen ist für jede einzelne Bewirtung der Beleg „Nachweis von Bewirtungsaufwendungen" auszufüllen und mit den dazugehörigen Belegen der Abrechnung beizufügen. Werden mehrere Personen gleichzeitig aus demselben Anlaß bewirtet, so können die erforderlichen Angaben auf einem Beleg gemacht werden. Die Angaben über den Anlaß der Bewirtung müssen den Zusammenhang mit einem betrieblichen Vorgang oder einer Geschäftsbeziehung erkennen lassen.
   Neben den Gaststättenrechnungen sind alle mit der Bewirtung in unmittelbarem Zusammenhang stehenden sonstigen Auslagen (z.B. Taxi, Garderobe, usw. – jedoch keine Geschenke) einzeln aufzuführen.

   Wichtiger Hinweis:
   Rechnungen über Kleinbeträge, deren Gesamtbetrag DM 200,00 nicht übersteigen, müssen mindestens folgende Angaben enthalten:

   1.1 Name und Anschrift des Rechnungsaussstellers
   1.2 Menge und handelsübliche Bezeichnung der gelieferten Gegenstände oder die Art der sonstigen Leistungen. Die Gast-

stättenrechnung muß alle verzehrten Speisen und Getränke detailliert mit ihren jeweiligen Preisen enthalten.

1.3 Den Rechnungsbetrag einschließlich der Steuer in einer Summe

1.4 Den Vermerk des Steuersatzes

Bei Rechnungen über DM 200 ist neben den vorher erwähnten Angaben auch die Mehrwertsteuer betragsmäßig auszuweisen. Ebenfalls muß der Name mit Anschrift des jeweiligen Leistungsempfängers (Gastgeber) enthalten sein.
Einfache Kassenbons oder Rechenstreifen, die diese erforderlichen Angaben nicht enthalten, berechtigen nicht zum Vorsteuerabzug und sind zurückzuweisen.
Zum Nachweis für jede Bewirtung muß neben der Rechnung, die vom Inhaber bzw. eines verantwortlichen Beauftragten der Gaststätte unterschrieben sein muß, ein amtlich vorgeschriebener Vordruck (häufig auch auf der Rückseite der Rechnung aufgedruckt) mit folgenden Angaben ausgefüllt und beigefügt werden:

2.1 Ort und Tag der Bewirtung

2.2 Name und Anschrift des Gastgebers

2.3 Bewirtete Personen

2.4 Anlaß der Bewirtung

2.5 Höhe der Aufwendungen

2.6 Datum und Unterschrift des Bewirtenden

Auf die Angaben zu „bewirtende Personen" kann nur dann verzichtet werden, wenn ihre Feststellung dem Steuerpflichtigen nicht zugemutet werden kann, z.B. bei Bewirtungen anläßlich von Betriebsbesichtigungen durch eine größere Personenzahl. In einem solchen Falle genügt die Angabe der Zahl der bewirteten Personen sowie einer die Personengruppe kennzeichnenden Sammelbezeichnung.

2. Die gleichen Grundsätze und Regelungen gelten auch für Tagungen und Arbeitsessen ohne Beteiligung eines Geschäftsfreundes, d.h. Bewirtungskosten nur für Arbeitnehmer der B. BRAUN MELSUNGEN AG.
Die geforderten Angaben über den Anlaß der Bewirtung soll die betriebliche Veranlassung erkennen lassen, z.B. „Verkaufsgespräch“, „Schulung Außendienst“, „Beratung Werbekampagne“. Die Angaben „Arbeitsessen“ oder „Besprechung“ genügen nicht.
Hierbei gilt jedoch die Einschränkung, daß bei diesen Veranstal-

tungen die anteiligen Bewirtungsaufwendungen für den einzelnen Arbeitnehmer, die zulässigen Höchstbeträge für Verpflegungsmehraufwand (s. § 8 Tagegeld) nicht überschritten werden dürfen, da sonst steuerpflichtiger Arbeitslohn vorliegt.
Die Abrechnung von Bewirtungskosten nach Ziff. 2 kann nur mit Genehmigung des zuständigen Sparten- bzw. Zentralbereichsleiters erfolgen.
3. Kosten für die Bewirtung von Geschäftsfreunden im eigenen Haushalt des Mitarbeiters können aus steuerlichen Gründen nicht anerkannt werden.

§ 17 Umzugskosten

Bei dienstlich veranlaßten Umzügen übernimmt die Firma unmittelbar die Kosten des Hausrattransportes in Höhe der auf die Firma auszustellenden Speditionsrechnung. Vor Durchführung des Umzuges ist dem Zentralbereich „Personalwirtschaft und Sozialwesen“ ein Kostenvoranschlag vorzulegen. Die Kostenerstattung steht unter folgendem Rückzahlungsvorbehalt:
Kündigt der Mitarbeiter oder wird ihm personen- oder verhaltensbedingt gekündigt vor Ablauf – gerechnet ab dem auf den Umzug folgenden Monat:

a) eines Jahres, so ist die volle Summe der übernommenen Umzugskosten zur Rückzahlung fällig.
b) von zwei Jahren, so sind 2/3 der übernommenen Umzugskosten zur Rückzahlung fällig.
Diese Regelung gilt auch für den Fall, wenn aus Anlaß der Einstellung eine Umzugskostenvergütung zugesagt worden ist.

§ 18 Vorstellungskosten

Bewerber, die von der B. BRAUN MELSUNGEN AG zur Vorstellung eingeladen werden, erhalten die Kosten der Reiseaufwendungen vom Wohnort zum Vorstellungsort in tatsächlicher Höhe, höchstens jedoch nach der folgenden Regelung vergütet:

1. Fahrtkosten
   a) bei Benutzung der Bahn
   entsprechend § 7, Ziff. 1a
   b) bei Benutzung des eigenen Kraftfahrzeuges

werden nur die Kosten der Bahnfahrt 1. Klasse bzw. 2. Klasse entsprechend der Zuordnung nach § 7 Ziff. 1a erstattet.

2. Tagegeld
   Bei Abwesenheit von mehr als 8 Std. vom Wohnort erhält der Bewerber je nach Reisedauer ein Tagegeld (siehe § 8, Abschnitt A Ziff. 1).
3. Übernachtungsgeld
   Wird für den Bewerber eine Übernachtung notwendig, so wird ein Übernachtungsgeld (siehe § 9 Übernachtungsgeld) gewährt, soweit die Übernachtungskosten nicht unmittelbar durch die B. BRAUN MELSUNGEN AG übernommen werden.
4. Sonstige Aufwendungen
   Darüber hinaus werden dem Bewerber keine weiteren Aufwendungen erstattet.

§ 19 Kosten für Mobiltelefone

Mitarbeitern, die aufgrund ihrer Tätigkeit (z.B. Vertriebs- und Verkaufsleiter) ein Mobiltelefon auf eigene Kosten erworben haben, können die monatlichen Grundgebühren und sonstigen Gebühreneinheiten gegen Nachweis bis zu einem Betrag in Höhe von DM 200,00 erstattet werden.

Die Entscheidung über die Erstattungsfähigkeit wird von der Vertriebsdirektion getroffen, wobei die Relation zwischen Kosten und effektivem Nutzen in einem ausgewogenen Verhältnis stehen muß.

Anlage 1

Muster einer Übersicht über die in bestimmten Zeitabständen angepaßten Höchst- und Pauschalbeträge für Verpflegungsmehraufwendungen und Übernachtungen im Ausland

Land	Pauschalbeträge für Verpflegungsmehraufwendungen bei einer Abwesenheitsdauer je Kalendertag von			
	mind. 24 h	weniger als 24 h aber mind. 14 h	weniger als 14 h aber mind. 8 h	Pauschalbetrag für Übernachtungskosten
	DM	DM	DM	DM
Ägypten	48	32	16	100
- Kairo	48	32	16	140
Äquatorialguinea	74	50	25	130
Äthiopien	54	36	18	130
Afghanistan	74	50	25	140
Albanien	54	36	18	130
Algerien	72	48	24	90
Andorra	66	44	22	140
Angola	90	60	30	200
Argentinien	96	64	32	200
Armenien	60	40	20	70
Aserbaidschan	48	32	16	100
Australien	66	44	22	120
Bahamas	74	50	25	130
Bahrain	78	52	26	130
Bangladesh	60	40	20	260
Barbados	74	50	25	130
Belgien	74	50	25	110
Benin	54	36	18	80
Bolivien	42	28	14	100
Bosnien-Herzegovina	72	48	24	110

Muster

Botswana	60	40	20	120
Brasilien	66	44	22	120
Brunei (Daressalam)	96	64	32	140
Bulgarien	42	28	14	150
Burkina Faso	54	36	18	80
Burundi	72	48	24	100
Chile	60	40	20	140
China	78	52	26	140
- Shanghai	78	52	26	220
(China) Taiwan	84	56	28	200
Costa Rica	54	36	18	130
Dänemark	96	64	32	100
- Kopenhagen	96	64	32	150
Dominikanische Republik	72	48	24	160
Dschibuti	74	50	25	130
Ecuador	54	36	18	120
Elfenbeinküste/ Côte d'Ivore	60	40	20	100
El Salvador	48	32	16	120
Eritrea	54	36	18	140
Estland	42	28	14	110
Fidschi	60	40	20	110
Finnland	72	48	24	130
Frankreich	78	52	26	100
- Paris *	96	64	32	160
Gabun	72	48	24	140
Gambia	74	50	25	130
Georgien	84	56	28	250
Ghana	60	40	20	150
Griechenland	60	40	20	100
Guatemala	72	48	24	120
Guinea	66	44	22	120
Guinea-Bissau	54	36	18	120

Muster

Guyana	74	50	25	130
Haiti	74	50	25	130
Honduras	42	28	14	100
Hongkong	78	52	26	240
Indien	48	32	16	120
- Neu Dehli	48	32	16	160
- Bombay	48	32	16	230
Indonesien	84	56	28	180
Irak	74	50	25	130
Iran, Islamische Republik	42	28	14	180
Irland	90	60	30	150
Island	96	64	32	200
Israel	72	48	24	150
Italien	78	52	26	140
Jamaika	66	44	22	160
Japan	132	88	44	220
Jemen	96	64	32	200
Jordanien	60	40	20	100
Jugoslawien	72	48	24	110
Kambodscha	72	48	24	160
Kamerun	60	40	20	80
Kanada	66	44	22	130
Kap Verde	74	50	25	130
Kasachstan	48	32	16	120
Katar	60	40	20	120
Kenia	60	40	20	150
Kirgisistan	36	24	12	120
Kolumbien	60	40	20	120
Komoren	74	50	25	130
Kongo	66	44	22	120
Korea, Demokratische Republik	96	64	32	130
Korea, Republik	108	72	36	220
Kroatien	78	52	26	120

Muster

Kuba	54	36	18	120
Kuwait	78	52	26	240
Laotische Demokr. Volksrepublik	54	36	18	90
Lesotho	48	32	16	110
Letland	54	36	18	140
Libanon	72	48	24	180
Liberia	74	50	25	130
Libysch-Arabische Dschamahirija	120	80	40	200
Liechtenstein	84	56	28	160
Litauen	36	24	12	100
Luxemburg	74	50	25	130
Madagaskar	42	28	14	150
Malawi	48	32	16	120
Malaysia	60	40	20	120
Malediven	60	40	20	160
Mali	60	40	20	150
Malta	54	36	18	100
Marokko	72	48	24	110
Mauretanien	72	48	24	140
Mauritius	74	50	25	130
Mazedonien	42	28	14	110
Mexiko	48	32	16	140
Moldau, Republik	36	24	12	170
Monaco	78	52	26	100
Mongolei	48	32	16	100
Mosambik	66	44	22	150
Myanmar (früher Burma)	48	32	16	110
Namibia	48	32	16	90
Nepal	48	32	16	130
Neuseeland	72	48	24	140
Nicaragua	60	40	20	110
Niederlande	84	56	28	140

Muster

Niger	42	28	14	70
Nigeria	84	56	28	180
Norwegen	84	56	28	170
Österreich	72	48	24	110
- Wien	72	48	24	150
Oman	84	56	28	120
Pakistan	48	32	16	140
Panama	60	40	20	110
Papua-Neuguinea	72	48	24	170
Paraguay	48	32	16	120
Peru	72	48	24	140
Philippinen	72	48	24	150
Polen	48	32	16	100
- Warschau	60	40	20	190
Portugal	60	40	20	130
Ruanda	74	50	25	130
Rumänien	48	32	16	200
Russische Föderation	108	72	36	250
- Moskau	108	72	36	350
Sambia	42	28	14	120
Samoa	54	36	18	110
San Marino	78	52	26	140
Sao Tome und Principe	74	50	25	130
Saudi Arabien	78	52	26	130
Schweden	84	56	28	170
Schweiz	84	56	28	150
Senegal	54	36	18	80
Sierra Leone	66	44	22	150
Simbabwe	36	24	12	100
Singapur	84	56	28	200
Slowakei	42	28	14	100
Slowenien	60	40	20	110
Somalia	74	50	25	130

Muster

Spanien	66	44	22	140
Sri Lanka	42	28	14	140
Sudan	84	56	28	210
Südafrika	48	32	16	100
Swasiland	74	50	25	130
Syrien, Arabische Republik	60	40	20	180
Tadschikistan	42	28	14	90
Tansania, Vereinigte Republik	66	44	22	120
Thailand	48	32	16	150
Togo	60	40	20	100
Tonga	72	48	24	70
Trinidad und Tobago	72	48	24	130
Tschad	66	44	22	120
Tschechische Republik	42	28	14	220
Türkei	48	32	16	120
- asiatischer Teil	48	32	16	100
Tunesien	54	36	18	120
Turkmenistan	60	40	20	160
Uganda	60	40	20	140
Ukraine	42	28	14	180
Ungarn	48	32	16	140
Uruguay	66	44	22	90
Usbekistan	60	40	20	100
Vatikanstadt	78	52	26	140
Venezuela	48	32	16	120
Vereinigte Arabische Emirate	84	56	28	180
Vereinigte Staaten	78	52	26	150
- New York	102	68	34	150
- Washington **	96	64	32	150
Vereinigtes Königreich	72	48	24	100

Muster

- London	90	60	30	160
Vietnam	60	40	20	120
Weißrußland	36	24	12	80
Zaire	102	68	34	220
Zentralafrikanische Republik	54	36	18	100
Zypern	72	48	24	100

Muster

* einschl. der Departmente Hautes-de-Seine, Seine-Saint-Denis u. Val-de-Marne

** einschl. Alexandria/Virginia u. Arlington/Virginia

4. Abkürzungsverzeichnis

A

a.a.O.	am angegebenen Ort
ABl	Amtsblatt
AblEG	Amtsblatt der Europäischen Gemeinschaften
Abs.	Absatz
AcP	Archiv für civilistische Praxis
a.E.	am Ende
a.F.	alte Fassung
AFG	Arbeitsförderungsgesetz
AGBG	Gesetz zur Regelung des Rechts der Allgemeinen Geschäftsbedingungen
AiB	Arbeitsrecht im Betrieb
AktG	Aktiengesetz
Anm.	Anmerkung
AP	Arbeitsrechtliche Praxis
ArbG	Arbeitsgericht
ArbGG	Arbeitsgerichtsgesetz
ArbZG	Arbeitszeitgesetz
Art.	Artikel
Aufl.	Auflage
AÜG	Gesetz zur Regelung der gewerbsmäßigen Arbeitnehmerüberlassung
AuR	Arbeit und Recht
AVG	Angestelltenversicherungsgesetz
AZO	Arbeitszeitordnung

B

BAG	Bundesarbeitsgericht
BAT	Bundesangestelltentarifvertrag
BB	Betriebs-Berater
BBiG	Berufsbildungsgesetz
Bd.	Band
BDA	Bundesvereinigung der Deutschen Arbeitgeberverbände
Bearb.	Bearbeiter
Beil.	Beilage
BErzGG	Bundeserziehungsgeldgesetz
BeschFG	Beschäftigungsförderungsgesetz

BetrAVG	Gesetz zur Verbesserung der betrieblichen Altersversorgung
BetrVG	Betriebsverfassungsgesetz 1972
BetrVG 1952	Betriebsverfassungsgesetz 1952
BGB	Bürgerliches Gesetzbuch
BGBl	Bundesgesetzblatt
BGHSt	Entscheidungen des Bundesgerichtshofs in Strafsachen
BGHZ	Entscheidungen des Bundesgerichtshofs in Zivilsachen
BPersVG	Bundespersonalvertretungsgesetz
BR-Drucks.	Bundesrats-Drucksache
BSHG	Bundessozialhilfegesetz
BT-Drucks.	Bundestags-Drucksache
BUrlG	Bundesurlaubsgesetz
BVerfGE	Entscheidungen des Bundesverfassungsgerichts
BVerwG	Bundesverwaltungsgericht
bzw.	beziehungsweise

D

DAG	Deutsche Angestelltengewerkschaft
DB	Der Betrieb
DDR	Deutsche Demokratische Republik
ders.	derselbe
DGB	Deutscher Gewerkschaftsbund
DGVZ	Deutsche Gerichtsvollzieher-Zeitung
d.h.	das heißt
dies.	dieselben
DVO	Durchführungsverordnung

E

EBR	Europäischer Betriebsrat
EFZG	Entgeltfortzahlungsgesetz
EG	Europäische Gemeinschaft
EGBGB	Einführungsgesetz zum Bürgerlichen Gesetzbuch
EGV	Vertrag zur Europäischen Gemeinschaft
Einl.	Einleitung
Einzelh.	Einzelheiten
EMRK	Europäische Menschenrechtskonvention
ESC	Europäische Sozialcharta
EStG	Einkommensteuergesetz
EuGH	Europäischer Gerichtshof

EuroAS	Europäisches Arbeits- und Sozialrecht
e.V.	eingetragener Verein
EWGV	EWG-Vertrag
EzA	Entscheidungssammlung zum Arbeitsrecht

F

f.	folgende
ff.	fortfolgende
Fn.	Fußnote

G

gem.	gemäß
GewO	Gewerbeordnung
GG	Grundgesetz
GK	Gemeinschaftskommentar
GK-BUrlG	Gemeinschaftskommentar zum Bundesurlaubsgesetz
GmbH	Gesellschaft mit beschränkter Haftung
grds.	grundsätzlich

H

HAG	Heimarbeitsgesetz
HandwO	Handwerksordnung
HGB	Handelsgesetzbuch
h.M.	herrschende Meinung
Hrsg.	Herausgeber
hrsgg.	herausgegeben
Hs.	Halbsatz
HzA	Handbuch zum Arbeitsrecht

I

IAO	Internationale Arbeitsorganisation
i.d.F.	in der Fassung
IG	Industriegewerkschaft
i.S.d.	im Sinne des, der
i.V.m.	in Verbindung mit

J

JZ	Juristenzeitung

K

KAPOVAZ	kapazitätsorientierte variable Arbeitszeit
KG	Kommanditgesellschaft
KO	Konkursordnung
KSchG	Kündigungsschutzgesetz

L

LAG	Landesarbeitsgericht
LAGE	Entscheidungen der Landesarbeitsgerichte
LFZG	Lohnfortzahlungsgesetz

M

m.E.	meines Erachtens
MitbestErgG	Gesetz zur Ergänzung des Montan-Mitbestimmungsgesetzes
MitbestG	Mitbestimmungsgesetz von 1976
Montan-MitbestG	Montan-Mitbestimmungsgesetz
MünchArbR	Münchener Handbuch zum Arbeitsrecht
MünchKomm	Münchener Kommentar zum Bürgerlichen Gesetzbuch
MuSchG	Mutterschutzgesetz
m.w. Nachw.	mit weiteren Nachweisen

N

NachwG	Nachweisgesetz
n.F.	neue Fassung
NJW	Neue Juristische Wochenschrift
Nr.	Nummer
NZA	Neue Zeitschrift für Arbeits- und Sozialrecht

O

OHG	Offene Handelsgesellschaft
ÖTV	Gewerkschaft Öffentliche Dienste, Transport und Verkehr

P

PersVG	Personalvertretungsgesetz

R

RdA	Recht der Arbeit
Rdnr.	Randnummer
RGBl	Reichsgesetzblatt
RGZ	Entscheidungen des Reichsgerichts in Zivilsachen
RIW	Recht der internationalen Wirtschaft
Rspr.	Rechtsprechung
RVO	Reichsversicherungsordnung

S

s.	siehe
S.	Seite
SAE	Sammlung arbeitsrechtlicher Entscheidungen
SchwbG	Schwerbehindertengesetz
SGB	Sozialgesetzbuch

SGG	Sozialgerichtsgesetz
sog.	sogenannte (n, r, s)
SprAuG	Sprecherausschußgesetz
StGB	Strafgesetzbuch
str.	streitig

T

TVG	Tarifvertragsgesetz

U

u.	und
u.a.	unter anderem
u.U.	unter Umständen
UWG	Gesetz gegen den unlauteren Wettbewerb

V

v.	vom, von
VersR	Versicherungsrecht
vgl.	vergleiche

W

WO	Wahlordnung
WRV	Weimarer Verfassung des Deutschen Reichs vom 11.8.1919

Z

z.B.	zum Beispiel
ZfA	Zeitschrift für Arbeitsrecht
ZIAS	Zeitschrift für ausländisches und internationales Arbeits- und Sozialrecht
ZIP	Zeitschrift für Wirtschaftsrecht
zit.	zitiert
ZPO	Zivilprozeßordnung
z.T.	zum Teil
ZVG	Zwangsversteigerungsgesetz
ZZP	Zeitschrift für Zivilprozeß